ein Ullstein Buch

ÜBER DAS BUCH:

Fred Hildenbrandts Name gehört in die Zeit, die viele mit dem Prädikat »golden« geschmückt haben. Er hat sie erlebt, genossen, erlitten, durchgearbeitet und durchgefeiert. Er war von 1922 bis 1932 Feuilletonchef des *Berliner Tageblatts* unter dem Chefredakteur Theodor Wolff, der ebenso wie sein Blatt ein Stück Berliner und deutsche Kulturgeschichte darstellt. Wer bei Theodor Wolff das Feuilleton redigierte, dem standen alle Türen offen. In Theatern (vor und hinter der Bühne), bei allen Filmpremieren, in den Salons und Ateliers, in Künstlerlokalen, Kabaretts, Nachtbars oder bei großen Sportveranstaltungen – überall sah man Fred Hildenbrandt. Er machte die Bekanntschaft fast aller Großen jener Berliner Epoche. Schauspieler, Regisseure, Tänzerinnen, Schriftsteller – die Namen, die uns begegnen, sind unvergessen: George, Gründgens, Albers, Bassermann; Reinhardt, Jessner; die Duncan, die Palucca, Josephine Baker; Thomas Mann, Klabund, Ringelnatz, Remarque u. v. a.

DER AUTOR:

Fred Hildenbrandt, 1892 geboren, lange Zeit im Waisenhaus erzogen, Lehrer und Kriegsfreiwilliger, dann Provinzjournalist. 1922 bis 1932 Feuilletonchef des *Berliner Tageblatts*. Danach freier Schriftsteller: Romane, Reportagen und Filmmanuskripte. Fred Hildenbrandt starb 1963 im Rheinland.

Fred Hildenbrandt

...ich soll dich grüßen von Berlin

1922–1932

ein Ullstein Buch

ein Ullstein Buch
Nr. 20704
im Verlag Ullstein GmbH,
Frankfurt/M – Berlin

Ungekürzte Ausgabe

Umschlagentwurf:
Theodor Bayer-Eynck
unter Verwendung des Aquarells
Tanzvergnügen von Lutz Ehrenberger
(um 1925) / Bildarchiv Preußischer
Kulturbesitz
Alle Rechte vorbehalten
Taschenbuchausgabe mit Genehmigung
des Ehrenwirth Verlags, München
© 1966 by Franz Ehrenwirth
Verlag GmbH & Co. KG, München
Printed in Germany 1988
Druck und Verarbeitung:
Ebner Ulm
ISBN 3 548 20704 9

Februar 1988
9.–11. Tsd.

CIP-Kurztitelaufnahme
der Deutschen Bibliothek

Hildenbrandt, Fred:
. . . ich soll dich grüßen von Berlin:
1922–1932 / Fred Hildenbrandt. –
Ungekürzte Ausg. – Frankfurt/M; Berlin:
Ullstein, 1986.
  (Ullstein-Buch; Nr. 20704)
  ISBN 3-548-20704-9
NE: GT

›Auch unsere schönsten Jahre gingen zu Ende.
Die Welt war trotzdem schön gewesen. Wir
hatten sie geliebt und ein wenig ihre Züge zu
formen versucht, während ihr Blut langsam
ausfloß – unsere schönsten Jahre.‹

Friedrich Sieburg

Zum Geleit

»Das unbewußt erlebte Glück ist für das Wesen des Menschen
wertlos. Er nimmt es als selbstverständlich.
Das bewußt erlebte Glück ist die hohe Gnade.
Das selbstverdiente bewußte Glück ist die Krone des Lebens.«
Diese Worte Hildenbrandt's an den Anfang seines Erinnerungswerkes gesetzt, genügen schon um erkennen zu lassen, daß seine außergewöhnliche schriftstellerische Begabung sich nicht im Journalistischen erschöpfte, sondern daß er eine dichterische Seele besaß. Sie überstrahlte stets seine hohe Kunst der Erzählung, die lebensvolle Gestaltung menschlicher Schicksale, Freuden, Leiden und Schwächen und die meisterhafte Anlage seiner mit Spannung geladenen Dialoge. Aus diesen Aufzeichnungen leuchtet noch einmal der Glanz seiner Begabung, die Aristokratie seines Wesens, wie sie sich auch in seiner Gestalt, seiner Haltung – besonders in seinen auffallend schönen Händen und seiner Schrift widerspiegelte. Er verzaubert uns alle noch einmal in Erinnerung an jenes überschäumende unvergeßlich reiche Berlin zwischen den beiden Weltkriegen, – das nun so sehr um Atem ringt.
Wir glaubten deshalb, den vielen, welche diese erstaunliche Zeit direkt oder indirekt miterlebt haben, dieses einzigartige Dokument nicht vorenthalten zu dürfen.

Die Herausgeber

Der Anfang

Ich bin arm in diese Welt gekommen. Und wie die Dinge liegen, werde ich sie ebenso arm verlassen.
Dazwischen liegt ein vor Glück überquellendes Dasein bis über die Mitte hinaus und hernach eine Reihe von Axthieben, die mich zu Boden schlugen. Da liege ich noch.
Das unbewußt erlebte Glück ist für das Wesen des Menschen wertlos. Er nimmt es als selbstverständlich. Das bewußt erlebte Glück ist die hohe Gnade. Das selbstverdiente bewußte Glück ist die Krone des Lebens. Hier soll nur von glücklichen Jahren geschrieben werden.

Man muß sich vorstellen: Woher man kommt, weiß man wenigstens. Wohin man geht, bleibt ein Geheimnis.
Mein Vater steht eingetragen in dem Sterbe-Hauptregister des Standesamtes 1 in Hamburg.
Die Nummer der Sterbeurkunde ist: 511.
Er war Elektrotechniker, geboren in Stuttgart in der Bergstraße 22 am 25. November 1870, evangelisch.
Er kam von einer Überseereise zurück und wurde in Hamburg vor dem Hause Lange Reihe 66 am 14. März 1905 morgens 1.30 tot aufgefunden.
Er war 34 Jahre und vier Monate alt. Er hatte sich vergiftet.
Ich fand es nicht erlaubt, dem Geheimnis seines Untergangs nachzugehen. Ich habe ihn nie gesehen.

Unsere winzige Familie, die Großmutter, die Mutter und der Bruder meiner Mutter steuerten ihr Schifflein so gut sie es vermochten, tapfer durch das Leben, in Stuttgart. Einige frühe Jahre habe ich im Waisenhaus in Oggelsbeuren verbracht. Es hat mir keinen Schaden getan. Dann ging ich in die Volksschule. Damals hat meine Großmutter, klein von Gestalt, aber ein Turm an Rechtschaffenheit, eisernem Fleiß, unschlagbarer Zähigkeit und unnachgiebiger Zuversicht uns zusammengehalten. Sie wacht heute noch, obwohl sie längst tot ist, über mein Leben.

Sie scharrte das Geld zusammen, und mein Onkel legte einiges dazu, um mich in ein Lehrerseminar zu geben. Ich konnte mit Kindern gut umgehen. Ich biß die Zähne aufeinander. Und wenn ich verzweifeln wollte, sagte die Großmutter: »Kleiner, jetzt mußt du mehr Mut haben als ich.«

1914 bekam ich meine erste Lehrerstelle. In dem kleinen Dorf Niederroden bei Darmstadt hatte ich als Alleinlehrer alle Schulklassen in einem Zimmer zu unterrichten.

Ich wartete auf das Wunderbare.

Und das Wunderbare kam. Der Krieg brach aus. Ein ganz unerwartetes Wunder, das furchtbare Gestalt annehmen sollte. Ich meldete mich als Kriegsfreiwilliger und kam zur Infanterie. Ich machte die geisterhaften Stürme auf Langemarck mit, bei denen man niemals einen Gegner sah. Er schoß uns zusammen. Das war am 21., 22. und 23. Oktober 1914. Ich bekam einen Ausbläser ins Knie, eine Lungenentzündung und lag über ein Jahr in Lazaretten. Dann wurde ich aus dem Heeresdienst entlassen.

Jetzt war es Zeit, den alten Traum wahr zu machen. Er wurde so mühelos wahr wie ein Ereignis im Märchen. Durch Vermittlung eines Privatdozenten der Universität Frankfurt bekam ich die Stellung als Feuilletonredakteur an den »Frankfurter Nachrichten«.

Ich war Journalist.

Nach einem Jahr holte mich ein Freund als Feuilletonredakteur an die »Braunschweiger Neuesten Nachrichten«. Nicht jedermann hat solche Freunde. In Braunschweig wartete ich nicht mehr auf das Wunderbare. Das gibt's nur einmal, das kommt nicht wieder. Ich nahm das Wunder selber in die Hand. Denn es war Zeit, Berlin zu erobern.

Und für den Fall, daß es hier nichts werden sollte, gedachte ich München zu erobern.

Was hatte ich zu bieten? Einige hundert Feuilletons. Und einen recht bescheidenen Lebenslauf. Ich war Autodidakt. Ich besaß keinen akademischen Grad. Ich hatte weder in Berlin noch in München Beziehungen. Mit dem, was ich bisher getan hatte und gewesen war, konnte ich keinen Staat machen. Aber die Stimme der Großmutter erhob sich und flüsterte: »Was denn, Kleiner!« Das einzige Kapital, das ich besaß, war eine unbestechliche Bastion, aus der heraus ich nur über Menschen und Ereignisse schrieb, die mich in meinem Herzen bewegten.

So ging ich denn an das unverschämte Unternehmen. Ich stellte drei Pakete mit den gleichen Arbeiten zusammen. Ich schickte sie gleichzeitig ab. Das erste ging an Theodor Wolff zum »Berliner Tageblatt«, das zweite an Georg Bernhard bei der »Vossischen Zeitung« und das dritte an Tim Klein bei den »Münchener Neuesten Nachrichten«.

Danach bekam ich Bauchweh.

Danach kam mein Braunschweiger Verleger abends in mein möbliertes Zimmer und sprach also: »Bleiben Sie hier. Wir erhöhen Ihr Gehalt. Was wollen Sie in Berlin? Hier sind Sie der Erste. In Berlin werden Sie einer von den vielen sein.«

Die Vernunft hatte gesprochen. Aber mit Vernunft ist das Beste im Leben meistens nicht zu haben.

Nach vierzehn Tagen kam ein Brief Theodor Wolffs. Meine Arbeiten hätten ihn interessiert. Ich würde von ihm hören. Ich war betäubt. Der Chefredakteur eines Weltblattes hatte zuerst geantwortet.

Um das andere vorweg zu nehmen: Von Georg Bernhard bekam ich niemals Antwort. Von Tim Klein kam nach zwei Jahren die Antwort, es sei leider bei ihm keine Stelle frei. Um diese Zeit war ich Chef des Feuilletons am »Berliner Tageblatt«.

Mitte Dezember 1921 kam ein Telegramm von Theodor Wolff. Ich möge am soundsovielten nach Berlin kommen, er wolle mich sprechen. Alle Himmel öffneten sich. Und als Zeitpunkt meines Besuches war 23.30 Uhr angesetzt. Das elektrisierte mich. Es entsprach meinen Erwartungen vom Betrieb eines Weltblattes. Halb zwölf Uhr abends war auch meine Zeit, ganz klar. Es war die

beste Stunde des guten Schicksals, ganz klar. Und in dieser Stunde konnte nichts schief gehen, auch ganz klar.
Es ging auch nichts schief.
Eine Stunde vorher wanderte ich um das Mossehaus, und ein unsichtbares, gewaltiges Orchester begleitete mich. Musik, Musik der Zukunft, schönste Musik der Welt.
Ich sah durch die Fenster im Parterre die funkelnden Gestänge der riesigen Rotationsmaschinen. Sie gehörten nun auch mir. Sie würden mit mir an der Zeit weben.
Dann stieg ich, leicht wie ein Engel, die Treppe hinauf. Ich spürte den Hauch des Schicksals: Es konnte nichts schief gehen.
Der junge Mann in der Anmeldung führte mich zu der Tür, hinter der meine Zukunft lag. Eine ruhige, sehr tiefe Stimme sagte: »Ja?«
Sie sagte nicht »Herein« – sie sagte »Ja«.
Ich betrat zum erstenmal das kleine, rot ausgeschlagene und rot ausgelegte Zimmer, in dem ich später so oft aus- und eingehen sollte. Am Schreibtisch saß niemand. Aber an der Wand, an einem Stehpult, drehte sich ein untersetzter, sehr gut angezogener Mann mit kurz gehaltenen weißen Haaren und einem gestutzten Schnurrbart nach mir um. An seiner Oberlippe klebte eine herunterhängende Zigarette, die er auch im Munde behielt, während er sprach. Es war eine Angewohnheit aus seiner langen Pariser Zeit, eine französische Angewohnheit, denn zigarettenrauchende Franzosen nehmen niemals die Zigarette aus dem Mund. Er setzte sich hinter seinen Schreibtisch und betrachtete mich durch den Zwicker mit klugen, kühlen Augen.
Er sagte: »Ihre Arbeiten haben mir gefallen. Ihr Stil ist gut. Sie haben eine besondere Art, alles mit dem Herzen zu sehen. Diese Art ist uns in Berlin etwas abhanden gekommen. Ich möchte Sie gerne bei uns haben. Im Feuilleton ist noch nichts frei. Wollen Sie im »Weltspiegel« arbeiten, bis ich Sie ins Feuilleton nehmen kann?« (Das war ein vierseitiges Beilageblättchen für den Sonntag, in Kupfertiefdruck illustriert.)
»Ja«, sagte ich sofort.
»Wann können Sie eintreten?«
»Morgen früh, Herr Wolff.«
Er lächelte. Seine klugen, kühlen Augen blitzten belustigt auf.

Und die Zigarette stand plötzlich waagerecht zwischen seinen roten, dicken Lippen. Ich sollte mit der Zeit erfahren, daß eine nach unten hängende Zigarette ein Zeichen schlechter Laune und die waagerecht stehende das Kennzeichen guter Stimmung war.
»Also sagen wir 1. Januar.«
Ich war Redakteur am »Berliner Tageblatt«.
Die kurze Zeit am »Weltspiegel« war lächerlich. Sie förderte mich nicht, sie hinderte mich nicht. Ich hatte Zeit, mich im Hause umzusehen. Die Situation des »Berliner Tageblatt« war damals in seinem inneren Gefüge einzigartig. Niemals und nirgends wurde eine große Zeitung so gehandhabt. Es gibt auch heute noch keine Tageszeitung im Vaterland, die auf solche Weise geleitet wird. Das ist schade.
Die alleinige Besitzerin des Verlages war des toten Rudolf Mosse angenommene Tochter. Ein angenommenes Kind erbte diesen riesigen Besitz. Sie war niemals zu sehen. Sie verstand von der Zeitung nichts und wollte auch nichts von ihr verstehen. Jedoch – was blieb ihr anderes übrig? – setzte sie als Chef des Hauses ihren Mann ein, Herrn Hans Lachmann-Mosse. Er kam aus der Textilbranche. Er genoß also das Mitgefühl von rund 92 Redakteuren. Großgewachsen, schlank, etwa 35 Jahre alt, immer bleich, immer fahrig, unsicher und meist regungslosen Gesichtes. Etwas vorgebeugt, wahrscheinlich seiner völligen Ahnungslosigkeit bewußt, geisterte er wesen- und heimatlos durch das Haus. Niemand machte sich etwas aus ihm. Er huschte so schnell an einem vorbei, daß man ihn kaum grüßen konnte, wie die Höflichkeit es befahl. Er hatte genau in der Mitte des ersten Stockes ein unglaublich schön eingerichtetes Zimmer, das ihm der Architekt Mendelsohn aufgebaut hatte.
Hans Lachmann-Mosse hatte nichts zu sagen. Lange Zeit nichts. Und als er begann, etwas zu sagen, richtete er den Verlag zugrunde. Schon einige Zeit, bevor Hitler kam.
Alleinherrscher, Monarch und Mittelpunkt des »Berliner Tageblatt« war Theodor Wolff. Den komplizierten geschäftlichen Teil des enormen Unternehmens leitete als Generalbevollmächtigter ein kleingewachsener Mann, Dr. Martin Carbe, stets elegant gekleidet. Er vermochte nicht einen einzigen Satz auszusprechen, ohne ihn mit einer Sprengladung Ironie zu füllen. Und er war

der Mann, der es sich leisten konnte, den Chef des Hauses mattzusetzen, sobald dieser in Betriebsangelegenheiten sich schüchtern äußerte. »Mein lieber Hans«, sagte Dr. Carbe ungeniert, »laß das. Du bist der Lachmann, und ich bin der Fachmann.«
Den ganzen technischen Betrieb hatte ein Holländer in seinen geschickten Händen, Herr Hartog. Ein dunkelhaariger, schroffer, einsilbiger, breitgebauter Mann, der seinen Kram verstand – aber bald sterben sollte.
Die drei Männer waren ein Herz und eine Seele, hielten wie Pech und Schwefel zusammen, waren per du, redeten auch den jungen Chef des Hauses nachsichtig mit du an und kümmerten sich weiter nicht um ihn.
Der guten Form und der rechtlichen Prägung wegen wurde ihm jede wesentliche Entscheidung vorgelegt. Und er sagte »Ja« oder sagte »Nein«, je nachdem man es ihm servierte. Er billigte (in jenen goldenen Jahren) noch jede Anordnung der drei großen Männer. Und er fuhr prächtig dabei. Auch er war keineswegs dumm, der Wahrheit die Ehre. Er besaß ein gutes Quantum Berliner Mutterwitz. Einmal hatte er eine Idee und diese setzte er wie ein Berserker unnachsichtlich durch. Er setzte durch, daß das »Berliner Tageblatt« endlich und reichlich spät übrigens auf Antiquatypen umgesetzt wurde. Ich erinnere mich, wie wir alle in der Redaktion, die wir die gemütliche Frakturenschrift gewohnt waren, mit unbehaglichem Gefühl auf das fremde Aussehen unseres Blattes starrten.
Meine bis heute unerschütterte Überzeugung geht übrigens dahin, daß das Haus Rudolf Mosse nicht durch Hitler zugrunde ging. Ich deutete es schon an. Sein Untergang war von jenem Augenblick an vorauszusehen, als Hans Lachmann-Mosse den unglücklichen Entschluß faßte, endlich in seinem Hause die Herrschaft auszuüben. Anderthalb Jahre vor Hitler, glaube ich. Herr Lachmann-Mosse kündigte Theodor Wolff. Der Generalbevollmächtigte Dr. Martin Carbe ging von selber und erschoß sich später in der Schweiz. Selbstverständlich hätte sich das Haus Rudolf Mosse unter Hitler nicht halten können, sondern wäre – etwa wie die »Frankfurter Zeitung« – erwürgt worden.

Zurück zu mir.
Ich arbeitete also an der lächerlichen Wochenbeilage »Weltspiegel«. Ich betrat eines Morgens mit gewaltigen Reformplänen das große Zimmer des »Weltspiegel«. Schon beim ersten Rundblick gab ich es auf. Denn Gottvater persönlich empfing mich mit mildem Lächeln und weichem Händedruck. Das war der Chefredakteur des Blättchens, der schon seit 100 Jahren hier regierte. Es war Max Bauer. Ein freundlicher Rauschebart, der niemand etwas zuleide tat, sich aber auch von niemand dreinreden ließ. Er hatte allen Grund, stets gleichmäßig heiter zu sein und seine armen Mitmenschen gefühlvoll durch die dicken Brillengläser zu betrachten. Denn seine Existenz und die seiner Familie hing keineswegs von dem lächerlichen Blättchen ab, das als geringstes und dürftigstes Erzeugnis des Hauses galt. Herr Bauer war auf unübersehbare Zeit gesichert durch ein illustriertes Buch, das im Handel glänzend ging. Es war eine Berliner Sittengeschichte. Die erotischen Bilder, Fotos und Zeichnungen darin bildeten die Garantie für einen hohen Absatz.
Hier saß ich nun.
Der junge Sekretär Gelhaar brachte mir bei, wie Fotos einzurichten waren. Solche bescheidenen Helfer, die anspruchslos und ohne Ehrgeiz ihre Kenntnisse zur Verfügung stellen, gibt es überall, in jedem Betrieb. Ihrer ist das Himmelreich, denn auf Erden bringen sie es zu nichts. Übrigens hatte auch ich jeden Ehrgeiz schon beim Betreten des Zimmers aufgegeben. Mit Gottvater konnte man keine Reformen durchführen.
Jedoch! Mir war froh zumute. So froh, wie meinem Vorbild Kipling, wenn er vergeblich die tieferen Ursachen seines Vorwärtskommens zu entdecken suchte. »Mir waren die Karten gemischt und ich brauchte sie nur aufzunehmen.« Genauso empfand ich. Welch eine köstliche Zuversicht! Ich wartete.
Das Feuilleton des »Berliner Tageblatt« war voll besetzt. Kein Platz. Es kündigte niemand, es wurde auch niemandem gekündigt, und es starb auch niemand. Daß das Feuilleton nicht besonders gut war, wußte jedermann. Der Ressortleiter war ein eleganter, sehr gepflegter Fünfziger mit verbindlichen Manieren, einem guten Stil und einer stockheiseren Stimme. Aber das Feuilleton lebte nicht, wie es hätte sein müssen, aus seinen schöp-

ferischen Einfällen. Es lebte von den Beiträgen fest angestellter Leute und von zufälligen Eingängen.
Die Perle des Feuilletons waren die Theaterkritiken von Alfred Kerr. Aber was hatte ich davon!
Es war kein Stuhl frei. Und wieder wartete ich auf das Wunderbare. Und wieder kam es. Eines Morgens betrat Herr Bryck den »Weltspiegel«. Herr Bryck war von gewaltigem Leibesumfang, so daß man weit vor ihm auswich, damit er Platz habe. Er war für Theodor Wolff und für das Blatt unbezahlbar. Seine Tätigkeit war gleichwohl undefinierbar. Herr Bryck tauchte in allen und jeden Ressorts auf, ließ zuerst einen Bergrutsch sehr unanständiger Witze auf seine Zuhörer los und erledigte dann mit leichter Hand und ohne jeden Aufwand alle Schwierigkeiten, die aufgetaucht waren. Seine Komplimente empfing man wie einen hohen Orden. Sein Wissen war unermeßlich und seine Kenntnisse von geradezu geisterhaftem Umfang. Er wußte einfach alles. Seine Beziehungen waren märchenhaft. Er kannte alle, vom Portier eines obskuren Hotels in der Friedrichstadt bis zum Inhaber des Adlon. Herr Bryck war jederzeit bereit, sein Wissen zur Verfügung zu stellen. Allerdings mußte man dabei rasiermesserscharfe, ironische Spötteleien mit in Kauf nehmen. Wehrlos, denn wer wäre ihm gewachsen gewesen!
Also!
Also eines Morgens trat Herr Bryck in das Zimmer. Er warf dem abgebrühten Max Bauer eine Lawine unzüchtiger Witze in den Vollbart, machte dreckige Bemerkungen über den Tiefstand des »Weltspiegel«. Dann wandte er sich zu mir, zog mich von meinem Stuhl hoch und zerrte mich auf den Korridor. »Sie bekommen eine ganze Seite im BT«, sagte er, nach Luft ringend, denn er litt unter Asthma. »Eine Reise-Seite.«
Sie sollte einmal in der Woche erscheinen. Sie sollte alles enthalten, was für die Reisezeit zu sagen und zu raten und zu empfehlen war.
»Machen Sie um Himmels willen nicht in Lyrik«, sagte Herr Bryck, »besuchen Sie die großen Ledergeschäfte und lassen Sie sich die neuesten Koffer vorführen. Beschreiben Sie die Dinger. Ohne Nennung der Firma natürlich, sonst hol' Sie der Teufel. Dann lassen Sie sich in einer Dienerschule zeigen, wie man am

dümmsten Koffer packt. Dort lernen Hausknechte und Kammerdiener. Dann setzen Sie sich mit der Reichsbahndirektion in Verbindung und fahren ein paar Stunden auf einer Schnellzugslokomotive, damit die Bonzen in den weichgepolsterten Abteilen erfahren, wie es einem Lokomotivführer und einem Heizer auf ihrem Eisenkasten zumute ist. Dann besuchen Sie ein großes Hotel. Hier beschreiben Sie nicht etwa die Fürstenzimmer, verstanden? Sie lassen sich das Unsichtbare zeigen: Küche, Keller, Wäschekammer, den Umgang mit Lieferanten... so ungefähr, junger Mann. Machen Sie mir keine Schande. Kennen Sie den Witz mit der Serviette?«
Und nachdem mir Herr Bryck einen seiner schauerlichsten unzüchtigen Witze verpaßt hatte, ließ er mich stehen.
Ich verdankte natürlich ihm und sonst niemand die Redaktion der Reiseseite. Mein Gefühl hatte mich nicht im Stich gelassen – wie so manches Mal –, als ich dachte, er könne mich vom ersten Tag an gut leiden. Der Himmel gebe allen, denen ich gut bin, irgendwann einmal irgendeinen Menschen, von dem sie ahnen, daß er ihnen wohlwollend gesinnt ist. Das ist so nützlich wie vierzig Empfehlungsbriefe und versetzt einem unwillkürlich einen inneren Schwung. Aber ebenso nützlich erschien es mir, wenn jemand mich nicht gut leiden mochte. Das Übelwollen solcher unangenehmer Leute genießt man, ohne daß man ihnen jemals etwas zugefügt hat. Sie mögen einen nicht – und damit basta. Und das ist gut. Man bleibt wachsam und läßt sich nicht gehen. Und man gibt sich Mühe, damit einem diese Sorte nicht an den Karren fahren kann.
Also los.
Weil ich zeit meines Lebens Leder immer als angenehm empfand, in welcher Form es mir auch begegnete, besuchte ich stehenden Fußes ein internationales Ledergeschäft auf dem Kurfürstendamm. Hier sagte ich, wer ich sei, und ließ mir eine Reihe wunderbarer Reisekoffer und auch solche von bescheidenem Format vorführen. Der Chef gab selber die Erklärungen und ließ vor meinen erstaunten Augen Koffer ein- und auspacken. Was es nicht alles gab! Und mit welcher zauberhaften Geschicklichkeit ganze Garderoben in einem kleinen Ding verstaut werden konnten. Das Raffinement bei den teuren Exemplaren war unvorstell-

bar. Niemals seither hatte ich solche Koffer gesehen. Ich verbrachte einen halben Nachmittag inmitten des köstlichen, männlichen Geruches von Leder aller Sorten. Und dann stand ich vor jener Klippe, der jeder Journalist – so oder so – gewachsen sein muß, soll er nicht seines Berufes unwürdig sein. Ich hatte dem Chef dieses unübertrefflichen Ladens gleich zu Anfang zu verstehen gegeben, daß ich seine Firma nicht nennen würde. Er schnitt das mit einer Handbewegung ab. Und als ich Abschied nahm und mich für seine Freundlichkeit bedankte, führte er mich abseits an einen Glastisch.
»Die Firma erlaubt sich«, sagte er lächelnd, »Ihnen zur Erinnerung an Ihren Besuch eine Kleinigkeit zu verehren!«
Die Kleinigkeit lag vor mir auf dem Glastisch. Sie erwies sich als eine große, kostbare, mit vielen Fächern versehene Aktentasche aus Schweinsleder. Ein Prunkstück. Ich lachte und sagte, er verstehe es, brave Leute in Versuchung zu führen. Ich sei überzeugt davon, daß Kunden, die in seine Hände fielen, rettungslos verloren seien. Und damit drückte ich ihm die Hand, machte den hübschen Verkäuferinnen eine leichte Verbeugung und stob von dannen.

Ja – und nun Berlin, du Stadt meiner Träume!
Wie hielt ich es mit Berlin? Wenn ich durch Straßen pilgerte, hätte mich die nackte Angst würgen können. So viele Menschen! So viele Menschen – und ich – das Würmchen, eine Null, ein Nichts.
Jedoch stellte sich sofort heraus, daß ich keine Angst vor Berlin hatte. Wer Angst hat, ist unverzüglich verloren. Einmal Angst gehabt haben, und man ist perdü.
Sobald irgendein banges Gefühl mich im Gewühl der Straße anfallen wollte und ich dabei war, unsicher zu werden, sagte ich: »Mensch, du bist Redakteur am ›Berliner Tageblatt‹.« Und die unüberhörbare Stimme meiner Großmutter flüsterte aus der Ewigkeit herüber: »Was denn, Kleiner?« Und so durchstreifte ich die Riesenstadt am Tag und die halben Nächte ohne Furcht. Ich durchglitt dieses gewaltige Schlachtfeld, auf dem so viele gestrauchelt, so viele gefallen und so viele lautlos untergegangen waren und auf dem ich mich nun zu bewähren hatte! Ich durch-

glitt es mit guten Nerven. Ich fraß alles. Ich kannte bald die wichtigsten Straßen und Plätze und die Verbindungen zu ihnen. Und das Beste vom Besten: Ich saß beinahe jeden Abend auf der Galerie eines Theaters. Ich sah die wundervollsten Schauspieler und Schauspielerinnen der Welt auf den wundervollsten Bühnen der Welt. Ich nahm mir vor, alle kennenzulernen, alle miteinander, sobald ich »es« erreicht hatte. (Und ich lernte sie kennen – alle miteinander!) Ich ließ mir keinen neuen Film entgehen. Ich besuchte jeden Saal, in dem eine neue oder eine bekannte Tänzerin auftrat. Und ich wurde sozusagen mit der linken Hand Tanzkritiker. Mein Berlin tat mir nichts zuleide, und ich tat Berlin nichts zuleide. Und auf diese Weise kamen wir glänzend miteinander aus.
Und nun zu einem Hotel.
Ich nahm für eine Beschreibung keines der berühmten internationalen Hotels, etwa das Adlon oder das Bristol oder das Esplanade. Ich nahm mir ein Reisendenhotel, ein Passantenhotel, das Excelsior am Anhalter Bahnhof. Es gehörte dem Geheimrat Elsner. Ein Geheimrat – wieso ein Geheimrat? Nun, er war Geheimer Kommerzienrat. Er hatte sich diesen hohen Titel durch eine reiche Geldstiftung gekauft. Und zwar vom Wohltätigkeitsladentisch Ihrer Majestät, der Kaiserin Auguste Viktoria, die solche Titel vergab. Dieser Geheimrat hatte von der Pike auf gedient, es konnte ihm also kein Mensch in seinem Betrieb etwas vormachen. Ich hatte mit seinem Pressechef zu tun, einer der erstaunlichsten Erscheinungen. Es war Dr. Artur Kürschner. Ein sehr, aber sehr kleingewachsener ungarischer Jude. Übrigens einer jener sehr kleingebauten Männer, von dem mir ausnahmsweise nichts Übles geschah. Sonst haben mich meiner Lebtag kleingewachsene Männer ziemlich schlecht behandelt. Mit diesem kleinen Doktor aber verband mich auf den ersten Blick herzliche Freundschaft. Da er eine schwere Zunge hatte, sprach er ein langsames, genau akzentuiertes Deutsch. Ich hörte ihn gern reden. Denn mir imponierte sein scharfer Verstand, mit dem er blitzschnell alles erfaßte und so genau und treffend formulierte, daß mir oft Hören und Sehen verging. Ich kapierte langsamer. Kürschner wurde später Leiter der aktuellen Abteilung des Berliner Rundfunks. Das hatte natürlich auch gute Folgen für mich.

Oft war ich in seiner Familie eingeladen. Man befand sich dann auf einem Vulkan. Da war die weißhaarige Mutter, die absolute Herrscherin. Sie mußte das wütende Temperament von zwei explosiven Söhnen und einer hemmungslosen Tochter an der Kandare halten. Sie hielten wie Pech und Schwefel zusammen, nach außen hin. Und sie waren auch unter sich wie Pech und Schwefel... mit Ausnahmen. Ob Gäste da waren oder nicht, es konnte sein, daß alle vier plötzlich ohne sichtbaren oder hörbaren Anlaß, aus heiterem Himmel, völlig unerwartet und unerklärlich aufeinander einschrien und zwischen ihnen ein rasender Streit ausbrach. Das Thema blieb unbekannt. Sie brüllten sich mit blaurot angelaufenen Gesichtern auf ungarisch an, und die entsetzten Gäste machten Anstalten aufzubrechen, um nicht Zeugen eines Massenmordes zu werden. Aber ebenso plötzlich und ebenso unerklärlich brach von einer Sekunde zur anderen der erbitterte Streit ab und erlosch in innigen Umarmungen. Das Ende dieser liebenswerten Familie war heroisch, aber grauenhaft. Wenn ich daran denke und es mir in meiner Phantasie ausmale, sitze ich heute noch zu Eis erstarrt. Sie flohen, als Hitler kam, zuerst nach Prag und dann nach Wien, zuletzt in ihre Heimat nach Budapest. Man hetzte sie weiter, und sie reisten nach Palermo. Hier ging ihnen das Geld aus. Sie waren zu stolz, um zu betteln. Die Familie mietete sich an einem herrlichen Tag ein Ruderboot, Mutter, Tochter und die beiden Söhne. Sie ruderten weit in das blaue Meer hinaus. Und dann kippten sie das Boot um. Insassen eines Fischerbootes beobachteten den schrecklichen Vorgang, aber sie verharrten versteinert vor Grauen. Die Kürschners ertränkten sich aus freiem Willen, als sie keinen Ausweg mehr sahen.
Möge ihre endlose Wanderung durch die Ewigkeit... ja, was möge sie, was möge sie, frage ich und weiß keine Antwort.

Für meinen dritten Leitartikel auf der Reise-Seite nahm ich alle Kraft zusammen. Meines Wissens hatte noch keiner unserer großen, mittelgroßen und kleinen Journalisten die Fahrt auf einer Schnellzuglokomotive beschrieben. Nun, es wurde nicht gerade eine Sensation, aber es war hochinteressant. Ich bekam die Erlaubnis der Eisenbahndirektion Berlin, man gab mir vorsichtshalber einen Baurat als Begleitung mit, und ich kletterte die

Eisensprossen hinauf, um von Berlin nach Magdeburg zu fahren. Lokomotivführer und Heizer machten verschlossene Gesichter. Wahrscheinlich wegen des Baurats, von dem sie irgendeine Inspektion erwarteten. Um mich kümmerten sie sich nicht im mindesten. Um den Baurat auch nicht. Nur während wir auf diesem ungefederten Eisenkasten durch die Landschaft donnerten, warfen sie bisweilen schadenfrohe Blicke auf mich. Denn ich war im Handumdrehen dreckig. Außerdem zitterte ich während der ganzen Fahrt vom Kopf bis zu den Füßen, und langsam überkam mich durch den Ruß eine leichte Betäubung. Ich zitterte und bebte jedoch nicht etwa aus Angst. Ich zitterte vielmehr, weil auch die Lokomotive zitterte und der Lokomotivführer und der Heizer und der Baurat. Dieser federlose Klumpen aus Eisen und Stahl und Dampf wuchtete mit mir und dem Baurat im 80-km-Tempo dahin, und mir klapperten sämtliche Zähne. Eine Unterhaltung mit dem Herrn Baurat oder so etwas wie ein Interview mit Führer und Heizer war unmöglich. Der Lärm! In Magdeburg stieg ich schweigsam, mich mit wenigen Worten bedankend, die Eisensprossen wieder hinunter auf den Bahnsteig, schüttelte dem Baurat die Hand und unter immerwährendem Klingeln im ganzen Körper schwankte ich zum Wartesaal. Ich fuhr dann weich und vorzüglich gefedert mit dem nächsten Zug nach Berlin zurück. Mein Aufsatz über diese Fahrt wurde eine Hymne auf die Arbeit der Lokomotivführer und Heizer aller Züge in aller Welt.

Feuilletonchef beim BT

Die Monate trotteten dahin.
Nichts Besonderes ereignete sich mit mir. Wo blieb das gewohnte Wunder? fragte ich mich ungeduldig und allmählich gereizt. Denn wer wie ich zweimal Wunder seines Schicksals erlebt hatte, gab sich der höchst albernen und dummdreisten Erwartung hin, daß man nunmehr nichts mehr anderes zu tun habe, als das nächste Wunder abzuwarten. Man klopfte Gott vertraulich auf die Schulter und nickte ihm zu.

Aber wiederum geschah das Wunder, trotz alledem.
Und dieses Wunder kam wiederum auf seine eigene, unerwartete und unerforschliche Weise. Das Mossehaus wurde in jenen Tagen um drei Stockwerke erhöht. Das machte der berühmte Architekt Mendelson. Und ihm und seinen Bauleitern unterlief ein schrecklicher Fehler. Als ich morgens in die Jerusalemer Straße einbog, sah ich vor dem Mossehaus einen Kordon von Polizei und Feuerwehrleuten. Ich wühlte mich durch, zeigte meinen Ausweis und kam ins Haus. Im Eingang stand neben einem Polizeioffizier und dem bleichen Portier Hans Lachmann-Mosse. Er identifizierte jedes Mitglied des Unternehmens selber. Es fiel mir auf, daß er jeden einzelnen mit Namen kannte. Also, dachte ich, also hatte ich ihn am Ende doch zu niedrig eingeschätzt und es steckte mehr hinter ihm, als wir alle glaubten. Im Innern des Hauses sah ich die Katastrophe. Die Maurer, die auf dem Dach arbeiteten, hatten dort einen Stapel aus Zementsäcken errichtet. In der Nacht hatte es in Strömen geregnet. Der Stapel von Zementsäcken war tonnenschwer und immer schwerer geworden. Und kurz nach 8 Uhr vormittags brach der ganze Stapel wie eine Masse Blei vom Umfange eines Zimmers durch die Stockwerke durch bis in den Keller. Er brach einen Schacht durch acht übereinanderliegende Zimmer. Und wer sich zu dieser Stunde in einem der Zimmer aufhielt, war verloren. Er wurde mitgerissen und rettungslos eingebacken in die entsetzliche Masse aus Zement, Mörtel, Stein und Holz. Es starben an diesem Vormittag über 20 Menschen. Ich stand lange regungslos im Korridor des ersten Stockwerkes dort, wo der Gang plötzlich abbrach. Ich starrte hinunter, wo die Feuerwehrleute arbeiteten. Ich ging zurück in den »Weltspiegel«. Ich setzte mich hin und schrieb wieder einmal, was mein Herz bewegte: einen Nachruf auf die Toten unseres Hauses. Dieser Nachruf konnte nur unter dem Strich, also im Feuilleton, erscheinen. Der Chef des Feuilletons war verreist. Ohne mich an seinen Vertreter zu wenden, brachte ich den Aufsatz in die Setzerei.
Hier gab ich das Blatt dem ersten Metteur, Herrn Redlin. Ich sagte, die Sache müsse in die Abendausgabe an die Spitze des Feuilletons. Schweigend nickte Redlin. Er wußte, daß ich kein Recht hatte, für das Feuilleton Anordnungen zu geben. In der Abendausgabe stand mein Aufsatz an erster Stelle. Wie im Traum

las ich meine Worte wieder und wieder. Zum erstenmal war mein Name im Feuilleton zu lesen. Und dieser Nachruf auf unsere Toten entschied alles – meine Karriere am BT und mein ganzes ferneres Leben.

Nachmittägliche Stille im Zimmer. Niemand sprach ein Wort. Dann kurz vor Büroschluß klopfte es leicht an die Tür und herein kam eine mittelgroße, energisch aussehende ältere Dame. Sie sah sich kurz um und steuerte dann auf mich zu. Ich erhob mich langsam.
»Sie sind Herr Hildenbrandt«, sagte sie, »ich bin Frau Theodor Wolff. Ich habe Ihren Nachruf gelesen. Ich wollte Ihnen die Hand schütteln.« Und bevor ich eine Antwort zusammen hatte, war Frau Wolff verschwunden. Ich starrte ihr halbbetäubt nach. Unser Sekretär Gelhaar starrte ihr ebenfalls halbbetäubt nach. Und unseres Herrn Max Bauers grauer Vollbart stand waagerecht. Herr Bauer war ganz und gar betäubt, so etwas war noch niemals passiert.
Wunder über Wunder. Wenige Minuten später klingelte das Telefon. Die Sekretärin von Theodor Wolff bat mich, zum Chef zu kommen. Ich fand ihn wie immer stehend an seinem Schreibpult. Und wie immer drehte er sich mürrisch um, wenn er gestört wurde, und wie immer hing die Zigarette verstimmt abwärts zwischen den vollen Lippen. Dieser von Arbeit umbrauste Mann haßte es wie die Pest, gestört zu werden. Zugleich aber kam eine seiner liebenswertesten Eigenschaften zum Ausdruck. Es war jedem Mitglied der Redaktion erlaubt, unangemeldet einzutreten. Dieses Passepartout wurde niemals mißbraucht. Als TW mich sah, legte er die Feder hin. Er drehte sich zu mir, und seine Zigarette stand plötzlich waagerecht. Er nahm den Kneifer ab und betrachtete mich aus halbzugekniffenen Augen. Dann lächelte er.
»Nun, wie ist Ihnen zumute?«
Ich sagte nichts. Was hätte ich auch sagen sollen?
»Sie haben sich in der Abendausgabe viele Freunde gemacht.«
Ich sagte nichts.
»Morgen vormittag fangen Sie im Feuilleton an. Die Reiseseite behalten Sie. Vom »Weltspiegel« gehen Sie weg. Es paßt Ihnen doch, wie?«

Was ich antwortete, weiß ich nicht mehr. Die ganze Sache hatte eine Minute gedauert. In Begleitung von einigen hundert Musikkapellen ging ich zum »Weltspiegel« zurück. Atemlos – atemlos. Am anderen Morgen meldete ich mich beim Chef des Feuilletons. Es war eine süßsaure Begrüßung seinerseits. Es war mir egal. Das Feuilleton des Berliner Tageblattes verfügte über zwei winzige Räume. In einem saß der Chef. Ich erinnere mich der Gestalten, die wie Kometen das Feuilleton umkreisten und ihm seinen hohen Rang gaben. Sie tauchten auf, lieferten ihre Manuskripte ab, warteten auf dem Korridor geduldig auf die Korrekturabzüge und verschwanden wieder so lautlos, wie sie gekommen waren. Es gab nur selten eine Diskussion.

Die Götter, die da kamen und gingen, kann man mit einem einzigen Griff vorstellen: Alfred Kerr, Viktor Auburtin, Alfred Polgar, Dr. Schmidt, Fritz Stahl – und damit hat es sich schon. Es ist nicht einfach zu erklären, worauf nun eigentlich die unbestritten hohe Qualität des Feuilletons beruhte, trotz der Vernachlässigung durch seinen bisherigen Chef. Man könnte vielleicht zum Beispiel sagen, daß die Theaterkritiken Alfred Kerrs diesen Rang bestimmten und viele Leute das BT nur seinethalben lasen. Man könnte auch sagen, daß die Finanzen des BT es erlaubten, jedes Vorkommnis in der kulturellen Welt durch höchste Kapazitäten kommentieren zu lassen. Aber der hohe Rang kam immer nur zeitweilig durch brillante Einzelleistungen der festen und der freien Mitarbeiter zur Geltung. Das Feuilleton als Ganzes und Laufendes machte mißmutig und unzufrieden. Der Chef des Feuilletons bestückte sein Ressort außer mit den automatisch einlaufenden Beiträgen der fest angestellten Mitarbeiter nur mit den zufälligen Eingängen, die ihm auf den Tisch des Hauses flogen. Er baute nicht, er plante nicht, er suchte nicht nach Talenten, er spürte nichts auf, er entwickelte nichts, er pflanzte nichts, er ließ alles an sich herankommen.

Zunächst war ich kreuzunglücklich. Die Arbeit, die mir der Feuilletonchef gab, war windig. Ich mußte in einem Stapel anderer Blätter jene Stellen rot anstreichen, die ihn interessierten. Es war eine leblose Wegstrecke. Ich hatte keine Ahnung, daß die Götter schon wieder dabei waren, meinetwegen Konferenzen abzuhalten, und daß schon wieder eine Art Wunder sich vorbereitete.

»Was«, fuhr mich der Chef an, als er morgens kam, »Sie sind noch nicht fertig? Sie haben fertig zu sein, wenn ich komme.«
Das war ein Überfall. Donner und Doria. Ich flog vom Stuhl hoch. Ich riß die Tür zu seinem Zimmer auf und sagte bescheiden: »Ich verbitte mir Ihr ganz und gar idiotisches Benehmen.«.
Jetzt flog er vom Stuhl auf, aber ich saß schon wieder auf dem meinen. Wer zu Wutausbrüchen neigt, sollte ihnen nachgeben. Das ist kein schlechter Rat, vorausgesetzt, man fühlt sich festgerammt im eigenen Recht. Der Mann hatte den Krach provoziert. Aber warum in aller Menschen Namen, die jemals provoziert wurden, warum hatte er es getan? Ich weiß es bis zum heutigen Tag noch nicht. Es hat mich auch gar nicht interessiert. Denn nun mußte gehandelt werden. Zuerst wartete ich, welche Folgen die Sache haben würde. Sie hatte gar keine Folgen. Das war mir zu langweilig und zu unerledigt. Eines Morgens fegte ich die dämlichen Zeitungen vom Tisch, nahm die Maschine und schrieb drei Briefe desselben Inhalts. Den einen an Theodor Wolff, den zweiten an Dr. Martin Carbe und den dritten an Hans Lachmann-Mosse. Ich kündigte. Ich legte dar, was ich am Feuilleton und seinem Leiter auszusetzen hatte.
Es war das Unternehmen eines Seeräubers. Ein Piratenstückchen. Ein Leichtsinn. Eine Überheblichkeit und Unverfrorenheit. Eine Frechheit sozusagen. Ich saß, mit den drei Briefen in der Hand, eine Weile mit geschlossenen Augen. Aber die Welt war verstummt und gab keine Antwort. Ich fragte meine Großmutter, aber aus der Ewigkeit kam auch keine Antwort.
Diesmal war ich allein. Diesmal hatte ich nur mit mir selber zu tun. Das heißt, diesmal stand ich mitten im Leben und mitten im Existenzkampf. Sonst hatte ich stets meine Stimmen gehabt wie einst die Jungfrau von Orleans.
Ich ließ die Briefe abgehen und fuhr nach Hause.
In den folgenden Tagen ereignete sich nichts. Der Feuilletonchef war von eiskalter Höflichkeit. Ich war milde gestimmt, wie immer, wenn ich jemand an die Krawatte gesprungen war. Es war beileibe keine Reue. Aber ich kann nicht behaupten, daß ich mir in jenen Tagen besonders stark vorgekommen bin.
Was tun? Es geschah nichts. Schon war ich des Glaubens, daß alle Beteiligten mit Ausnahme von mir die ganze Affäre als nicht

geschehen betrachteten. Traf das zu, mußte wieder gehandelt werden. Denn das Gesicht muß man wahren, auch wenn man vielleicht im Unrecht ist.

Unter solchen Umständen mögen vierzehn Tage vergangen sein. Und als ich eines Morgens mein Zimmer betrat, stand die Tür zum Raum des Chefs weit offen. Ungewöhnlich. Sehr ungewöhnlich. Ich riskierte einen Blick hinein. Es war niemand da. Ungläubig starrte ich auf den leeren Schreibtisch. Noch ungläubiger auf die nackten Wände, die sonst voller Fotos hingen. Und ganz und gar perplex betrachtete ich die weit geöffneten Schranktüren mit den ausgeräumten Fächern.

Ich setzte mich still in meinen Sessel. Der Chef des Feuilletons erschien nicht. Wenn jemand nach ihm fragte, zuckte ich nur unmanierlich die Schultern. Es kam mir vor, als ob eine Explosion dicht neben mir, hinter mir, über mir oder unter mir fällig wäre, in der nächsten Sekunde.

Gegen Mittag wurde ich zu Theodor Wolff gerufen. Diesmal begleiteten mich keine zweihundert Musikkapellen, sondern dumpfe Paukenschläge, Laute des Schicksals. Schwerer als ein Schmiedehammer donnerte mein Herz auf dem kurzen Gang.

Mit dem halblauten Satz ›Tu l'as voulu, George Dandin!‹ klopfte ich an die Tür. Der Chefredakteur saß hinter seinem Schreibtisch. Sein Gesicht war undurchdringlich. Die Zigarette hing von seinen Lippen herunter. Nun also, dachte ich gottergeben, deine Sache ist schiefgegangen.

Er ließ mich stehen. Ein miserables Omen.

Dann sagte er: »Ich habe den bisherigen Feuilletonchef nach Kopenhagen versetzt. Als dänischen Korrespondenten. Er war damit einverstanden. Es war die beste Lösung. Das Feuilleton gebe ich Ihnen.«

Und während mir noch die Luft ausging, stand er plötzlich auf. Sein bräunlich gesundes Gesicht strahlte, seine klugen Augen hinter dem Zwicker funkelten mich leicht belustigt an und über den Schreibtisch hinweg gab er mir die Hand.

»Na ja«, sagte er, »dann alles Gute.« Und er setzte sich wieder hin. Ich war Chef des Feuilletons am Berliner Tageblatt. Nach noch nicht einem Jahr. Mit noch nicht dreißig Jahren. Ohne Beziehung, ohne Empfehlung, ohne Fürsprache, ohne alles.

Langsam ging ich den Korridor zurück. Ich habe das Glück, das mir in dieser Stunde zuteil geworden ist, niemals richtig begriffen, und ich begreife es heute noch nicht recht, obwohl inzwischen so viele Jahre vergangen sind, um darüber nachzudenken.

Es war die Verwegenheit des Anfängers, die Kühnheit des Unbefangenen, der unbekümmerte Wagemut des Träumers, was mich getrieben hatte. Und das beste war, daß ich nicht die geringste Angst vor dem hatte, was mich nun erwartete auf diesem wichtigen Schlüsselposten eines Weltblattes. Noch in späteren Jahren krampfte sich mein Herz zusammen, wenn ich mich an jene kostbaren Zeiten erinnerte. Heute habe ich erst Angst vor dem, was ich riskiert habe. Heute erst packt mich zuweilen die Furcht des Reiters über den Bodensee. Heute ... aber noch war nicht heute, noch war jetzt, noch war Gegenwart.

Jedoch erlebte ich dieses Wunder und dieses Glück nicht bewußt, es war das Glück dritten Grades, das unbewußte Glück. Und vielleicht war das gut so. Sonst wäre ich unter Umständen vor der bevorstehenden Aufgabe zurückgeschreckt.

Ich suchte meine paar Sachen zusammen. Ich gab auf Fragen keine Antwort. Ich genoß die erstarrten Gesichter, als ich in das Nebenzimmer zog und mich in dem Sessel meines Vorgängers niederließ. Es war derselbe Sessel, vor dem ich manchmal gestanden und meine dürftigen, nichtssagenden Instruktionen empfangen hatte. Ich hatte keine Ahnung, welche Sensation der Vorgang im Mossehaus, in der Berliner Presse und weit darüber hinaus hervorrufen würde.

Doch war ich noch jung genug, um auch der Eitelkeit zu frönen. Ich ließ mir Visitenkarten stechen. Darauf stand mein Name und unter dem Namen stand (ich hab' es tausendmal gelesen, als ich die Karten bekam), unter dem Namen stand in feinster Fraktur: Chef des Feuilletons am Berliner Tageblatt. Meine zehn großen Berliner Jahre hatten begonnen.

Diese vielbesprochenen, vielgerühmten und vielgepriesenen großen Berliner Jahre umfassen nach der Meinung aller, die sie erlebten, ungefähr die Zeit von 1922 bis 1932. Und die Sache ist die: Diese zehn großen Berliner Jahre waren nur und ausschließlich für folgende Leute zehn große Jahre: für Journalisten,

Schriftsteller, Theaterdirektoren, Redakteure, Regisseure, Schauspieler und Schauspielerinnen jeglicher Art. Tänzerinnen und Tänzer, Kabarettisten, Maler, Bildhauer, Zeichner, Musiker – und für ihrer aller Anhang. Es war die Berliner Bohème, falls man sich erlaubt, überhaupt von einer Bohème zu sprechen. Und allein diese Menschen in ihren Zeitungen, Zeitschriften und Büchern, ihren Theatern, Buchhandlungen und Antiquariaten, ihren Varietés und Kabaretts, ihren Ateliers, ihren billigen und teuren Kneipen, Destillen, Restaurants und Cafés – diese allein und natürlich ihre Gäste, ihre Zuschauer und Zuhörer erlebten und genossen, schluckten, tranken, soffen und fraßen diese so viel zitierten »zehn großen Berliner Jahre«.

Wir, die wir dazu gehörten, hausten unter uns wie auf einer Insel. Denn rings um uns her, außerhalb unserer Welt, tobte ein erbitterter und gnadenloser Kampf in der politischen und geschäftlichen Arena. Es ging dabei um Leben und Tod, um Existenz oder Untergang. Denn die Inflation hatte begonnen. Die Parteien zerfleischten sich. Die Regierung, durchweg gutwillige Leute, verfügte über keinen Kopf, über keine Phantasie, über keinen tollkühnen Elan, der allein der irrsinnigen Lage gewachsen gewesen wäre. Das Land wankte dahin. Das Schlachtfeld war übersät von Leichen. Wir auf unserer Insel der Glückseligen kümmerten uns wenig um das Martyrium unseres Vaterlandes. Eine betäubende Fülle künstlerischer Ereignisse ließ uns gar keine Zeit dazu, die harte, erbarmungslose Wirklichkeit zu sehen, zu hören, zu empfinden oder sie gar mitzumachen. In rund fünfzig Theatern spielten an jedem Abend großartige Mimen. Und wenn nur ein einziger Star inmitten eines minderwertigen Ensembles auftrat, lohnte es sich hinzugehen. Man saß in ausverkauften Häusern. In den vielen, meist von Außenseitern und Einzelgängern eröffneten Kabaretts lachten Unzählige über geniale Komiker und waren zu Tränen gerührt von den neuen Chansons, die nach einigen Zynismen das Gemüt ins Stolpern brachten. In nahezu jeder Woche trat eine neue, unbekannte Tänzerin auf. Sie rotteten allmählich das überlebte, seelenlose, in uniformen Attituden erstickte klassische Ballett beinahe ganz aus. Nur wenige homosexuelle Tänzer versuchten, ihre um das Gesäß scharf gespannten Trikots vorzuführen. Dafür war das klassische Ballett vorzüglich geeignet. In

jeder der Hunderte von Bars, Likörstuben und Weinrestaurants fand man ganz sicher wenigstens einen Bekannten auf dem Hokker kleben. Und wenn nicht, war man im Handumdrehen mit völlig unbekannten Männern und Frauen innig befreundet. Und überall wurde getanzt, getanzt. In den tausend kleinen und großen Ateliers unter den Dächern von Berlin feierte man Feste, wie sie fielen. Man brachte mit, wen man wollte. Die Kostümbälle zur Winterszeit im Zoo, in der Philharmonie und weiß Gott wo noch... und der Gipfel aller Bälle, der Presseball, die Boxkämpfe und Sechstagerennen im Sportpalast – und überall die schönsten Frauen und Mädchen... wo in der Welt gab es so etwas noch? Nirgends. Das Unerforschliche und Unerklärliche aber an dieser Zeit war die unbestreitbare Tatsache, daß alle Menschen dieser Insel arbeiteten, wie niemals sonst und nirgends sonst. Es war eine Raserei der Arbeit. Und es war eine Lust zu leben... und zu arbeiten. Mit leichter Hand oder mit gut getarnter schwerer Hand, mit großem Geschick, unermüdlichem Fleiß und mit einem Können ohnegleichen entstanden die besten Zeitungen im Reich, die besten Zeitschriften, das beste Theater, das beste Kabarett, die beste Musik.
Wer diese Jahre erlebt hat, mitten unter uns erlebt hat, wird wissen, daß es wahr ist.

Natürlich fragten sich die Leute und besonders die Kollegen: Jetzt ist diesem unbekannten, gerissenen Burschen das Feuilleton in die Hand gefallen – was macht er nun damit? Ich machte zuerst etwas Winziges. Ich rottete in meinem Ressort das verdammte Zeilenhonorar aus. Ein für allemal und für jedermann.
Der Kampf begann gleich am ersten Tag mit Herrn Martin, dem Honorarchef. Ich fand die Bezahlung der freien Mitarbeiter nach Zeilen schäbig, unwürdig und niederträchtig. Eine dreckige Methode. Ich finde das heute noch. Man hält den freien Mitarbeiter dadurch klein, bescheiden und nimmt ihm die Lust, etwas über die Pflicht hinaus zu tun. Herr Martin war ein anständiger, rechtschaffener und gutherziger Mann. Er ließ sorgfältig die gedruckten Beiträge der freien Mitarbeiter nach Zeilen zählen, bestimmte den Satz für jede Zeile und zahlte dann an seinem Schalter den Betrag aus. Er war fassungslos, als ich ihn bat, für das Feuilleton

sofort dieses verfluchte Zeilenhonorar abzuschaffen. Er meinte, damit nehme man ihm jeglichen Maßstab. Er meinte, bisher habe sich niemand beschwert. Er meinte, die angelsächsischen, besonders die amerikanischen Zeitungen bezahlten sogar nach Worten. Es wurde ein langer Kampf. Gegen mich stand die Tradition des Hauses. Ich war nun von Natur aus immer tollwütig gegen Traditionen, die sich überlebt hatten. Ich gewann. Und weder Herr Martin noch ich kamen jemals auf den naheliegenden Einfall, eine höhere Instanz, zum Beispiel Theodor Wolff in unserer Sache anzurufen. Wir machten das unter uns ab. Es ist mir gelungen, Herrn Martin endlich davon zu überzeugen, daß der Wert eines Beitrages niemals durch die Anzahl der Zeilen ausgedrückt wird, sondern durch seine Qualität. Ich sagte, mir wären zwei originelle Zeilen lieber, als zwanzig durchschnittliche. Ich bestimmte nun die Höhe des Honorars selber. Herr Martin zahlte anstandslos, obzwar im Anfang etwas ergrimmt, den Betrag aus.

Nur noch einmal brach der Jammer wegen eines Honorars über ihm zusammen. Ein kleines, dreistrophiges Gedicht der Lasker-Schüler war zu honorieren. Ich war dieser rabenschwarzen, ganz und gar lebensuntüchtigen, gefühlvollen, lyrischen Zigeunerin von ganzem Herzen zugetan. Ich bezahlte sie für jeden Beitrag fürstlich. (Auch jenen, der aus irgendwelchen Gründen ungedruckt blieb.) Sie besuchte mich oft in der Redaktion und schob jedesmal schüchtern ein Poem über den Tisch. Ich habe ihr unbesehen jeden Beitrag abgenommen. Sie bekam das Geld sofort an Herrn Martins Schalter. Denn ich hatte auch durchgesetzt, daß der Autor sein Honorar bei Ablieferung bekam und nicht erst, wenn der Beitrag im Blatt erschien. Eine ganz verteufelte Verletzung der heiligen Tradition. (Heute sind die Redakteure, wie mir scheint, wieder zum alten Schlendrian zurückgekehrt. Der Teufel soll solche Burschen holen.)

Die Lasker-Schüler brachte mir übrigens den ersten Krawall als Chef des Feuilletons ein. Ein Gedicht von ihr ließ Herrn Karl Kraus in Wien, den Herausgeber der »Fackel«, den Todfeind der Presse, auf die Palme klettern. (Ich mochte ihn gerne.) Ein Angriff auf mich in der »Fackel« war längst fällig. Die Kollegen sagten: „Seien Sie doch nicht so ungeduldig. Sie kommen dran. Eine Neuerscheinung übersieht Karl Kraus niemals. Aber es erfolgte zunächst lange nichts. (Vielleicht, dachte ich, mochte er auch mich gern.) Aber die Perle unseres Feuilletons, Alfred Kerr, und Kraus waren Todfeinde. Kerr schob zwischen seine Kritiken oft völlig zusammenhanglos einen Satz gegen Kraus ein, wobei er ihn stets als »Dorfkrüppel« bezeichnete, weil der Wiener Berserker etwas verwachsen war. Was mich betraf, so erkannte ich den tobsüchtigen Pressegegner durchaus an als starke Persönlichkeit. Ich anerkannte ihn jedoch niemals, auch heute noch nicht, als den „größten deutschen Sprachkünstler". Das war er nicht oder kaum oder nur unter seinen Anhängern.

Was wollte ich sagen... – ich wollte noch sagen, daß mir nicht an ihm gefiel, wenn er seine Freunde, auch die nächsten, auch jene, die für ihn durch dick und dünn gegangen waren, auf schäbige Manier verriet und verkaufte. Und ich wollte sagen, wieso ich endlich zu einem Angriff in der »Fackel« kam. Kurz und gut, die herzensweiche Else Lasker-Schüler hatte in ihrer übertriebenen Dankbarkeit ein Gedicht auf mich gemacht. Sie veröffentlichte es in einer Zeitschrift. Ich lachte ziemlich verlegen. Jetzt erschien Karl Kraus in der Arena. Ich bekam von allen Seiten den Anruf, ich solle mir die jüngste »Fackel« kaufen. Und da stand es, auf Seite 44 in Nummer 717-723, Ende März 1926.

Da stand es. Es begann mit dem lapidaren Satz: »Über alle (Kraus meinte damit: Über alle jungen Talente in Berlin) gebietet ein gewisser Hildenbrandt, Herr des Feuilletons, der, weil er keinen deutschen Satz schreiben kann, in dieser sprachfernsten Zone als ne Nummer angesehen wird.« Und einige Zeilen weiter: »... so ist Hildenbrandt mit der feinste Stimmungskünstler, den wa jetzt haben, versteht sich ... nach Kerr ... «

Und einige Zeilen weiter: »Jetzt spucken und spucken in den Berliner Zeitungsspalten viele, die vor dem unerreichbaren Vorbild einer ›Feschheit‹ den Ehrgeiz haben, wenigstens kess zu sein oder knorke.« Nichts an diesem Angriff ärgerte mich. Denn Kraus hatte meine wirklichen Schwächen nicht entdeckt. Meine Sentimentalität zum Beispiel. Meine Rührseligkeit. Er hatte mich als das Urbild eines »norddeutschen Junggesellen« gemalt. Und ausgerechnet das war ich niemals.

Aber ich konnte mich jetzt als gemachten Mann betrachten. Karl Kraus hatte mich seiner Wut gewürdigt.

Ich antwortete nicht. Ich antwortete niemals auf persönliche Angriffe. Das lohnt sich nicht und in keinem Fall. In sachlichen Auseinandersetzungen dagegen kletterte ich unverzüglich auf mein Streitroß und trabte auf den Turnierplatz. Ich bin so manchesmal abgeworfen worden, aber es nahm mir nicht den Spaß an der Polemik.

Karl Kraus überließ ich seinem Zorn.

Alfred Kerr, König der Kritiker

Natürlich »reformierte« ich sofort. Welcher neue Mann könnte sich versagen, mit seinen eigenen Einfällen sich selber und seinen Leuten das Leben etwas sauer zu machen? Mir war aber das Glück beschieden, bescheiden zu bleiben. Ich ließ das Feuilleton so altmodisch laufen wie bisher. Seine Aufsätze trugen stets die einspaltige Überschrift, darunter das »von« und dann den Namen des Verfassers. Das Feuilleton erschien damals »unter dem Strich« als geschlossener Block. Ich bewundere heute oft fassungslos die unübertreffliche Fertigkeit der Umbruchredakteure, den Text in der ganzen Zeitung umherzuschleudern, umherzupfeffern, aufzusplittern und den Leser leicht wahnsinnig zu machen.

Der Leser von heute erwartet es so.

Trotzdem, um mit der Tür ins Haus zu fallen, trotzdem hat die Presse bei uns ihre Macht verloren. Unangenehm zu hören, wie? Klingt in den Ohren der lieben Kollegen scheußlich, was?

Woran es liegt, ist mit einem Satz zu sagen: es gibt (mit gezählten, ganz wenigen Ausnahmen) keine journalistischen Persönlichkeiten mehr. Bösartige Kollegen werden erwidern: der alte Bursche ist gut, er meint, es fehlen Persönlichkeiten, wie er selber eine gewesen zu sein glaubt. Natürlich war ich eine Persönlichkeit, was denn sonst, meine lieben Freunde? Es würde ja komisch sein, das zu leugnen. Aber ich darf hinzufügen, daß ich im Pappelwald überragender Persönlichkeiten damals ein Bäumchen gewesen bin, das sich freute, da zu sein, wo ich jetzt war, und das sich redlich mühte, zu blühen und Früchte zu bringen. Nehmen wir ein Beispiel. Nehmen wir Alfred Kerr, unseren Theaterkritiker. Wenn man heute erzählen würde und an Beispielen ohne Zahl auch beweisen könnte, welche unglaubliche Macht dieser Mann in der Zeitung durch seine Aufsätze besaß, gebrauchte, manchmal mißbrauchte, souverän, genial, meistens gerecht, manchmal ungerecht, ironisch, bösartig, gutherzig, lässig, mit stilistischen Finessen, mit neuen Wortbildungen, die einem Leser Schauer über den Rücken jagten, mit ungewöhnlichen Kenntnissen seines Faches...

Er blieb im Hause beinahe unsichtbar. Er arbeitete während der wenigen Stunden, die er in der Redaktion verbrachte, einen Stock höher in einem winzigen, schäbigen Zimmerchen, einer Klosterzelle ähnlich. Dort las er seine Korrekturen. Er brachte das Manuskript mit, lieferte es selber dem Metteur ab. Dann stand der zurückhaltende, kalt-höfliche Schriftsteller so lange in der Setzerei, an einen Setzkasten gelehnt, bis der Metteur ihm den Fahnenabzug überreichte. Alsdann eilte er hinauf in seine Bruchbude, korrigierte, übergab dem Metteur die Korrektur, lehnte wieder in der Setzerei an einem Setzkasten und wartete. Er war ein Korrekturwahnsinniger. Korrektur war ihm nahezu so wichtig, wie das ganze Manuskript. In seinem Vertrag stand der Passus, daß in seinen Beiträgen kein Buchstabe geändert werden dürfe, außer von ihm selber. Das wäre an sich Anlaß zu manchem Konflikt gewesen, nämlich dann, wenn die Redaktion, das heißt der verantwortliche Chef des Feuilletons, mit dem Inhalt nicht einverstanden gewesen wäre. Was die Kritiken betraf, so konnte dieser Fall niemals eintreten. An der Meinung des Kritikers war von der Redaktion auch niemals zu rütteln.

Einmal aber begehrte ich auf. Das war damals, als Dr. Kerr mitten im Text einer Theaterkritik, ohne jeden Zusammenhang, völlig unnötig und mit ätzender Bissigkeit aus heiterem Himmel einen nahen Verwandten in hoher Staatsstellung tödlich angriff. Es sah aus wie ein Tobsuchtsanfall. Ich kannte diesen Verwandten nicht. Aber die Sätze hätten dem Ansehen des Blattes höchsten Schaden zugefügt. So spazierte ich mit dem Fahnenabzug der Kritik nach oben zu Kerr.

Er sagte: »Lassen Sie die Mätzchen, das wird nicht geändert.«
Ich sagte: »Herr Doktor Kerr, das Wort Mätzchen kränkt mich nicht. Sie sind ein großer Mann, und ich bin ein kleiner Mann. Ich lasse diese Sätze trotzdem nicht durch. Ich rufe Theodor Wolff als entscheidende Instanz an.«
Kerr sagte: »Ich bin die entscheidende Instanz.«
Nun gut, es war an diesem Tage mit ihm nicht gut Kirschen essen, und wir sprachen nicht weiter darüber. Theodor Wolff strich wortlos die gefährlichen Sätze aus. Und Kerr nahm es hin. Es gab nicht einmal eine Diskussion zwischen beiden.
Ich hatte Kopfweh vor Kummer. Kerr war einer meiner heimlichen Götter. Und der Satan hatte es gewollt, daß ich es mit ihm verderben mußte.
Jedoch.
Jedoch behandelte mich Dr. Kerr von da ab mit aufrichtiger Herzlichkeit. Und mit den Jahren wurde es Freundschaft.

Und dann. Und dann ereignete sich die alberne Sache mit dem Intendanten des Staatstheaters, Leopold Jessner.
Die gewaltige Fehde dauerte schon Monate. Die Streiter jagten sich in der Arena der Berliner Öffentlichkeit und droschen aufeinander ein. In den Literaten-Cafés amüsierten sich die Kumpane beider Parteien, wenn ein sausender Hieb gefallen war. Beide Streiter standen noch aufrecht. Der Stärkere von ihnen war Alfred Kerr, der Schwächere Herbert Jhering, der Theaterkritiker vom »Börsenkurier«.
Kerr focht mit dem spitzen Florett seiner knappen Formulierungen, Jhering mit seiner Geschwätzigkeit; beide aber besaßen Rang, Ansehen und Anhang. (Wie unglaublich treffsicher und zugleich menschlich verständnisvoll war zum Beispiel Kerrs unsterbliches Urteil über den hohenzollernschen Dramendichter Ernst von Wildenbruch: »Er ist nur ein Trompeter, und doch bin ich ihm gut.«)
Zielscheibe des Scharfschießens war Leopold Jessner, der Intendant des Preußischen Staatstheaters. Um welche Dinge es ging, ist heute gleichgültig. Eines Morgens rief mich Jessner an und bat mich, zu ihm zu kommen. In die Intendanz, das Büro Unter den Linden. Ich ahnte ungefähr, was er wollte. Ich spazierte hin. Es

machte mir zunächst nichts aus, daß er mich warten ließ. Mit der Zeit aber wurde es mir doch zu lange, zu lange für mich als Chef des Feuilletons am BT! Wohlverstanden. Ich glaubte, die Würde meines Hauses wahren zu müssen. So spazierte ich wieder aus dem Büro hinaus in den frischen Morgen. Als ich gerade die Linden überquerte, holte mich atemlos einer der älteren livrierten Diener der Intendanz ein. Der Herr Intendant sei sehr bestürzt. Ein Versehen. Der Herr Intendant bitte mich doch . . .
Ich sah in das erhitzte, besorgte Gesicht des alten Mannes und sagte: »Kommen Sie. Auf diesen Schreck in der Morgenstunde haben wir beide einen Schnaps nötig.«
Er wehrte zuerst ab, dann zottelte er mit ins Café Bauer, wo wir uns einen genehmigten. So gestärkt zogen wir zurück ins Büro der Intendanz. Leopold Jessner kam mir schon unter der Tür entgegen, entschuldigte sich und führte mich in sein Zimmer. Ich hatte richtig vermutet. Er bat mich kurzerhand, ihm eine Unterredung unter vier Augen mit Alfred Kerr zu vermitteln.
»Denn so kann es nicht weitergehen«, sagte der nervöse Mann bekümmert. »Mein Theater ist in zwei Lager gespalten. Die Arbeit leidet darunter. Ich selber . . .« Er brach ab.
Ich fragte: »Haben Sie schon mit Herbert Jhering gesprochen?«
Er schüttelte den Kopf. »Nein«, antwortete er wütend und rannte im Zimmer auf und ab, »nein, ich muß zuerst mit Dr. Kerr sprechen. Von ihm hängt alles ab.«
Damit war die Sache glasklar. Er wußte, wer den größeren Einfluß hatte. Ich sagte, ich wolle es versuchen.
»Aber«, fügte ich hinzu, »Dr. Kerr wird niemals hierherkommen.«
»Ich komme hin, wohin er will«, sagte der geplagte Intendant.
Als ich Kerr den Vorschlag mitteilte, lächelte er. »Also auf Ihrem Zimmer.«
Jessner stand auf, als Kerr mein Zimmer betrat. Die beiden Herren genehmigten sich eine leichte Verbeugung. Die Hand gaben sie sich nicht. Als ich verschwinden wollte, ersuchte Kerr mich zu meinem Erstaunen zunächst dazubleiben. Dann sagte er: »Herr Intendant, Sie haben mich um eine Unterredung gebeten. Die sollen Sie haben. Jetzt und hier. Sie können Sie aber erst haben, wenn wir uns setzen. Und bevor wir uns setzen, verlange

ich in Gegenwart meines Kollegen hier eine bestimmte Erklärung von Ihnen.«

Jessner stutzte. Ich war tödlich verlegen. Ich sehe nicht sehr gern einen tüchtigen Mann in Not. Kerr verlangte die Erklärung, daß Jessner nicht, wie erzählt wurde, sich in einer bestimmten Gesellschaft boshaft über ihn geäußert habe. Jessner sagte sofort, diese Erklärung gebe er nicht ab. Sie sei albern und unwürdig. Sofort ging Dr. Kerr zur Tür. Es stand viel auf dem Spiel. Ich wollte vor allem Herbert Jhering, den ich sachlich respektierte, persönlich aber nicht mochte, diese Arena nicht freigeben. So sagte ich zu Jessner: »Herr Jessner, geben Sie diese ganz und gar unwichtige Erklärung. Die Erklärung ist kurz. Ihre Tätigkeit als Intendant hoffentlich lang.«

Das war der berühmte Wink mit dem Zaunpfahl, auf den nahezu jedermann reagierte. Jessner gab die Erklärung. Niemals habe er dergleichen getan. Darauf bat ich die Herren, sich zu setzen. Sie setzten sich, und ich ließ sie allein. Sie haben zweieinhalb Stunden miteinander gesprochen. Daraufhin gab es eine Personaländerung im Staatstheater, die zu erwähnen heute unwichtig ist. Ich hatte aber Kerr als Streiter kennengelernt. Ich hatte kurz erlebt, mit welcher Vollendung er auch mündlich eine harte Fehde handhabe und mit welcher unerschütterlichen Zähigkeit er sie durchfocht.

Einen Tag später trat Dr. Kerr um die Mittagszeit in mein Zimmer, lehnte sich an meinen Tisch, sah mich einen Augenblick eigentümlich und forschend an, dann kam er in seiner knappen Art sich zu bewegen an meinen Sessel und bot mir das Du an. Ich schnappte nach Luft. Niemand würde mir das glauben, der es nicht selber von da ab miterlebte, wie Kerr mir als einzigem in der Redaktion das brüderliche Du versetzte. Übrigens: Anstatt daß ich einiges von Alfred Kerr erzähle, möchte ich lieber, daß seine sämtlichen Werke (seine sämtlichen Werke) wiedergedruckt würden und nicht nur Auszüge. Denn ich bin des festen Glaubens, daß er zu den Klassikern der deutschen Sprache und der deutschen Literatur gehört.

Es kam der Fall Dr. Schmidt mit Furtwängler. Dieser Fall erledigte sich von selber, denn Dr. Schmidt, unser Musikkritiker, starb. Sein Nachfolger, Dr. Einstein, erweiterte den Konflikt zu einer erbitterten Angelegenheit. Denn Furtwängler war aus härterem Holz geschnitzt als Jessner. Auch in diese Sache habe ich mich eingemischt und mit Furtwängler und Dr. Einstein verhandelt bis zu einem erträglichen Ende. Dies alles, man darf es nicht außer acht lassen, mußte ich als verhältnismäßig junger Mann bewältigen, der in keinem der Fächer, in denen es passierte, Autorität war. Und wenn ich in allem Glück hatte, so verdanke ich das der Ahnungslosigkeit, mit der ich mich zwischen den Klippen tummelte, ich verdanke es vielleicht meiner gelockerten süddeutschen Wesensart (ich bin Württemberger), ich verdanke es vielleicht auch meinem angeborenen und niemals versagenden Humor und vielleicht verdanke ich es auch der Furchtlosigkeit vor nichts und niemand, die mir meine Großmutter mitgegeben hatte.

Schall und Rauch

Da war noch die Kunstkritik.
Noch trotteten die großen unbekannten Maler, nicht mehr ganz so unbekannt, wenn auch immer noch schlecht bezahlt, zu den Kunsthändlern und zeigten in Ausstellungen ihre verwegenen Bilder und Zeichnungen. Unser Kunstkritiker war Fritz Stahl. Er war nahezu taub. Er genoß nicht gerade die Achtung und Zuneigung derer, die sich zur modernen Kunst rechneten. Das war nicht meine Sache. Ich liebte den alten, witzigen Herrn. Er erschien mir als eine der übriggebliebenen Persönlichkeiten aus Großmutters Zeiten. Und gerade bei ihm passierte mir eine tragische Geschichte, die ich bis zum heutigen Tage noch nicht überwunden habe. Ich habe viele unangenehme Dinge überwunden. Diese Sache nicht. Sie geschah durch Nachlässigkeit und Unachtsamkeit, und sie hat mir recht bittere Stunden gebracht. Als ich eines Abends mit Freunden und Freundinnen im Romanischen Café saß, der Heimat der Berliner Bohème, wo ich sehr selten hinging, holte mich der Kellner in einen Nebenraum. Der Mann

war bleich. Im Nebenzimmer spielten stets ein paar alte vergnügte Knaben Skat; zur Runde gehörten zum Beispiel Slevogt, Orlik und Fritz Stahl. Fritz Stahl lag ausgestreckt mit wächsernem Gesicht auf dem Sofa. Er war tot, einem Herzschlag erlegen. Ich unterrichtete die Rettungswache. Einer seiner Skatfreunde war schon unterwegs zur Familie. Ich kannte die Familie nicht. Die Männer der Rettungswache gaben mir den Rock, den Stahl nach der Gewohnheit alter Skatspieler über den Stuhl gehängt hatte, und ich nahm den Rock mit. Ich nahm ihn mit nach Hause, warum weiß ich nicht mehr. Es war einer jener sinnlosen Einfälle, denen man zuweilen in einer starken seelischen Erregung anheimfällt. Solche Einfälle sind erfahrungsgemäß selten zu reparieren. Und was ich am anderen Morgen machte, war noch sinnloser. Und für diesen Einfall vermag ich heute noch keine Erklärung zu finden. Auch die beste und plausibelste Erklärung könnte mich nicht mehr beruhigen. Ich schickte den Rock durch einen Boten den Angehörigen. Durch einen Boten. In einer Situation, in der es der einfachste Anstand erfordert hätte, selber der Familie den Rock des Toten zu bringen, schickte ich einen Boten. Mir ist heute noch zum Verzweifeln zumute, wenn ich daran denke, nach einem Menschenalter. Von diesem Augenblick an war ich für die Familie ein erledigter Mann. Und mit Recht. Es ist eine jener Untaten, wegen derer ich mein Erscheinen vor dem Jüngsten Gericht fürchte.
Nun – weiter in der Redaktion. Die Namen sind Schall und Rauch geworden. Keiner der jungen Männer von heute wird jemals versuchen, sich die Männer aus jenen Zeiten vorzustellen. Deshalb nenne ich Schall und Rauch des Namens Fritz Engel. Er war der andere Theaterkritiker neben Kerr. Und er war Referent für die eingehenden Bücher. Ein herzensguter Mann, mit dem man zur eigenen Verblüffung wegen einer Nichtigkeit heftig hintereinander kommen konnte.
Ich nenne Schall und Rauch des Namens Dr. Mamlock. Er versorgte das ärztlich wissenschaftliche Ressort, und er war ein Unikum, das wir alle liebten trotz seiner unausrottbaren chronischen Gereiztheit. Er erschien nur im Gehrock. Dabei machte es ihm nichts aus, bei entsprechendem Wetter zu diesem feierlichen Gewand der achtziger Jahre Wickelgamaschen zu tragen. Auch pflegte er seine Manschetten auf den Kleiderhaken zu stülpen.

Ein noch größeres Unikum und weit berühmt in allen Redaktionen jedoch war ein winziger, ununterbrochen Gift und Galle speiender Arzt gewesen, der Vorgänger Dr. Mamlocks. Ein kleines Männchen mit eisgrauem, wild abstehendem Vollbart, purpurroten Bäckchen, einer blitzenden goldenen Brille und vor Grimm, Wut, Ärger und Mißlaune stets funkelnden Augen. Das war der Dr. med. Kastan. Ich erlebte ihn zum ersten Male, als eines Morgens die Tür mit einem Ruck aufgerissen wurde, daß sie an das Büchergestell schmetterte. Hereinspaziert kam, einen sogenannten Halbzylinder tief in der Stirn, ein vor Wut rasender Zwerg. Er knallte seinen gerollten Regenschirm haarscharf an meinem Gesicht vorbei, hieb ihn auf den Tisch, daß alle Papiere hochwirbelten und schrie mit sich überschlagender Fistelstimme, er verbitte sich diese Art von Theaterkritik nunmehr ein für allemal. Er sei durchaus bereit, mit dem Herrn (er meinte natürlich Kerr) unverzüglich endlich ein deutliches Wort zu sprechen. Ich wußte nun, wer er war. Und ich wußte auch, was ich tun mußte. Ich bot ihm keinen Stuhl an. Denn seine Wut war so unbeschreiblich, daß er schon den Anlauf, ihm einen Stuhl anzubieten, mit Geschrei vernichtete. Nun, ich hielt stand. Ich habe ihm immer standgehalten. Mein »Standhalten« bestand im einfachsten Trick der Welt, dem Trick aller Tricks Wüterichen gegenüber: ich hörte zu und nickte, ich nickte und hörte zu. Dabei mußte er sich leerlaufen. Und er lief sich leer. Mit undeutlichem Gemurmel ging er schließlich von dannen. Der kleine Mann ist in der Literaturgeschichte ganz außen am Rande unsterblich geworden. Denn er war es gewesen, der einst in grauer Vorzeit bei der sturmumtobten Premiere von Gerhart Hauptmanns »Vor Sonnenaufgang« mitten im Parkett von seinem Dienstplatz auffuhr und laut gegen die allzu deutliche Realistik auf der Bühne protestierte. Dabei schwang er eine blitzende Geburtszange, denn die Szene handelte von einer Geburt, die hinter den Kulissen angedeutet wurde.

Ich sagte es schon und ich sage es noch einmal und ich werde es immer sagen müssen, daß wir, die wir einst die nahezu unheimliche Macht der Presse Tag um Tag erlebten und ihre oft unwahrscheinliche Wucht verfolgen konnten, daß wir traurig sind,

wenn wir sehen, wie ohnmächtig die Kollegen von heute geworden sind. Denn sie sind ohnmächtig geworden. In unseren Augen und vor unseren Ohren wenigstens. Wo meiner Meinung nach die Schuld liegt, möchte ich nicht aussprechen. Nicht einmal in diesen Erinnerungen, in denen so viel ausgesprochen wird. Höchstens könnte ich bemerken, daß die Macht oder Ohnmacht der Presse dort am deutlichsten, unwiderlegbarsten und klarsten sichtbar wird, wo sie imstande oder nicht imstande ist, einen Übelstand auszurotten. Und es wäre noch leise hinzuzusetzen, daß die Macht der Presse natürlich nur dann zur vollen, wirksamen Explosion kommen kann, wenn sie von Persönlichkeiten gehandhabt wird. Sie muß ohne jede Wirkung bleiben, wenn Nichts- oder Halb- oder Viertelskönner am Werk sind.
Jedoch.
Jedoch erscheint mir die Macht der Presse, so sie vorhanden wäre, ganz und gar davon abhängig, ob diese Macht bei Personen oder Einrichtungen oder Organisationen oder Behörden oder Regierungen oder überhaupt auf Ehrgefühl trifft. Und ich hole tief Luft. Ich hole sehr tief Luft und sage: »Zu meiner Zeit« gab es noch eine Welt mit Ehrgefühl. Ach Gott, lassen wir das.
Im Feuilleton hatten wir eine Methode herausgebildet. Ihr konnte sich nichts und niemand entziehen. Wer im Feuilleton wegen irgendeines von ihm verschuldeten Übelstandes angegriffen wurde, sah seinen vollen Namen, seinen Werdegang und eine genaue Beschreibung seiner Übeltat in der Zeitung gedruckt.
Ach Gott, lassen wir das.
Nein, einen Moment, lassen wir es noch nicht. Das Grundübel ist noch zu nennen, an dem die Presse in ihrer Ohnmacht unschuldig ist. Dieses Grundübel, abscheulich und widerlich, ist der Mangel an Ehrgefühl im öffentlichen Leben bei Einzelpersonen und bei Einrichtungen. Mit Beispielen kann man seit 1945 Bücher füllen. Der Lehrer zum Beispiel, der sich seit Jahr und Tag an Schülern und Schülerinnen vergriffen hat und endlich erwischt wird, bekommt eine milde Strafe und seine Behörde versetzt ihn dann. Sie müßte ihn zum Teufel jagen. Nein, sie gibt ihm freie Wildbahn, obwohl sie weiß, daß er sich an einem anderen Ort zu gelegener Zeit bei solcher Veranlagung wieder vergreifen wird. Auch diese Behörde müßte zum Teufel gejagt werden.

Da ist der Schlachthofdirektor eines Schlachthofes in einer Großstadt. Unerwartet taucht in einer Wochenschau die Duldung von Scheußlichkeiten gegen wehrlose Kreaturen auf. Ein Orkan der Wut erhebt sich gegen diesen unfähigen Mann, der kaltblütig zusieht, wie Tiere zu Tode geprügelt werden. Nun, der Orkan legt sich wieder. Dieser Mann bleibt Schlachthofdirektor. Millionen protestierten. Die Presse tobte. Der Direktor blieb. Er ist noch heute da.
Notabene: Zu »unserer Zeit« hätten wir diesen Mann so lange gehetzt, bis er von selber gegangen wäre oder die Behörde ihn zum Teufel gejagt hätte.

Interview mit Jackie Coogan

Zurück zu freundlicheren Dingen.
Theodor Wolff am Telefon: »Wissen Sie, wer in Berlin ist?«
Nun, ich bekam mein Gehalt auch dafür, daß ich stets wußte, wer an »internationalen« Leuten, die sozusagen zu »meinem Ressort« gehörten, in Berlin war.
»Jackie Coogan«, sagte ich, »im Hotel Adlon. Mit Eltern und einem deutschen Erzieher.«
»Sie machen doch mit dem Kleinen ein Interview, ja?«
Ich haßte Interviews. Ich wußte, wie idiotisch sich Ausfrager und Ausgefragte meistens dabei vorkommen. Mir waren die schablonenhaften Fragen widerlich. Außerdem wurde man niemals das niederträchtige Gefühl los, aufdringlich und taktlos zu erscheinen. Und besonders berühmten Frauen gegenüber kam sich ein ehrlicher und rechtschaffener Journalist ganz und gar verloren vor, verkauft und verraten. Ich hatte nicht die geringste Begabung für Interviews. Ich machte auch keine. Ich schickte einen meiner ehrgeizigen, gerissenen jungen Leute hin.
Theodor Wolff konnte man aufrichtig antworten. Ich sagte: »Ich schicke jemand hin. Ich selber kann ja keine Interviews machen.«
Er sagte: »Sie werden mit dem kleinen Jungen zurechtkom-

men. Sie sind doch der, der so hübsch über Kinder schreiben kann.«

Dieser Volltreffer brachte mich zur Strecke. Einer solchen Dynamitladung von Liebenswürdigkeit war niemand gewachsen. Ich schon gar nicht. Aber immerhin war Dynamit nötig gewesen, um meinen Widerwillen zu brechen. Also ein Interview mit dem verwöhntesten Filmfratzen der Welt. Ein Kind, Jackie, der vergötterte kleine Partner von Charlie Chaplin im »Kid«. Ein kleiner Bursche, der alle Herzen der Welt, auch die abgebrühtesten, erobert hatte. Ich saß eine ganze Weile in tiefster Verzweiflung versunken. Wie machte ich ein ungewöhnliches Interview mit diesem ungewöhnlichen Gegenüber? Aber sie sollten auf Granit beißen, alle miteinander. Zunächst war ich mir klar darüber, daß ich niemals zu dem Kleinen ins Adlon gehen würde. Das schied sofort aus. Denn ich würde dann dem Herzchen in einem Salon gegenübersitzen mit seinen Eltern und seinem Erzieher. Und das hieße, daß nicht das Herzchen, sondern die Eltern oder der Erzieher meine Fragen beantworten würden. Also sofort Anruf im Adlon. Den Hauslehrer an den Apparat geholt. Ich setzte ihm auseinander, wie ich mir Original-Jackie-Coogan-Antworten zu holen gedachte – bestimmt nicht im Adlon, sondern bei mir in meiner Wohnung.

»Sprechen Sie gut Englisch?« fragte der Hauslehrer. Damit saß ich in der dicksten Tinte. Ich konnte Französisch, aber kein Wort Englisch. Aber die Sache ging nach zwanzig Minuten scharfem Hin und Her in Ordnung. Jackie sollte desselbigen Nachmittags in meine Atelierwohnung kommen, mit dem Erzieher. (Ich könnte eigentlich dieses ganze Kapitel streichen, denn wer von der jüngeren Generation kennt den Namen Jackie Coogan?)

Die andere Hälfte der Sache war schwieriger. Wie machte man ein weltberühmtes, verwöhntes und vergöttertes Kind zutraulich und gesprächig?

Jessie! Natürlich Jessie! Die Schauspielerin, gescheit, witzig, hübsch, und sie sprach von Hause aus Englisch. Eilige Unterhaltung:

»Was setze ich dem Kleinen vor?«

Jessies Klugheit bewährte sich sofort. »Was du ihm vorsetzt? Der Bursche ist sieben Jahre alt. Du setzt ihm also Gebirge von

Kuchen, Schokolade, Schlagsahne, Nüsse, Zuckerstangen, Bonbons und allsowas vor. Laß mich ausreden. Es gibt kein gesundes Kind dieses Alters, auf der ganzen Welt nicht, das solche Sachen nicht gern frißt. Ja, frißt, sage ich. Außerdem kannst du ganz sicher sein, daß der Kleine zu Hause nur ganz wenig solcher Dinge bekommt, weil seine Eltern vor Angst umkommen, daß er sich mal den Magen verderben könnte. Laß mich ausreden. Natürlich wird er sich den Magen bei dir verderben, aber das haben dann seine Eltern auszubaden und nicht du. Laß ihn sich bei dir überfressen. Und dann, laß mich doch um Himmels willen ausreden, und dann vergiß nicht deine größte Attraktion, Iwan!«
Richtig. Iwan, mein herrlicher Wolfshund, schwarz wie die Nacht und schön wie eine antike Skulptur.
»Komm du auch,« sagte ich. Jessie schwieg eine Weile, dann sagte sie: »Hör mal, du bekommst, wenn du ein Interview machst nur eingelernte Antworten und...«
»Laß mich ausreden«, sagte ich, »gib mir keine guten Ratschläge, sondern komm."
»Gut, für Kuchen und sowas sorge ich.«
Als ich mein riesiges Atelier betrat, erhob sich aus seiner Ecke gähnend, sich lockernd und alle Viere schüttelnd, Iwan, ein Geschenk aus England. Ein Wesen hohen Ranges, zurückhaltend, mit den besten Manieren der Hundewelt, klug, anmutig, ein Gentleman.
Punkt halb drei Uhr tobte Jessie in den Raum. Sie war unter einem Gebirge von Schachteln unsichtbar. Und sie baute eine Konditorei auf. »Du bist wahnsinnig«, murmelte ich erschrocken. Sie beachtete mich gar nicht, sie baute weiter, sie baute eine Kathedrale auf von Königskuchen, Marmorkuchen, Nußkuchen, Apfelkuchen, Käsekuchen, Pflaumenkuchen, Eislocken, Schokoladentorte, Konfekt aller Sorten, Schlagsahne in einer blauen Keramikschale und in der Mitte von allem errichtete sie den Turm zu Babel aus Cremestangen.
Dann klingelte es: Jackie und sein Erzieher, ein höflicher junger Mann, dem sich sofort die Haare sträubten. Jackies Augen streiften flüchtig unsere Konditorei. Dann hingen die Blicke aus seinen riesengroßen, braunen Flimaugen an Iwan, dem Hund. Und

von da an gab es nur Iwan. Natürlich hatte er zuerst jedem die Hand gegeben und sein »How do you do?« gemurmelt.
Jackie war tatsächlich der schönste Junge der Welt. Natürlich war er wie eine Kostbarkeit gepflegt worden. Schließlich war er auch eine Kostbarkeit, die seine Eltern für den Rest ihres Lebens sicherzustellen schien. (Dem war dann nicht so.) Jessie fand den richtigen Ton im Handumdrehen. Sie zeigte ihm die Kathedrale von Süßigkeiten und sagte leichthin: »You may eat whatever you like and how much you want, we will shoot at your teacher, if he stops you eating.«
Jackie kicherte. Der Erzieher lachte. Und Jackie setzte sich dicht an unsere Konditorei. Und Jackie fraß. Sein Hauslehrer fraß mit und sagte mit vollem Mund: »Das hat er noch nie in seinem Leben vorgesetzt bekommen. Wissen Sie was? Ich lasse ihn essen, so viel er will. Er soll sich ruhig einmal überfressen. Einmal ist keinmal, und ich mache mit, wenn Sie erlauben.« Das Interview zerplatzte in der Luft. Der Erzieher stöberte in meinen Büchern. Jessie kroch mit Iwan und Jackie auf dem Teppich herum, und ich überdachte, wie ich diese Sache beschreiben sollte. Und ich beschrieb sie der Einfachheit halber genauso, wie sie sich ereignet hatte. Ich hörte einen heftigen Knall. Das waren die Ullsteiner, die vor Neid explodierten. Es war das erste, beste und letzte Interview meines Lebens.

Tee bei der Fürstin Lichnowsky

Einer unserer sonst ganz taktfesten intelligenten Buchkritiker hatte eine ziemlich taktlose und unintelligente Kritik über ein neu erschienenes Buch der Fürstin Mechtilde Lichnowsky geschrieben. Nun besaß diese wahrhaft außergewöhnliche Frau, obwohl sie zu der verschworenen Gemeinde des Journalistenkillers Karl Kraus gehörte, im »Berliner Tageblatt« zwei mächtige Männer, von denen sie vergöttert wurde. Der eine war Theodor Wolff und der andere Alfred Kerr.

Alfred Kerr flocht ihr immer wieder, bei allen nur möglichen und auch unmöglichen Anlässen poetische Prosablumen in ihren ohnehin üppigen Lorbeerkranz. »Herrliches im Rebellenblut..., kein Zunftglied, sondern eine Pflanzenkraft..., Versteherin durch die Fingerspitzen..., aber nicht allzu versonnen, vielmehr voller Drang und Ungeduld, als ob sie wüßte: dies Hiersein ist kurz... herrlich... eine die so schreibt und keine Vogelscheuche ist, suchen sollt ihr das...«
(Unsereiner, nicht so genial begabt für poetische Formulierungen, hätte vielleicht geäußert: Diese Schriftstellerin ist eine sehr schöne Frau. Und sie ist keineswegs eine Dilettantin.)
Ich hatte die Fürstin einige Male auf Gesellschaften getroffen, zu der Zeit, als mein Feuilleton und ich auf ganz großer Fahrt waren. Wir haben kaum einige Worte miteinander gewechselt. Aber ich gehörte zu jenen, die sie auf das tiefste verehrten. Denn sie war in ihrer Eigenwilligkeit eine großartige Schriftstellerin. Und niemals vergesse ich jenen unglaublich verwegenen Satz, mit dem sie ihr Buch über eine Ägyptenreise beschließt. Ein tollkühner Satz. Schriftsteller werden verstehen, warum er so tollkühn ist. Auf dem Schiff, das sie heimwärts bringt, schreibt sie: »Nun verläßt mich Ägypten, dem ich so viel geschenkt.«
Die Fürstin mag die etwas ungeschickte Kritik über ihr Buch vielleicht in einer empfindlichen Stunde gelesen haben. Sie war erbost. Und wohl zum erstenmal gebrauchte sie ihren Namen als Mittel der gesellschaftlichen Macht, ihres gesellschaftlichen Einflusses und ihres jungen Ruhmes in eigener Sache. Sie schrieb an Theodor Wolff. Damit kam sie, und das war ihr bewußt, genau an den richtigen Mann. Schon durch seine hohe Stellung war er genau der richtige Mann. Er war aber zudem auch genau der richtige Mann durch seine tiefe Zuneigung zu ihr.
TW ließ mich kommen. Er sagte sichtlich gereizt: »Die Fürstin Lichnowsky hat mir wegen dieser Buchkritik da geschrieben. Ich will keine Verstimmung zwischen ihr und uns aufkommen lassen. Daß sie eine schöne Frau und eine Fürstin ist, spielt keine Rolle, damit wir uns nicht mißverstehen. Aber sie ist eine außergewöhnlich begabte Schriftstellerin. Und ich finde die Verstimmung unnötig. Kaufen Sie einen Blumenstrauß, gehen Sie hin und sprechen Sie mit ihr, sagen Sie ihr, daß ich Sie als eine Art

Sühneprinz schicke.« Ich spazierte etwas nachdenklich und verdrossen in mein Zimmer zurück. Mir war einer jener komplizierten Aufträge erteilt worden, die weder Hand noch Fuß hatten, weder Fisch noch Fleisch waren, weder warm noch kalt, bei denen man sich zwischen sämtliche Stühle setzen kann. Ich hatte auch nicht den Auftrag, der Fürstin oder dem Kritiker Recht oder Unrecht zu geben.

Nun, ich tat, was man als Journalist häufig tun muß, viel öfter, als der Leser weiß. Ich entschied, die Sache an mich herankommen zu lassen. So meldete ich mich im Sekretariat der Fürstin an, denn selbstverständlich hatte sie ein Sekretariat, verabredete mit der gekünstelt zart sprechenden Sekretärin Tag und Stunde. Dann erstand ich einen fürstlichen Blumenstrauß. Dann fuhr ich hin. Dann rief ich mir unterwegs einiges ins Gedächtnis zurück, was ich von ihr wußte. Eine Komtesse aus dem bayerischen Hause der Grafen Arco-Zinneberg. Verheiratet mit dem schlesischen Magnaten Fürst Lichnowsky, dem letzten deutschen Botschafter in London vor dem Ersten Weltkrieg.

Kerr über den Fürsten: »... sensiblen Dingen enger verbunden als einer Tatsachenbrutalität. Ein auf Halbtöne horchender Kopf...«

Das Botschafterehepaar hatte in der Londoner Gesellschaft großen Erfolg gehabt. Es war auch am Hofe äußerst beliebt gewesen. Und die beiden Menschen hatten bis zur letzten Minute nicht an einen Krieg geglaubt. Unvergeßlich bleibt mir die Szene, die der damalige Botschaftsrat von Kühlmann in seinen Lebenserinnerungen aufgezeichnet hat. Er war es nämlich gewesen, der die Nachricht in die Botschaft gebracht hatte, daß der Krieg mit England unmittelbar bevorstehe und das Botschafterehepaar unverzüglich für die sofortige Abreise packen müsse. Der Fürst hatte zu Stein erstarrt vor seinem Schreibtisch gestanden. Die Fürstin war im Nebenzimmer gelegen, dessen Tür offenstand, auf einer Couch. Und während der Botschafter schweigend die entsetzliche Nachricht angehört hatte, hatte sie aus dem Nebenzimmer, völlig fassungslos, völlig verzweifelt den monotonen Ruf wiederholt: »Glaube ihm nicht..., glaube ihm nicht..., glaube ihm nicht.«

Diese Szene sah ihr ähnlich. Nun aber, wie sollte ich es eigentlich anstellen, die Fürstin wieder mit uns zu versöhnen, ohne in irgendeiner Weise klein beizugeben? Vielleicht war dieser feierliche Besuch eines Journalisten, den sie kaum kannte, ganz falsch, übertrieben und Unsinn. Vielleicht, dachte ich einen Moment wütend, vielleicht wäre diese Affäre, die nicht einmal eine Affäre war, besser von Theodor Wolff auf irgendeiner Gesellschaft leichthin mit der linken Hand erledigt worden. Aber nun war ich einmal unterwegs. Ich ließ mich anmelden. Ich saß eine Weile in dem hohen, dunklen, weiten, totenstillen Raum. Dann trat die Fürstin ein, hochgewachsen und bei Gott noch immer schön. Die großen dunklen Augen unter der immer etwas zerzausten Frisur musterten mich ziemlich kühl. Ich küßte ihr die Hand, überreichte meine Blumen und sagte: »Durchlaucht, der Chefredakteur hat mir aufgetragen, mich Ihnen als eine Art Sühneprinz vorzustellen. Sie haben in Ihrem Leben mehr Prinzen gesehen als ich. Und also wissen Sie, daß ich mehr eine Sühne als einen Prinzen darstelle.«

Sie lachte. Sie zeigte auf einen Sessel. Wir saßen uns gegenüber. Ein hochadliger siamesischer Kater umstrich weich ihren Sessel und betrachtete mich aus seinen unergründlichen Edelsteinaugen ziemlich geringschätzig.

»Der Chefredakteur«, fuhr ich todernst fort, »der Chefredakteur bedauert den Vorfall mit der verdammten Buchkritik. Der Ausdruck »verdammt« stammt von mir. Theodor Wolff bittet Sie, Durchlaucht, mir im einzelnen zu sagen, was Ihre Mißbilligung ausgelöst hat. Ich persönlich bitte Sie, mir zu glauben, daß ich durchaus imstande bin und auch willens, Mitteilungen, die mir gemacht werden, wortgetreu wiederzugeben, und so brauchen Sie . . .«

Jetzt lachte sie hell auf. Ich hatte also ihren Humor richtig taxiert. »Hören Sie auf!« rief sie sichtlich vergnügt, »hören Sie auf mit Ihren Mustersätzen. Trinken Sie Tee mit mir, und dann werde ich Ihnen sagen, was ich an der Kritik Ihres Literaturpapstes auszusetzen habe.«

Das ist aber eine nette Person, dachte ich erleichtert. Und dazu noch eine Fürstin. Und dazu noch eine sehr schöne Fürstin.

Beim Tee erklärte mir die Schriftstellerin Lichnowsky folgendes: »Sehen Sie, ich habe mich über die Kritik meines Buches gar

nicht beschwert. Das steht mir nicht zu. Es lag ja an sich auch gar kein Grund vor, mich zu beschweren, denn es war ja eine anerkennende, eine lobende Kritik. Aber ich möchte, das heißt sogar, ich muß andere Kritiken haben. Ich muß scharfe Kritiken haben. Ich werde versuchen, Ihnen klarzumachen, was ich meine. Die Schriftstellerei ist doch, wenn man sie von außen her betrachtet, der Bau schöner Sätze, schöner Sätze mit qualitativ gutem und interessantem Inhalt. Oder nicht? Zunächst also der Bau schöner Sätze. Das brauche ich Ihnen nicht genauer zu erläutern, der Sie hier zwischen Tür und Angel ganz hübsche Sätze gebaut haben. Der Satzbau! Das ist es! Ich will in den Kritiken meiner Bücher lesen, ob ich wunderschöne, schöne, mittelschöne, durchschnittliche oder schlechte Sätze gebaut habe. Und ich möchte das zergliedert haben, untersucht haben, begründet haben. Mit allen Einzelheiten. Nur davon kann ich etwas lernen und mir ein Stück neuer Erkenntnis abschneiden. Verstehen Sie, was ich meine? Die Kritik im BT war nur eine allgemein lobende Kritik. Aus ihr konnte ich über meinen Satzbau nichts erfahren und also auch nichts lernen. Und da hab' ich gemuetert, weil mir das schon ein paarmal passiert ist. Nicht immer im BT übrigens. Es hat mir aber nicht das mindeste daran gelegen, daß jetzt eine Diskussion darüber zwischen Ihrem Literaturpapst und mir entstünde. Ich wollte nur Ihrem Chefredakteur meine Ansicht als Schriftstellerin über den Wert oder Unwert literarischer Kritik auseinandersetzen. Sagen Sie ihm das bitte. Oder was meinen Sie denn selber dazu? Sie schreiben doch auch. Was halten Sie von der Seligkeit und Unseligkeit des Satzbaus?«
Ich sagte: »Alles, Durchlaucht, alles. Aber ich glaube doch, daß Sie unserem Kritiker in gewisser Weise Unrecht tun. Er lobte Ihren Stil, nicht wahr? Und nun erwarten und verlangen Sie von ihm, daß er Ihren Satzbau lobt oder tadelt. Durchlaucht, ist Stil und Satzbau, genau besehen, eigentlich nicht das gleiche?«
»Nein,« antwortete die Schriftstellerin kategorisch. »Stil und Satzbau sind nicht das gleiche. Stil ist der Geist, und Satzbau ist die Form, wenn Sie wollen. Stil ist das Unwägbare, die Strahlung, und Satzbau ist das Wägbare, die sprachliche Materie. Stil ist die Luft, und der Satzbau ist die Landschaft, die unter dieser Luft liegt ... mein Gott«, rief sie plötzlich mit ungeduldiger Hei-

terkeit, »sitzen Sie doch nicht so ordentlich da und hören mir so ordentlich zu wie ein Bernhardiner.«
Sie lachte und ich lachte auch.
»Ich verstehe, Durchlaucht«, sagte ich, »ich verstehe genau, was Sie meinen. Ich verstehe den Stil, den Satzbau und den Bernhardiner. Mit dem Satzbau haben Sie recht. Übrigens bitte ich Sie, streng darauf zu achten, daß die Ansicht, Stil und Satzbau seien das gleiche, nicht meine Ansicht ist, sondern die Ansicht des Kritikers, der Ihr Buch besprochen hat. Sonst hätte er ja nicht über Ihren Stil und über Ihren Satzbau geschrieben, nicht wahr? Er ist ein kluger und erfahrener Mann in der Literatur. Und ich glaube, Durchlaucht, Sie sind einer seiner Pappenheimer.«
Die Fürstin geriet jetzt in größte Heiterkeit. »Aha«, rief Sie sehr amüsiert, »Sie meinen, daß er mich kennt? Mich und meine Marotten? Das wäre gar nicht ausgeschlossen. Nun also, ich bin neugierig, ob der Herr sich bei meinem nächsten Buch mit meinem Satzbau näher beschäftigt. Sie werden ihm mitteilen, was ich alles gesagt habe, ja?«
Ich erhob mich. »Wörtlich, Durchlaucht«, versicherte ich ihr, »wörtlich als Eurer Durchlaucht Schallplatte.«
»Sie«, rief sie drohend und warf vor Vergnügen die wirren Haare zurück, »auch Sie sind ein Pappenheimer!«
Ich verließ diese wundervolle Frau, hochzufrieden mit dem Ergebnis meiner Mission. Aber, wie ich schon im voraus gewußt hatte, war eigentlich durch meinen Sühnebesuch nichts erledigt und aus der Welt geschafft worden. Ich hatte höchstens ihren Sinn für Humor kurz in Bewegung setzen können. Trotzdem dachte ich, trotzdem, welch eine nette Person. Welch eine nette Schriftstellerin! Welch eine nette Fürstin. Welch eine nette Durchlaucht!
Nach dem zweiten Krieg lebte Mechtilde Lichnowsky in ärmlicher Situation in London. Sie starb, wahrscheinlich sehr einsam, 79 Jahre alt, am 4. Juni 1958 an Herzschwäche. Mit ihr ist wiederum ein Leben und ein Mensch voll inneren Reichtums ausgelöscht worden.

Übrigens in Berlin und wohl auch anderswo auf diesem Globus machte sich der Journalist nicht das geringste aus dem Umgang mit der Hocharistokratie, nicht einmal etwas aus dem Verkehr mit der Aristokratie. Und Hocharistokratie und Aristokratie legten ihrerseits auf die nähere Gesellschaft von Journalisten ebensowenig Wert. Ihre Welten standen sich Lichtjahre entfernt gegenüber, sie sprachen verschiedene Sprachen. Sie mochten sich nicht. Höchstens verirrte sich gelegentlich mit ihrem Hang zum Abenteuer eine hocharistokratische junge, meist sehr junge Dame in die Kreise der Redaktionen und Journalisten. Sie fanden, das muß zugegeben werden, alle miteinander riesigen Spaß, zumal diese hocharistokratischen Mädchen durchweg Dilettantinnen waren und deshalb bald wieder verschwanden.

Der Journalist gehörte der unaufhörlich, stündlich und täglich strömenden, fließenden und quellenden, turbulenten Welt der Gegenwart. Er empfand die konservative Unbeweglichkeit und die Selbstgefälligkeit des hohen Adels als fad, langweilig und steril. Was sie auch meistens, wenn auch mit Ausnahmen, gewesen ist.

Der Journalist wußte, daß die großen, schöpferischen Persönlichkeiten, mit Ausnahmen, die zu zählen waren, niemals, wenigstens nicht von den Ahnen her, das Adelsprädikat trugen. In der ganzen Welt wurde die Kultur, wenigstens soweit der direkte und unmittelbare Handgriff in Betracht kam, immer nur von Bürgerlichen bewegt.

Der Berliner Journalist, wie der Journalist überall, gehörte zu jenen unentwirrbaren Schichten, die man zwar kaum kurzweg mit Bohème bezeichnen kann, die aber bei genauerem Hinsehen doch eine vielgestufte Bohème gewesen ist.

Zu Gast beim Ringverein

Berliner Bohème. Hierher gehört meine für mich ganz entzückende Begegnung mit der Berliner Verbrecherwelt, auch Unterwelt genannt. Und zwar mit Verbrechern schweren und schwersten Kalibers. Ich unterhielt aus purer Neugierde auf unterirdische Begebenheiten mit der Kriminalpolizei, besonders mit der Mordkommission, gute Beziehungen. Ich war meistens schneller und genauer von aufregenden kriminellen Ereignissen unterrichtet als die Lokalredaktion des BT, die mein guter Freund Fritz Kirchhofer leitete. Sein Vorgänger, Arno Arndt, hatte einen grausamen Tod erleiden müssen. Wir hatten ihn, täglich bleicher, blasser und magerer werdend, sich mühselig in die Redaktion schleppen sehen. Niemand wußte, was ihm fehlte. Er selber nicht und auch seine Ärzte wußten es lange nicht. Die Angehörigen waren verzweifelt und ratlos und fuhren ihn von Kapazität zu Kapazität. Er trug sein rätselhaftes, schreckliches und schmerzhaftes Leiden mit grimmigem Berliner Humor. Er hatte Trichinose gehabt.

Also die Berliner Unterwelt.

Ich wollte sie längst im Original kennenlernen und nicht etwa im Gerichtssaal, wo sie in bester Schale auftrat und ihre Rolle blendend spielte. Ich hätte zu dieser Unterwelt sicher durch die Kriminalisten vom Alexanderplatz Beziehungen aufnehmen können. Der Erfolg schien mir aber fraglich. Da trat mein lieber Freund Paul Graetz, der vergötterte Berliner Komiker, auf die Szene. Er hörte zufällig davon, daß ich die Berliner Unterwelt sehen wollte. Und eines Nachts sprach Paul Graetz in unserem Stammlokal Schwannecke in der Uhlandstraße die goldenen Worte: »Wat hör ick da? Du bist wild auf schwere Jungens? Kannste von mich jeliefert bekommen.«

Kurz: Paul Graetz, der sowohl in der feinen Oberwelt als auch in der rauhen Unterwelt der Liebling des Publikums war, hatte eine Einladung bekommen. Er zeigte sie mir. Sie war auf schwerem Büttenpapier in Stahlstich (in Stahlstich!) gedruckt. Sie enthielt lediglich ein Datum und eine Stunde. Weiter nichts. Es war die Einladung eines der größten Männer der Berliner Ringvereine (zu denen sich die schweren Jungens von Rang und Ruf zusammengeschlossen hatten) zur Geburtstagsfeier seiner Freundin.

Ich war hingerissen. Es sollte also nicht eine trockene Begegnung mit einem oder mehreren Gangstern werden, sondern sozusagen ein lebender Akt aus der »Dreigroschenoper« mit echten Personen. Und mein Freund Paule, der neben seiner bisher ungeschlagenen Revolverschnauze ein hinter Schnoddrigkeit verstecktes butterweiches Herz besaß, wollte mich mitnehmen. Die Berliner Ringvereine waren das, was man in den USA eine Gang nennt, ein wie Pech und Schwefel zusammenhaltender Klub von Gangstern aller Alter und Sorten. Nur herrschten in Nordamerika diese Klubs in ganz großem Stil. Sie managten dort, wie wir aus Gerichtsverfahren und Tatsachenberichten wissen, bisweilen hohe, öffentliche Ämter, schikanierten ganze Stadtteile, Städte und Teilstaaten und spielten das böse Spiel Raubmörder, Totschläger und Kidnapper an hervorragender Stelle mit. Dagegen waren die Berliner Ringvereine Kindergärten. So duldeten sie unter sich keinen Raubmörder.

Der Filmregisseur Fritz Lang hat die Ehrbegriffe der Berliner Ringvereine in seinem Film »M« genau getroffen. Den Mörder eines Kindes spielte ein unbekannter Schauspieler. Er hieß Peter Lorre, und mit diesem Film begann sein Weltruhm, der auch später in Hollywood nicht erlosch.

In der erregenden Handlung dieses Filmes lassen es sich die Ringvereine nicht gefallen, daß Kriminalpolizei und Öffentlichkeit den Mörder des Kindes in ihren Reihen vermuten. Die Ringvereine machen sich selber auf die Jagd. Unvergeßliche Schluß-Szene: der Mörder, den die Gangster ausfindig machen, wird auf das freundschaftlichste in einen Keller gelockt. Ahnungslos, die Zigarette zwischen den Lippen, geht er mit. Als die Tür sich hart hinter ihm schließt und er sich zufällig zur Seite dreht, erstarrt er, die Zigarette fällt herunter und jeder Tropfen Blut entweicht aus seinem schlaffen liederlichen Gesicht. Denn an der Querwand des Kellers sieht er eine Mauer. Eine Mauer aus Menschen. Vorne sitzen Frauen und Mädchen. Hinter ihnen stehen Männer. Aus steinernen Gesichtern mustern kalte, unbarmherzige Augen den Mörder. Er weiß, daß hier seine Schuld schon bewiesen, sein Urteil schon gesprochen ist und sofort vollstreckt werden wird.

Selbstverständlich ist die kriminelle Welt für die Presse zu allen Zeiten und in allen Ländern ein Dorado der Sensationen gewesen. Und selbstverständlich befinden sich gerissene Reporter unentwegt auf der Suche nach aufregenden kriminellen Ereignissen. Auf diesem Sektor der Presse und der Literatur ist kein

Publikum der Welt umzuziehen. Damit muß sich auch der vornehme Verleger und der pikfeine Redakteur abfinden (und sie haben sich hervorragend damit abgefunden). Der intelligente Reporter stellt sich mit der Kriminalpolizei gut. Der gerissene Reporter stellt sich mit der Unterwelt gut. Der lebensgewandte Reporter spielt sein Spiel auf beiden Seiten ... und gewinnt meistens. Er muß als Grundregel seines riskanten Spiels wissen, daß Kriminalbeamte und Gangster aus dem gleichen harten Holz geschnitzt sind. Nur daß der eine auf der unschlagbaren Seite des Gesetzes spielt, und der andere sich auf dem unsicheren, schwankenden Boden der Übeltaten bewegt. Ich hoffe doch sehr, daß sich aus dieser Formulierung kein Mißverständnis ergibt. Wenn ich sagte, Kriminalbeamte und Gangster seien aus dem gleichen Holz geschnitzt, so wollte ich damit ausdrücken, daß sich beide mit der gleichen Geschicklichkeit in der gleichen Schattenwelt bewegen.

Zum Unrechttun gehört Begabung. Zur Übeltat gehört eine besondere Begabung. Zum Verbrechen hingegen so vielerlei, daß auch der genialste Richter wahrscheinlich kein Urteil fällen kann, das vor dem Jüngsten Gericht standhalten könnte. Im Zuge meiner eigenen Charakterentwicklung könnte ich etwa sagen, daß ich aus Rache zeitweilig zu allem fähig wäre, auch aus Eifersucht wäre ich zu allem fähig. Aber diese heftigen Gefühle lösen sich, so oft sie mich heimsuchen – und sie suchen mich oft und gewalttätig heim – nach kurzer Zeit in dem Dunst des Vergessens auf. Ich mache mir sehr bald nichts mehr aus Rache oder Eifersucht. Aus anderen Gründen Unrecht zu tun, ist mir nicht gegeben.
Auf zum Ringverein.
Bevor ich beginne, gehe ein Gruß an meinen toten Freund Paul Graetz. Heute noch höre ich seine gewölbetiefe Stimme, herrlich wie eine alte Domglocke, wenn er ein ernstes Gedicht rezitierte. Er sprach gerne ernste Gedichte. Was seine äußere Erscheinung betraf, so erschien er auf den ersten Blick als ein häßlicher Gnom. Er war sehr kleingewachsen (und auch er zählt zu jenen kleingebauten Männern, von denen mir niemals Unheil kam). Weil er wußte, daß er klein war, hielt er sich stets übertrieben

gerade und senkrecht und trug den stark ausgeprägten Hinterkopf immer weit ins Genick zurückgeworfen. Das gab ihm eine provozierend angreiferische und trotzige Haltung. Jedoch bewegte er sich mit der Anmut eines Tänzers, eines betont männlichen Tänzers. Er war jederzeit untadelig angezogen und sehr gepflegt. Seine riesengroße nervöse Nase, seine kleinen, pfiffigen Augen mit den schweren, halbgesenkten Lidern und ein schöngeformter, lebendiger, ausdrucksvoller Mund bezeugten sein unstillbares Temperament. Aber der Urgrund seines ganzen Wesens war, wie bei vielen Komikern, unheilbare Melancholie. Er deckte sie mit Späßen zu. Aber Schwermut war das bittere Geschenk, das ihm die Götter mitgegeben hatten und das er niemals abwerfen konnte. Er wanderte rechtzeitig aus. Ja, rechtzeitig. Aber in Hollywood lief er in ein Auto und starb eines uns Irdischen sinnlos erscheinenden Todes.
Zur Unterwelt.
Paul hatte mir zwei eidesstattliche Versprechungen abgenommen. Erstens sollte ich mich nicht darum kümmern, noch zu erraten versuchen, wohin die Fahrt ging. Zweitens sollte ich über die Sache kein Wort veröffentlichen und auch niemandem etwas davon erzählen. Das erste war leicht zu halten. Das zweite ist ebenso leicht zu brechen, jetzt nämlich, nach einem Menschenalter, nachdem die damaligen Ringvereine tot sind und Paul auch tot ist.
Im Fond von Pauls Wagen lag, in angefeuchtetes Seidenpapier eingeschlagen, ein ungeheurer Strauß roter Rosen. Daneben lag winzig klein, noch sorgfältiger verpackt, eine herrliche Orchidee. Die Rosen von Paul, die Orchidee von mir. In einer schmalen Gasse hielt Paul, und wir stiegen aus. Paule sah sich etwas unsicher um. Im gleichen Augenblick stand, wie aus dem Pflaster geschossen, ein junger Bursche neben uns.
»Ick soll uff Ihre Karre uffpassen, Herr Jraetz.«
»Det is een feiner Charakterzug von dich, mein Junge«, äußerte Paul und fügte halblaut hinzu: »Wat noch?«
»Nelly«, wisperte der Kleine. Es war das verabredete Losungswort.
Dann gingen wir langsam weiter, Haus um Haus musternd. Bis wir dicht vor uns eine heisere Stimme flüstern hörten: »Hier

halblinks, Herr Jraetz, dann sieben Stufen uffwärts. Ick knipse an.«

In dem fahlen, jetzt grell erleuchteten Treppenhaus führten sieben ausgetretene Stufen ins Hochparterre. Vom Treppenabsatz herunter schimmerte uns etwas Weißes entgegen. Das Weiße war die gewaltige, steif gestärkte Hemdbrust unter einem prall sitzenden Frack. Und ich muß noch in der deutlichen Erinnerung feststellen, daß dieser Frack von einem ersten Schneider gemacht sein mußte, und daß es der bestsitzende und eleganteste Frack gewesen ist, den ich jemals auf dem Zweimeterkörper eines Hünen gesehen habe. Und in dieser Hemdbrust blitzten Brillantknöpfe von erheblichem Umfang, und selbstverständlich waren sie echt.

Als wir den Absatz erreicht hatten, sagte Paul: »Nelly.«

Der Riese grinste belustigt mit seinem reich mit Gold montierten Gebiß, streckte uns eine mächtige Pranke entgegen und bemerkte mit total verrosteter Stimme liebenswürdig: »Is jetzt nich mehr nötig, Herr Jraetz. Ihr wertes Jesicht kenne ick. Bitte, die Jüte zu haben, mich zu folgen. Der Chef freut sich, Ihnen zu sehen.« Dann streifte er mich mit einem flüchtigen Seitenblick und murmelte: »Und den Herrn daneben ooch.«

Nun also, dachte ich sehr zufrieden, bis jetzt echteste Dreigroschenoper.

Dann flog eine Tür auf, von der Pranke des Riesen zurückgeschleudert. Wir prallten zurück. Das, was wir sahen, das gab es denn doch nur in angelsächsischen Kriminalromanen. Hunderte und Hunderte von Wachskerzen, echten dicken Wachskerzen, die in bronzenen Haltern in der Wand steckten oder in schweren silbernen Leuchtern auf der langen Tafel standen, erleuchteten mit ihrem warmen, gelben Licht und ihrem durchdringenden, süßen Honiggeruch den großen Raum. Und dieser Raum war völlig mit dunkelrotem, teurem Brokat ausgeschlagen (mit dem teuersten, dunkelroten Brokat!). Unsere Füße versanken in weichen Teppichen. Und eine dichte Wolke von Parfüm aller Stärken und Sorten umhüllte und betäubte uns. Bei unserem Eintritt erhob sich die ganze Gesellschaft feierlich. Es mögen 50 bis 60 Personen gewesen sein. Große Stille. Ungläubig und überrascht, aber trainiert auf unerwartete Eindrücke, wie jeder Journalist, versuchte ich sofort, diese Eindrücke zu ordnen und, was noch wichtiger war, sie genau zu formulieren. Es gelang nicht, und ich gab es auf. Das Ganze war zu überwältigend. Ich glaubte zunächst einfach nicht, was ich sah. Dann glaubte ich, das Ganze sei von einem geschickten Macher unseretwegen zusammengeklebt. Aber der Teufel soll es holen: alles war echt und nicht gemacht. Ich sah vor mir Fräcke und Smokings allererster Machart. Ich sah kostbare Abendkleider, aus denen ganz reizende junge Mädchen und noch reizendere schöne Frauen uns entgegenlächelten. Es funkelte von Silber und Kristall, es schimmerte echtes Porzellan. Riesige Vasen aus wundervollem Glas standen mit Blumen auf dem Tisch. Gläser und Kelche blitzten, die goldenen Hälse unzähliger Sektflaschen der teuersten Marken ragten aus silbernen Kühlern.

Im Hintergrund begann jetzt eine Zigeunerkapelle ihre schwermütige Musik, und um ein Haar hätte ich angefangen zu heulen. Zigeunermusik macht mich immer ganz krank vor Melancholie, aber hier war es nicht die Musik, sondern die Wucht dieses Erlebnisses, das mir die Tränen in die Augen trieb. Es war das ein Überbleibsel aus meiner Kindheit, von mir verzweifelt und stets ergebnislos bekämpft, daß starke Eindrücke mir die Augen feucht machen. Nun also, es war einfach nicht wahr, was ich da vor mir sah. Und wenn es wahr war (und es war wahr!), so spielte sich vor mir die leibhaftige Originalausgabe der Dreigroschenoper ab, nicht mehr und nicht weniger. In prima Ausstattung, prima Dekoration, unter allererster Regie und in genialer Darstellung von den besten, teuersten, gesuchtesten, verwöhntesten und vergöttertsten Gangsterdarstellern der Welt.

Es war aber echt.

Auch Paule, den ich fassungslos ansah, blieb für Sekunden wie vom Donner gerührt stehen und machte sein dämlichstes Gesicht, und diese Dämlichkeit war ausnahmsweise ebenfalls echt.

Es war alles echt.

Ein kahlköpfiger, dicker, bleicher Mann im Frack (im linken Knopfloch einige Miniaturorden) hob die Hand. Die Kapelle schwieg. Und in der Stille trat dieser Mann langsam auf uns zu. Paul wickelte mechanisch seine Rosen aus dem Seidenpapier, und ich befreite meine Orchidee aus ihrem kleinen Pappkarton.

Aber bevor wir etwas sagen konnten, streckte der Dicke seine fetten weißen Hände aus, an denen wohl ein halbes Dutzend Brillantringe ihr Feuer versprühten, schüttelte mit jeder Hand eine der unsrigen, und eine unwahrscheinlich grelle und hohe Fistelstimme entrang sich schrill diesem enormen Resonanzboden.
»Herr Jraetz! Ick heiße Ihnen und Ihren Intimus in unserem vajnügten Kreise allerherzlichst willkommen! Et is uns eene janz jroße Ehre, det Sie sich ... det Sie sich ... eene janz große Ehre, det Ihnen und Ihr Intimus zu diesem vajnügten Jeburtstagsfeier unsarar Nelly bejeben haben und det Sie sich ... det Sie sich ... Kapelle! Tusch!«
Die brokatbespannten Wände bebten, Kristall und Gläser erzitterten, und alles kostbare Geschirr schepperte von dem rasenden Beifall.
Mein Paule hatte sich rasch erholt. Er holte seinerseits kurz Luft, und mit seiner abgrundtiefen Orgelstimme, der er ein starkes Quantum Tremolo beimischte, hub er in der feierlichen Stille an: »Meine Damen und meine Herren! Ick bin uff die Träne bewegt und hinjerissen. Und die Ehre ist janz und jar uff unsere Seite. Ick ruhe und raste aber nich, bis ick mir den holden Jeburtstagskind zu Füßen jeschmettert habe. Ick bitte um den Vorzug, mit die verehrte Dame bekannt jemacht zu werden!«
Der Dicke jagte einen schrillen Schrei hoch: »Kapelle! ... Tusch!« Und unter dem Tusch, der zu meiner lebhaften Verblüffung in den geradezu blendend gespielten Walzer aus dem »Rosenkavalier« überging, geleitete der Dicke, jeden von uns mit einem festen Polizeigriff am Arm führend, zur Mitte der Tafel.
Hier saß sie. Die Königin des Festes. Die Freundin des Gangsterchefs. Und sie war keineswegs etwa eine üppige Blondine oder eine blauschwarzgescheitelte Teufelin. Sie war ein schmales, liebliches Etwas mit großen erstaunten, hellbraunen Augen, die uns schüchtern entgegenblickten. Und sie besaß den ganzen Zauber der Jugend, und sie besaß, der Blitz soll mich gelegentlich erschlagen, wenn es nicht wahr ist, sie besaß den ganzen unbeschreiblichen Zauber der Unschuld. Wußte sie Bescheid über alles? Ich weiß es nicht und ich wollte es auch nicht wissen. Als wir ihr unsere Blumen überreichten, lächelte sie uns mit den herrlichsten Zähnen an, und die schönsten, schlankesten Hände mit den

gepflegtesten Nägeln nahmen sie entgegen. (Allerdings, im Laufe dieses Abends, ich muß es zugeben, erkannte ich ihren Zauber als gefährlich, und sie kam mir dann doch vor wie eine sanfte Menschenfresserin.) Übrigens triefte sie von Schmuck, und er stand ihr vorzüglich. Auch dieser Schmuck war echt: die feuerspeienden Brillantringe an den Fingern, das halbmondförmige Diadem blauschimmernd im Haar und die vierfache mattweiße, unglaubliche Perlenkette um ihren schlanken Hals.

Um es vorwegzunehmen: der Vergleich mit der Dreigroschenoper war schief. Ich erfuhr später, daß nichts, aber auch nichts, aber auch nicht ein einziges Stück von allem, was ich sah, etwa Diebesbeute gewesen ist. Es war alles gekauft. Jedoch ersparte ich mir das Nachdenken darüber, woher das Geld für solche Käufe gekommen war.

Nun, jedenfalls, Paule und ich küßten also entzückt die beiden gepflegten Hände dieses verdammt hübschen, zarten und feinen Raubtieres. Und neben diesem Wesen der Unterwelt, das sich mühelos wie eine grande dame benahm, stand ihr Freund, der Gastgeber, der Chef des Klubs. Er war, wie er ging und stand, die Romanausgabe eines Gangsters, die oft beschriebene, bösartige und zugleich bestechende Ausgabe. Schmal gebaut, durchaus das Gegenteil von einem Hünen, auch schön gebaut, dunkles dichtes Haar, regelmäßiges, völlig unbewegliches Marmorgesicht, anmutige Bewegungen, aber im ganzen doch ein liederliches blasiertes Gesicht, schwere Augenlider, gut geschnittener Mund, tadelloser Frack. Aber nach bester Bürger- und Verliebtensitte spielte eine seiner Hände mit den Nackenhaaren seiner Freundin.

Wir hatten nun einige Gläser Sekt intus, und Paul geriet in ganz große Form. Kaum saß er auf seinem Stuhl, sprang er wie ein Springteufel wieder auf und hielt seine erste Rede. Diesmal in Hochdeutsch, was ich als eine besondere Raffinesse betrachtete. Seine Stimme glich nunmehr dem Big Ben, als er langsam anhub: »Gnädigstes Fräulein Nelly, gestatten Sie mir und meinem Freund, daß wir Ihnen zu Ihrem Wiegenfeste die aufrichtigsten Glückwünsche aussprechen. Ich darf als Schauspieler hinzufügen: ich kenne eine ganze Menge außergewöhnlich schöner und entzückender Frauen und Mädchen ... aber nein, es wäre zu plump, es auszusprechen. Sie alle wissen, was ich meine, nämlich, daß ich Sie am liebsten vom Fleck weg zum Film entführen möchte, vom Fleck weg, sage ich . . .«

Paul brach in offensichtlich starker Rührung ab, und ich sah in den Augen des Schuftes tatsächlich Tränen glitzern. Ein Tornado des Beifalls fegte durch den Raum. Denn zu allen Zeiten, seit der Film besteht, und an allen Orten der ganzen Erdenrunde vermag kaum ein einziges hübsches Mädchen und keine einzige schöne junge Frau einer glühenden Aufwallung zu entgehen, wenn ihr angedeutet wird, daß sie eigentlich für den Film vorherbestimmt sei.

Nelly war selig. Und während mein Freund Paul in einer lärmenden Unterhaltung unterging, hatte ich nun Zeit, Ruhe und Sammlung genug, um mich einmal nüchtern umzusehen. Dies also war die Unterwelt. Und das erste eigentümliche Gefühl, das mich beschlich, war tatsächlich ein Zuhausegefühl – ein Gefühl der Vertrautheit mit diesen Leuten, die doch der Übeltat frönten. Aber ich hätte in dieser Stimmung, die mich unversehens überfallen hatte, auf Anforderung hemmungslos Schmiere gestanden oder bei einem Einbruch Assistenz geleistet. Mir wäre weiter nichts darüber eingefallen. Ich hatte, um es ganz genau zu sagen, ich hatte in diesem Kreis in ganz kurzer Zeit das soziale Gefühl, das Empfinden für Recht und Unrecht verloren. Das Gesetz sagte mir nichts mehr. Das war denn doch eine sehr eigentümliche Sache. Also hatte das Verbrechen am Ende doch einen seiner Beweggründe in der Umgebung, in der man sich aufhielt. Jedoch hätte ich niemals geglaubt, mein Charakter wäre so jämmerlich schwach gebaut, daß ich mich sofort zwischen Männern, deren Geschäft die Übeltat war, zu Hause fühlen könnte. Irgend etwas an meiner inneren Konstruktion schien also nicht ganz in Ordnung zu sein.

Was ich rings um mich erblickte, war nämlich in Ordnung. Rings um mich standen und saßen höfliche, zuvorkommende, aufrichtige, zutrauliche junge, ältere und alte Männer in bester Abendkleidung und mit vorbildlichen Manieren. Keinem einzigen Gesicht sah ich etwa Laster oder Verbrechen an. Nicht ein einziges rohes Wort fiel. Nicht der Hauch einer Zote wurde hörbar. Nirgends sah ich ein grobes oder auch nur schwerfälliges und ungeschicktes Benehmen. Einer wie der andere bewegte sich gewandt wie ein hochgeborenes Mitglied des Adels auf glattestem Parkett.

Und doch.

Und doch machte ich Entdeckungen. Wenn mich bisweilen aus einem unbeweglichen Gesicht unter halbverhangenen Augen ein eiskalter, forschender Blick traf, kein feindlicher Blick, nur ein scharf beobachtender Blick, dann wurde mir unbehaglich, und mein gemütliches Zuhausegefühl erlosch zur selben Sekunde. Ich wurde mir wieder bewußt, daß ich in der Unterwelt war. Ich befand mich jenseits des Gesetzes, zwar völlig sicher und geborgen unter einer unverbrüchlichen Gastfreundschaft und unter Pauls Gegenwart, und es war auch keineswegs plötzliche Furcht, die mich befiel. Es war genau das Gegenteil und es war etwas unglaublich Erregendes. Es war die Lockung des großen und gefährlichen Abenteuers. Es war die Lockung, heimatlos durch den Dschungel zu gleiten und zu tun, was einem gerade einfiel, Rechtes und Unrechtes, Böses und Gutes, wie es gerade kam. Es wäre natürlich albern anzunehmen, ich hätte mich nach dem Leben und Treiben eines Gangsters gesehnt. Darum drehte es sich nicht. Aber es drehte sich darum, daß mich wieder einmal die Ahnung überkam, es müsse irgendwo noch ein anderes Leben vorhanden sein und bereitstehen, verführerischer als das Leben eines Chefs des Feuilletons am Berliner Tageblatt. Ein Dasein voller starker, unerwarteter Erregungen, ein Leben auf schwankendem Boden, ein Leben im Sturm. Und ich dachte unversehens an den Kampf der Forscher, der Entdecker, der Pioniere der Menschheit. Und dann lachte ich laut auf, denn ich kehrte wieder aus meinen seltsamen Träumen zurück, befand mich inmitten der Unterwelt und empfand es als einen romantischen Witz, daß mich ein Abend unter Gangstern zu solchen Träumereien verführt hatte. Selbstverständlich war ich für alle Anwesenden Luft. Höchstens trank mir dann und wann jemand mit höflicher Gleichgültigkeit zu, mit französischem Champagner natürlich. Die Krone des Abends war Paul Graetz. Für mich als Journalisten aber wurde die Krone des Abends der gelassene Freund von Nelly, dem Geburtstagskind. Es war der schlanke, schmale junge Mensch mit dem Marmorgesicht, der bis jetzt kein Wort gesprochen hatte. Er hörte jetzt

auf, mit den Genickhaaren seiner Freundin zu spielen und sah sich um. Sofort brach jede Unterhaltung ab. Der schöne Kerl besaß besondere Autorität. Er schien tatsächlich der Chef zu sein. Seine Stimme war leise und sehr angenehm. Ich habe das, was er sagte, nachher im Wagen mit Paul Wort für Wort zusammengestellt und stenografiert. Der junge Mensch sagte: »Mein verehrter Herr Graetz, ich habe wenig zu sagen. Ich halte vom Reden nichts. Aber ich möchte mich bedanken für die große Freundlichkeit, die Sie und Ihr Freund Nelly erwiesen haben. Wir werden das nicht vergessen, meine Kameraden und ich. Wir gehen sehr selten ins Theater, ins Kino oder ins Kabarett. Ins Kabarett gehen wir meistens dann, wenn Sie auftreten, Herr Graetz. Sie sind Berlin. Auch wir sind Berlin. So oder so, jeder auf seine Weise. Ja, das wollte ich sagen. Und noch etwas, und ich glaube, alle meine Freunde werden mir zustimmen. Verehrter Paul Graetz. Sie stehen jetzt unter unserem besonderen Schutz. Ob Sie ihn mal brauchen oder nicht, das können wir nicht im voraus sagen. Sollte Ihnen aber einmal etwas passieren, ein Einbruch bei Ihnen oder ein Taschendiebstahl oder so was, man kann ja nicht wissen, dann geben Sie uns Nachricht, und die Sache wird glattgebügelt ...«
Ein Hagelwetter von »Totsicher! ... Allemale ... Klar wie Butter ...«, donnerte durch das Zimmer.
Es war das Gastgeschenk des Ringvereins. Paule hatte ein Passepartout von der Unterwelt bekommen. Und selbstverständlich schoß Paul unverzüglich von seinem Stuhl hoch, hielt eine weitere Rede und hub an und diesmal in vollkommenstem Berlinerisch.
»Meine Damens und Herrens!« sagte er, »ick danke Sie von janzem Herzen. Ick gloobe ja nich, det mich mal wat jeklaut wird. Ick jehöre zu die Nichtbesitzern. Ick bekomme und jebe aus. Aber ick habe for den Fall aller Fälle doch eene jroße Bitte an Ihnen. Ick besitze doch wat und wenn mich det jeklaut wird, bin ick pleite. Und vor diesen Fall bitte ick Ihrer aller Hilfe und Beistand. Et könnt nämlich – Jott behüte – vorkommen, det ick mal meine Berliner Schnauze valiere und dann ...«
Ein brüllender Orkan erstickte zunächst das Weitere. Auch ich brüllte vor Entzücken mit.

Gegen Morgen brachen wir auf. Wir waren nicht betrunken. Niemand war betrunken. In einem Durchgangszimmer entdeckte ich zu meiner Verblüffung, an Wandhaken in Zeitungshaltern steckend, etwa 20 Ausgaben desselben Tages von »Ullsteins Berliner Morgenpost«. Es war das Lokalblatt dieses Ringvereins. Und es hing gleich in bequemer Anzahl zum Greifen da. Diese Entdeckung gab mir zusätzlichen Aufschluß über die Mentalität der Gangster. Sie lasen Ullsteins erfolgreichstes Blatt, das in riesiger Auflage von Berlins Bürgern täglich gelesen wurde.
Der Dicke und Nellys Freund brachten uns bis an den Hauseingang. Und diesmal wurde sogar ich brüderlich umarmt. Als wir uns dem Auto näherten, tauchte der junge Bursche aus dem Dunkel auf.
»Allens in Butter, Herr Jraetz.«
Paul drückte dem Kleinen einen Schein in die Hand. Er wurde sofort wieder in Pauls Hand zurückgeschoben.
»Von Sie nischt«, erklärte der muntere Wächter, »janz ausgeschlossen! Aber wenn ick um een Autojramm bitten dürfte...«
Wir fuhren ab. Ich kümmerte mich nicht darum, was für eine Gegend es war, durch die wir heimwärts fuhren. Was hatte ich erlebt? Gangster unter sich, zu Hause, daheim, im Klub. Von keinem hatte ich erfahren, welcher Art sein »Jeschäft« war. Alle hatten ausgesehen wie wohlhabende Bürger. Nur die Schmalen, Schlanken, Glatten, Hübschen, die eigentlichen Schläger, hatten einen Hauch von Verderbnis um sich verbreitet. Auch Nelly, die sanfte Menschenfresserin. Journalistisch war der Abend, wie es verabredet war, nicht auszubeuten. Sein Wort soll man halten.
Dann und wann traf ich in den teuren Speiselokalen oder in einer westlichen Bar einen und den anderen aus dem Klub »mit Dame«. Wir sahen über uns hinweg.
Aber wenn mir mein Freund Fritz Kirchhofer, der Chef des Lokalteils am BT, – wenn mir mein Freund Kirchhofer bisweilen von Ringvereinen ziemlich viereckige Dinge erzählen wollte, grinste ich ihn an und hörte schweigend zu.
Ich wußte es besser.

Feldküchen für die Heilsarmee

Ich fuhr durch die Gertraudenstraße. In dieser Stadtgegend, gleich am Hausvogteiplatz, war ich noch nie gewesen. Es gab Stadtteile in Berlin, die ich niemals gesehen habe und in die ich niemals gekommen bin. Ich fuhr in meinem 13/60 Buick. Es war mein erster Wagen. Er war ganz bezahlt. Es war ein Roadster. Bildschön, graugrün.
Und da ich durch unbekannte Stadtteile stets langsam fuhr, um sie mir anzusehen, fuhr ich durch die Gertraudenstraße auch ziemlich langsam. Da las ich auf einem weißen Band, das quer dem ersten Stock eines Gebäudes entlanglief, »Hauptquartier der Heilsarmee«.
Ich fuhr scharf rechts heran und versank in eine bestimmte, unauslöschliche Erinnerung.
In den Herbstferien des Jahres 1913 hatte ich aus dem Lehrerseminar in Alzey im Rheinischen nicht nach Hause kommen können. Warum und wieso, weiß ich nicht mehr. Ich hatte aber die vierzehn Tage Ferien auch nicht im Internat des Seminars verbringen können. Aber da hatte ich doch mal gelesen, daß die Heilsarmee jeden aufnimmt. Ich schrieb sofort an die Heilsarmee in Mainz in die Welschnonnengasse. Und ich bekam Antwort. Wenn ich es tatsächlich nötig hätte, für die vierzehn Tage unterzukommen, würden sie mich gerne aufnehmen. Voraussetzung: jede Arbeit, die mir zugewiesen würde, hätte ich anzunehmen. Was denn sonst! Wenn's weiter nichts gab!
Die Welschnonnengasse in Mainz war eine jener engen Gassen, in denen einem die Luft weg bleibt und der Menschheit ganzer Jammer einen würgt. Mich nicht. Ich war jung und mir war die Luft überall zugänglich, und von der Menschheit ganzem Jammer wußte ich (noch) nichts. Der Kommandeur der Mainzer Heilsarmee war noch jung. Er sagte, ich könne bei ihnen essen und schlafen. Ich müsse jeden Morgen um halb sechs aufstehen, mit dem schwarzen Pferdewagen, dem Kutscher und noch zwei Mann an den Winterhafen fahren, dort Kohlen aufladen und den Bestellern ins Haus liefern. Tagelohn 2,80 Mark. Trinkgelder, sagte er, seien natürlich auch zu erwarten. Gemacht, gemacht.

Ich schlief in einem der großen gemeinsamen Schlafsäle, in dem ungefähr zehn alte und junge, verkommene und solide, kränkliche und gesunde Männer ruhig und unruhig, gequält von irgend etwas und unbesorgt von irgend etwas, schnarchend und stumm, wie Gott es ihnen gab, schliefen. Ich schlief sofort, tief, gesund, guter Dinge und wachte fröhlich auf. Das einzige, was mich gestört hatte, war die Forderung, jeden Abend die gemeinsame Andacht mitzumachen und zur Harmoniumbegleitung einen Choral mit einem albernen Text zu singen. Und das zweite, was mich gestört hatte, war das Nacktdastehen, um einem Heilsarmeemann das Hemd vorzuzeigen, ob es frei von Ungeziefer war.

Wie immer in jenen unbeschreiblichen Jahren des Beginns meines eigentlichen Lebens hatte ich auch hier Glück gehabt. Denn schon am dritten Abend erkrankte der Harmoniumspieler. Der Kommandeur fragte verzweifelt, ob von uns etwa einer Harmonium spielen könne. Ich! Für einen zukünftigen Volksschullehrer, der sonntags in der Kirche die Orgel spielen und vielleicht den Kirchenchor leiten sollte, war das Spiel auf einem Harmonium eine Kleinigkeit. Ich spielte. Als Belohnung bekam ich im großen Schlafsaal einen Sonderraum. Vier Tücher sonderten mein Bett von den anderen ab. –

Diese Erinnerung, traumhaft verklärt wie ein märchenhaftes Ereignis, – diese Erinnerung hatte ich, als ich in der Gertraudenstraße hielt und auf das lange Band der Heilsarmee schaute.

Ich stieg aus.

Ich schickte dem Kommandeur meine Karte hinein. Sie öffnete mir jede Tür, jedes Tor und nahezu jedermanns Zurückhaltung. Ein Mann vom BT, der zudem einen Schlüsselposten bekleidete, wurde nirgends abgewiesen. So empfing mich auch sofort der Kommandeur, ein rundlicher, höflicher und herzensfreundlicher Mann.

Ich machte nicht viel Umstände.

»Darf ich Ihnen eine Geschichte erzählen?« Und ich erzählte die Geschichte von der Mainzer Heilsarmee. Er war gerührt.

Dann fragte ich: »Kann ich etwas für Sie tun? Durch eine große Zeitung kann man mancherlei, was man sonst nicht kann.«

Er dachte nach, dann schüttelte er den Kopf.

»Ich wüßte im Moment nicht . . .«
Ich stand auf: »Nun, wenn Sie mal Hilfe brauchen . . .«
Da hörte ich ihn murmeln: »Die Feldküchen können Sie mir doch nicht besorgen . . .«
Ich wurde sofort wach. »Welche Feldküchen?«
»Nun, Sie wissen ja, die Inflation hat begonnen. Viele Leute wissen nicht mehr aus noch ein. Die Kinder bekommen zuwenig zu essen. Die Erwachsenen können mit ihrem Lohn . . .«
»Ja gewiß«, unterbrach ich ihn etwas ungeduldig. »Und was ist mit den Feldküchen?«
»In der Maikäferkaserne in Moabit stehen Feldküchen. Wir könnten sie gut gebrauchen.«
»Können Sie die Feldküchen nicht kaufen?«
»Nein, sie gehören der Alliierten Kommission. Sie sind beschlagnahmt. Sie sollen verschrottet werden.«
»Wer bestimmt darüber?«
»Der Vorsitzende der Berliner Alliierten Kommission, irgendein französischer General.«
»Und wo hat der sein Büro?«
»Manchmal ist er für einige Wochen im Hotel Adlon.«
Ich verabschiedete mich. Ich kletterte in meinen Wagen. Ich fuhr zum Hotel Adlon. Ich gab meine Karte dem nächsten besten Geschäftsführer, den mir der Portier bezeichnete.
»Ist zufällig ein französischer General bei Ihnen?«
»Ja, der von der Alliierten Kommission.«
Ich merkte, daß ich einen guten Tag hatte. Es gibt gute und schlechte Tage. An guten Tagen fügen die Götter alles fein säuberlich zu deinem Besten zusammen, an schlechten kannst du dir die Beine ausreißen, die Götter zucken nur mit den Schultern.
Heute aber hatte ich einen guten Tag. Du merkst das in allen Knochen und bis tief in deine Seele und dein Gemüt hinein. Dein Mut wird zum Übermut, deine Zuversicht ist unbeirrbar, und dein Selbstbewußtsein schlägt über die Stränge. So sagte ich zu dem Geschäftsführer: »Kommen Sie mit. Holen Sie mir irgendeinen Adjutanten heraus. Wo wohnt der Herr General?«
»Im ersten Stock natürlich«, sagte der gutgekleidete Mann, und ich verbiß mir die Antwort: »Wieso natürlich?«
Auf dem rot ausgelegten Korridor wartete ich. Nun befiel mich

doch eine kleine Unruhe, ob mein Französisch ausreichen würde, um mich verständlich zu machen. Was heißt verständlich, ich mußte diese Angelegenheit nicht nur verständlich, sondern auch interessant, sehr interessant machen. Und nun schickte ich ein kurzes Gebet zu meiner Großmutter hinauf in die Ewigkeit, wo sie hoffentlich in Pracht und Herrlichkeit, wie sie es verdient hatte, wohnt. Meine Großmutter hatte einst aus unerforschlichen Gründen den Einfall gehabt, mir, während ich die Volksschule besuchte, französische Privatstunden geben zu lassen. Ich war zweimal die Woche vier Treppen hinauf geklettert, wo eine alte, verbitterte, unnachsichtige und granitharte Französin mir Französisch gab, pro Stunde eine Mark. Abgespart von dem bißchen Geld, das meine Großmutter hatte. Die Französin hatte nach einem entsetzlichen Parfüm gerochen und ihr Haar gelblich gefärbt, aber ich hatte bei ihr ein tadelloses Umgangsfranzösisch gelernt. Es ist in meiner Zunge hängengeblieben bis zum heutigen Tage, und nichts habe ich vergessen.

Ein zierlicher Herr in roten Hosen schreckte mich in meinen Gedanken auf, und fragte mich, was ich von dem General wolle. Ich reichte ihm meine Karte. Er überflog sie, ging zurück und kam sofort wieder. Er sprach ein vorzügliches Deutsch.

»Sie sind Journalist, nicht wahr? Der Herr General hat für Sie fünf Minuten Zeit.«

In dem großen Raum standen einige Offiziere herum. An einem goldeingelegten Schreibtisch saß der General. Ich versuchte blitzschnell ihn einzuschätzen. Er war der Typ des aufrichtigen Mannes. Seine lichtgrauen, alten und wissenden Augen ruhten gelassen auf mir. Sein Gesicht schien aus alter Bronze. Seine Hände waren schön.

Alle im Zimmer schwiegen.

Ich konnte aufs Ganze gehen. Der Mann vor mir würde ja sagen oder er würde nein sagen, und wie ich ihn einschätzte, würde er weder das Ja noch das Nein begründen.

Es fand folgende Unterhaltung statt:

»Mon général, puis-je vous raconter une histoire?«

»Si cette est intéressante et drôle, racontez-la moi!«

»Elle n'est pas drôle, mais intéressante.« Ich erzählte die Mainzer Geschichte.

»C'est une bonne histoire. Et par quelle raison m'avez vous raconté cela?«
»Mon général, ce matin je passais devant le quartier général berlinois de l'armée du salut dans la rue Gertrude. Je montais.«
»Oui, et alors?«
»Mon général, dans la caserne des hannetons à Berlin il y a 60 cuisines roulantes.«
»Vraiment?«
Jetzt warf der dicht neben dem Schreibtisch stehende Adjutant ein:
»62, mon général.«
»Oui, et alors?«
»Ces cuisines roulantes sont confisquées par la Commission des Alliés et doivent être jetées en rebut.«
»Oui, et alors?«
»Mon général, donnez-moi quelqu'unes des cuisines roulantes pour l'armée de salut.«
Ohne auch nur eine einzige Sekunde zu zögern, antwortete der kleine General halblaut: »Vous pouvez les avoir toutes.«
Ich war erschlagen. Er gab mir alle! Ohne Wimperzucken! Ohne Rückfrage bei vorgesetzten Dienststellen! Ohne Frankreich zu befragen.
»Mon général«, sagte ich hastig, »veuillez pardonner, puis j'avoir votre signature en sujet?«
Er lachte. Und alle im Raum lachten mit. Sie hatten Sinn für Humor. Vielleicht hatten sie auch Sinn für eine gewisse elegante Unverfrorenheit. Denn es war unverfroren, daß ich mich nicht mit dem gegebenen Wort eines französischen Generals begnügte, sondern dieses Wort auch schriftlich haben wollte.
Seine Antwort kam sofort, und sie kam mit einem erheiterten Lächeln: »Mais tout de suite, jeune homme. Votre histoire était jolie... Voilà.«

Statt fünf Minuten hatten mein Besuch, meine Erzählung und der Dialog mit dem General beinahe eine halbe Stunde gedauert. Ich eilte durch den Korridor. Ich sprang die Treppe hinunter. Ich bedankte mich innig bei meiner Großmutter, die mich sicher nur deswegen hatte so gutes Französisch lernen lassen, damit

ich zu einer guten Stunde an einem guten Tag von einem herzensguten General für die Heilsarmee 60 – nein 62 – Feldküchen bekommen sollte. Und ich bedankte mich auch bei der alten verwitterten Französin. Ich setzte mich in meinen Wagen. Ich fuhr in die Gertraudenstraße. Der Kommandeur saß noch hinter seinem bescheidenen Schreibtisch, wie ich ihn verlassen hatte.
Ich sagte trocken: »Ich bringe Ihnen Feldküchen.«
Er sah erfreut auf: »Wieso?«
»Ich war im Adlon. Ein General war gerade da.«
Er stand auf.
»Und? Haben Sie eine bekommen?«
»Eine?« wiederholte ich bescheiden. »Ich bringe Ihnen 62. Sämtliche Feldküchen, die in der Maikäferkaserne stehen, können Sie haben!«
Noch nicht vierzehn Tage später brodelten »meine Feldküchen« im Norden und Süden und im Osten Berlins, in den armen Gegenden der Stadt.
Wie hübsch, wenn man an einer großen Zeitung arbeitet, nicht wahr?
Ich gedachte wiederum des unsterblichen Wortes des Schriftstellers und Arztes Axel Munthe:
»Mitleid und Mut garantieren ein abenteuerliches Leben.«
Nun, mein Leben wurde abenteuerlich, wenn auch nicht im Piratensinne, so doch auf vielen Feldern dieser wunderbaren Stadt. Wo anfangen, wo aufhören?

Mißglückte Reportagen

Es war mir immer klar gewesen, daß Niederlagen und Nackenschläge zum Leben gehören wie Siege und Triumphe zu ihm gehören. Was bei dem einen oder dem anderen schließlich überwiegt, macht Inhalt und Wert seines Daseins aus. Es gibt keinen Weg, um sich vor Niederlagen zu retten, und es gibt auch keinen Weg, um sich vor Siegen in Sicherheit zu bringen. Eine der eklatantesten und lehrreichsten Niederlagen in meinen Berliner Jahren war mein Debüt als Rundfunkreporter. Die gütigen Leute am Rundfunk dachten wahrscheinlich, weil ich eine Begebenheit ganz ordentlich in der Zeitung schildern konnte, ich sei auch vor dem Mikrophon brauchbar. Sie fielen schwer mit mir herein. Und ich unterlag damals jener Verlockung, der jeder anerkannte Tagesjournalist immer ausgesetzt sein wird: mich auf ein fremdes Terrain zu begeben und hier das Maul aufzureißen. Der Grund dafür, daß sonst ganz vernünftige Leute ihn dorthin verlocken, kann sein Talent, aber auch ebensogut seine einflußreiche Stellung sein oder Zufälle oder weiß der Satan was. Im Berliner Rundfunkhaus, dem herrlichen Bau, von Poelzig errichtet, war mein alter Freund aus Frankfurter Zeiten, Dr. med. Hans Flesch, Intendant. Die Tatsache, daß wir beide recht machtvolle und weithin sichtbare Positionen in der Öffentlichkeit einnahmen, störte unsere privaten Beziehungen nicht im geringsten. Wir gebrauchten unsere Stellungen niemals für einander. Was uns betraf, so könnte man geradeheraus sagen, daß unsere großen Stellungen uns völlig egal waren. Er kümmerte sich nicht darum, ob ich am Rundfunk sprach oder nicht. Und ich genierte mich meinerseits keinen Augenblick, wenn es mir richtig erschien, meinen Freund Flesch zu attackieren. Flesch hatte einst seinen medizinischen Doktor gemacht. Jedoch hatte er bis zu dem Tage, an dem er davongejagt wurde, nicht eine einzige Stunde so etwas wie eine ärztliche Praxis ausgeübt. Seine Liebhaberei war die moderne Musik. Sagen wir genau: die modernste, die abstrakte. Ihr konnte er im Rundfunk jeden Weg bereiten, und das tat er auch. Er und der Komponist Hindemith hatten die zwei hübschen und gescheiten Töchter des Frankfurter Opernkapellmeisters Rottenberg geheiratet. Flesch war ein Könner hohen Grades. Die Kumpane des Dritten Reiches verhafteten ihn natürlich sofort, als sie sich solche Niederträchtigkeiten erlauben durften. Sie brachten ihn in das Konzentrationslager Oranienburg.

In der Nacht nach seiner Festnahme saßen Frau Flesch und ich in verdunkeltem Zimmer auf dem Teppich im Arbeitszimmer seiner Villa. Wir sichteten und durchwühlten stundenlang, bisweilen regungslos lauschend, ob die bösartigen plumpen Schritte sich näherten, sämtliche Papiere. Frau Flesch verbrannte alles, was wir als gefährlich empfanden, und sie verbrannte auch das Nichtgefährliche. Besser war besser. Übrigens kam ihr Mann schon nach wenigen Wochen unversehrt heim. Das hatte seine heitere Ursache, wenn man die Vorgänge zu jener Zeit überhaupt als heiter bezeichnen kann. Mit Flesch zusammen waren verhaftet und nach Oranienburg gebracht worden der Direktor des Rundfunks, Dr. Magnus, und der Star des Berliner Rundfunks, der Sprecher Alfred Braun. Dieser Alfred Braun war als Reporter ein Genie. Er war der vergötterte Liebling aller Hörer. Als eines seiner Meisterwerke erschien mir die im Flüsterton gehaltene, stundenlange Schilderung vom Begräbnis des Reichspräsidenten Friedrich Ebert mit all den tausend und tausend Kleinigkeiten, aus denen ein solcher groß angelegter öffentlicher Akt besteht.

(An diesem Tage war mir eine sehr peinliche Sache widerfahren. Sie wurde, dem Himmel sei Dank, nicht bekannt, auch nicht den Kollegen. Höchstens mögen die vier Unteroffiziere ...
Ich hatte die Erlaubnis, das Arbeitszimmer Eberts zu betreten. Und zwar allein. Hier, im Reichspräsidentenpalais, in seinem bescheidenen Arbeitszimmer, war der Mann, der höchste Beamte des Reiches und der anständigsten einer, den sie zu Tode gehetzt hatten, aufgebahrt. Der Schreibtisch war noch so, wie er ihn verlassen hatte, als er sich krank, mutlos, müde und erschöpft fühlte. Jetzt füllte die linke Hälfte des Raumes eine grüne Wand aus Oleanderbäumen. Inmitten dieses Gebüsches lag er, im offenen Sarg. Vier Unteroffiziere der Reichswehr hielten ihm die Totenwache, zwei zu seinen Häupten, zwei zu seinen Füßen. Sie standen regungslos, wie die Vorschrift es befahl. Und auch hier webte die ungeheure rätselvolle Stille, die um jeden Toten ist.
Ich beugte mich weit vor, um einen Blick in das Gesicht des Verstorbenen zu werfen. Dabei stolperte ich. Ich fiel erschrocken, rauschend mitten in die Oleanderbäume. Sofort packte mich der vorne links stehende Unteroffizier mit einem Hunderttausendmann-Heer-Griff, stellte mich auf die Beine und erstarrte wieder in der vorgeschriebenen Haltung. Kein Wort war gefallen.)
Zurück zu Magnus, Flesch und Braun in das Konzentrationslager Oranienburg. Ich sagte schon, daß Alfred Braun der heißgeliebte und heißverehrte Liebling der Massen war. Die jungen

Männer verfolgten atemlos seine großartigen Reportagen über Fußballspiele. Nun, diese jungen Menschen waren jetzt nahezu alle bei der SA. Und die Konzentrationslager wurden in der ersten Zeit noch von SA-Männern bewacht. Und die SA-Männer dachten gar nicht daran, ihrem Liebling Alfred Braun, dessen sonore Stimme sie oft im Rundfunk gehört und den sie nun leibhaftig vor sich hatten, das Leben schwer zu machen. Die höheren Kumpane des Dritten Reiches hatten scharfe Befehle erlassen, die drei Rundfunkleute der öffentlichen Verachtung preiszugeben. Die Herren hatten aber nicht mit der selbstherrlichen Mentalität ihrer SA-Männer gerechnet. Alfred Braun, Magnus und mein Freund Flesch hatten, genau besehen, Urlaubstage. Es geschah ihnen nicht das mindeste. Sie wurden mit aller Rücksicht, Höflichkeit und Zuvorkommenheit behandelt. Und wegen des vollkommenen Fehlschlages der ganzen Unternehmung mußten die drei nach wenigen Wochen wieder freigelassen werden. Sie durften allerdings nicht mehr im Funkhaus arbeiten. Was den Dr. Hans Flesch beträf, so bekam er später die Erlaubnis, in einer kleinen Provinzstadt eine ärztliche Praxis auszuüben. Er, der niemals einen Patienten vor sich gesehen hatte. Nun, er stand seinen Mann und versuchte mit seiner hohen natürlichen Intelligenz, einigen Büchern und durch Befragen von Kollegen zu tun, was er zu tun vermochte. In ganz schwierigen Fällen, mit denen er nicht zurechtkam, rief er seinen Freund, den Arzt, großen Menschen und großen Dichter Dr. Gottfried Benn in Berlin, zu Hilfe. Flesch war einer der wackersten Burschen, mit denen ich in meinem Leben befreundet gewesen bin. Als die letzten Wochen des Krieges herankamen, verhielt sich der Doktor Flesch ganz idiotisch. Oder tat er es in einer bestimmten, uns allen nicht bekannten Absicht? Er meldete sich als Arzt freiwillig zum Volkssturm. Bei einem dieser verlorenen Haufen in Fürstenwalde wurde er Bataillonsarzt. Und in Fürstenwalde verlor sich seine Spur auf immer. Niemals, bis zum heutigen Tage nicht, kam eine direkte oder indirekte Nachricht von ihm. Deshalb bin ich des Glaubens, daß er sich, müde dieser Zeit, wie ein wundes Tier in eine verborgene Ecke verkrochen und umgebracht hat. Meine Zuneigung und mein Respekt bleiben ihm erhalten, wo er auch weilen mag.

Vor lauter Erzählen kommt man nicht zum Erzählen dessen, was man eigentlich erzählen wollte. Also meine pompöse Niederlage als Rundfunkreporter. Zur strengen Winterszeit fragte das Funkhaus bei mir an, ob ich nicht in einer Abendsendung abwechselnd mit Alfred Braun eine aktuelle Reportage machen wollte. Welche Ehre! Zuerst zögerte ich etwas, weil ich das dachte, was der berühmte Volksmund so genau ausdrückt: Eine Schreibe ist keine Rede. Ich hätte den Volksmund beherzigen müssen. Statt dessen schwoll mir der bekannte Kamm. Das fremde Feld lockte mich doch sehr. Bisher war nur mein geschriebenes Wort ungefähr zur Geltung gekommen. Nun sollte auch die Stimme, eine der immer unterschätzten Großmächte der persönlichen Wirkung und Ausstrahlung zur Geltung kommen. Wie aber würde sie zur Geltung kommen? Das war die Frage. Ich wußte, warum fette Tenöre von schönen Frauen überlaufen werden. Es war immer die erotische Wirkung der Stimme. Diese Art Wirkung, nun auf sie hatte ich es nicht abgesehen, als ich das Angebot sofort annahm. Die Leute vom Rundfunk bekamen mich. Sie bekamen mich vor allem durch eine Behauptung, die ich selber nicht kontrollieren konnte, die aber so schmeichelhaft und so überzeugend klang, daß ich sie glaubte.

»Sie brauchen doch keinerlei Hemmungen zu haben«, sagten sie mir, »wir wissen, was wir tun. Wir wissen nämlich, daß Sie genauso reden, wie Sie schreiben. Das kann man nicht von jedem Schriftleiter sagen.« Das gab den Ausschlag. Ich bekam zwei schöne Reportagen zugeteilt. Erstens die Hauptfeuerwache in der Lindenstraße und zweitens ein Polizeirevier mitten in der berüchtigten Friedrichstraße. Die erste um 20 Uhr und die zweite gegen 22 Uhr. Als Journalist baute ich vor. Einige Tage zuvor spazierte ich zur Hauptfeuerwache, um mir klar darüber zu werden, was ich herausholen konnte. Sie wußten hier schon Bescheid. »Wir können Ihnen natürlich keinen Großbrand garantieren«, sagte einer der höheren Chargen, »aber auch wenn gar nichts los sein sollte, baue ich hinten im Hof einen Löschzug auf. Sie schlagen vorne am Haus den Feuermelder ein und wir kommen angewetzt. Wir halten dicht vor Ihnen, und Sie beschreiben, wie wundervoll wir alle aussehen. Dann gehen wir ins Haus, und Sie beschreiben unsere Luxuseinrichtungen und unser Luxusleben.«

Der Mann war mein Mann. Er besaß Humor. Hier konnte nichts schiefgehen.
Noch einfacher erschien meine Reportage in der Friedrichstraße, diesem Boulevard des billigen Lasters und der Talmi-Abenteuer neugieriger Provinzler. Als ich auch hier auf dem Revier einen vorsorglichen Besuch machte, zur späten Abendzeit, schwirrte das ganze Revier zu meinem Entzücken wie ein Hornissennest. Festgenommene Straßenmädchen randallierten. Zweifelhafte Frauen brüllten auf die Beamten ein. Ertappte Übeltäter redeten ohne Unterbrechung. Verkommene Existenzen saßen schweigend, in sich versunken auf den Bänken, und bei ihrem Anblick durchschnitt mich ein scharfer Schmerz. Um aller Heiligen willen, betete ich, vielleicht werde einst auch ich auf einer solchen Polizeibank in trostloser Verlassenheit sitzen. Ich nahm mich zusammen. Die Beamten ließen in fröhlicher Gelassenheit den Betrieb abrollen. Nein, auch hier konnte nichts schiefgehen.
Und so kam der große Abend. Mir war bänglich zumute, obwohl alle Voraussetzungen für einen vortrefflichen Verlauf aller Dinge sprachen. Jedoch hatte ich zeit meines Lebens Vorahnungen. Und nur bei bedrohlichen Ereignissen, die sich näherten.
Ich habe diese Vorahnungen immer als untrüglich empfunden. Jedoch blieb niemals Zeit, sich den unangenehmen Ereignissen zu entziehen, und wenn Zeit dafür gewesen wäre, tappte ich doch wie hypnotisiert in das Unheil. Ich fuhr zur Hauptfeuerwache. Tiefer Schnee lag, der klirrende Frost und meine Vorahnung ließen mich erschauern.
Ich wußte, daß in diesen Minuten Alfred Braun die Sendung begonnen hatte mit einer Reportage aus der Küche des Massenrestaurants Kempinsky in der Leipziger Straße. Sobald er dort fertig war, hatte ich zu beginnen. Dann stand ich im Schnee vor dem Mikrophon. Das war damals noch ein kleines viereckiges Kästchen, das auf einem Ständer in einem Ring hing. Einige Schritte hinter mir standen mehrere Frauen, Ehefrauen der Feuerwehrleute, die das Ereignis aus nächster Nähe miterleben wollten. Und sie waren es, die mir den ersten Schlag ins Kreuz versetzten. Denn als ich vor das Mikrophon trat, hörte ich eine entrüstete Frauenstimme ausrufen: »Det is ja jar nich der Alfred Braun.«

Und wahrscheinlich war diese Begrüßung die traurige Ursache dafür, daß ich über den Mikrophonständer stolperte, ihn umriß und das Mikrophon auf den Boden aufschlug und so unbrauchbar war, daß es ausgewechselt werden mußte. Die mitgekommenen Techniker des Rundfunks waren verzweifelt, denn Alfred Braun war bei Kempinsky zu Ende gekommen. Die Hauptfeuerwache aber blieb stumm. Und nichts ist kläglicher, als eine unverständliche Pause in einer Sendung. Die Techniker arbeiteten rasend schnell. Und nun konnte ich sprechen. Wie es verabredet war, schlug ich vorne am Haus die dünne Glasscheibe am Feuermelder ein, und aus dem Hintergrund des weiten Hofes kam der bereitgestellte Löschzug. Ich redete los. Ich schwatzte. Ich stammelte. Ich wußte, daß alles hoffnungslos war. Nichts stand einer blendenden Reportage im Weg, nur ich selber und meine Unfähigkeit. Mir fiel nichts ein. Nun ist ein Schriftsteller, dem nichts einfällt, noch nicht der Hölle ausgeliefert und preisgegeben ihren Qualen. Er kann warten, bis ihm etwas einfällt. Aber ein Reporter vor dem Mikrophon, dem nichts einfällt, ist des Todes. Mir fiel nichts ein. Ein geisterhaftes Gefühl vollkommener Leere betäubte mich. Dabei hatte ich mir einiges zurechtgelegt. Ich hatte es in diesem wichtigen unwiderbringlichen Moment vergessen. Und es wäre doch so leicht gewesen. Bei einiger Gewandtheit konnte ich gar nicht in Verlegenheit kommen. Anstatt, wie ich es nun machte (über den untätig vor mir stehenden Löschzug ein fades Gewäsch zu stottern), anstatt dessen hätte ich mit diesem oder jenem der Feuerwehrleute ein Interview über besondere Erlebnisse veranstalten können. Feuerwehrleute erleben immer aufregende Dinge. Nein, mir fiel nichts ein. Ganz klar war ich mir in diesen höchst widerwärtigen Minuten darüber, daß ich von der Sache ein ganz ordentliches Feuilleton hätte schreiben können. Auch wenn die ganze Szene lächerlich war. Aber ich sollte ja nicht schreiben, sondern sprechen. Und zwar sofort. Gut, ich sprach, aber was ich sprach, war schieres Blech. Glücklicherweise war durch das Auswechseln des Mikrophons meine Redezeit stark gekürzt. Mit einem verlegenen Dank an die Feuerwehr und unter den sarkastischen Blicken der Rundfunktechniker trottete ich von dannen. Ein geschlagener Mann. Was? Wieso? Warum denn eigentlich?

Noch hatte ich das Hornissennest in der Friedrichstraße vor mir. Dort konnte ich die verlorene Runde mühelos aufholen und ausbügeln. Dort brauchte ich nur hineinzugreifen ins volle Menschenleben.
Es kam anders. Meine Sterne standen an diesem Abend schlecht, und meine Vorahnungen hatten mir alles gesagt. Schon im Eingang zur Polizeiwache wurde ich mißtrauisch. Feierliche Stille. Von drinnen waren nicht die wütenden Beschwerden einer kessen Hure zu hören. Keine alkoholisch rauhe Männerstimme verteidigte sich. Als ich die Tür öffnete, wußte ich Bescheid. Außer den Beamten war niemand da. Hinter seiner Holzbarriere erhob sich unsicher der Wachtmeister und zuckte mit den breiten Schultern. »Nischt los heute abend, jar nischt.«
Die Stimme des Technikers hinter mir sagte, Alfred Braun sei mit seiner zweiten Reportage fertig und ich möge loslegen. Loslegen? Womit loslegen? Worüber loslegen? Auch hier verließen mich alle guten Geister. Und auch hier wäre es so leicht gewesen. Ich brauchte nur die Polizeibeamten nach aufregenden Erlebnissen auszufragen. Das tat ich auch, aber wie! Traurig, hoffnungslos, schwunglos, tot und leer. Als auch diese Zeit um war, bedankte ich mich überall und fuhr nachdenklich nach Hause.
Es war die große Niederlage. Es war die große Blamage. Es war der große Reinfall.
Merkwürdigerweise fiel niemand über mich her. Kein Kollege. Nur mein Freund Flesch, der Intendant des Rundfunks, grinste mich tückisch an, wenn wir uns in der nächsten Zeit irgendwo trafen.
Ich hatte einen lebenslangen Schock mitbekommen. Mir stieg das Blut schon heiß ins Gesicht, wenn ich aufgefordert wurde, bei irgendeinem Anlaß vor einem Publikum zu sprechen. Ich habe es niemals fertiggebracht.

Am Sachsenplatz

Der Sachsenplatz!
Wer erinnert sich unter allen, die dort wohnten, nicht mit Wehmut dieser wunderbaren Idylle. Der Sachsenplatz lag in der Nähe des Reichskanzlerplatzes in einem Neubaugelände. Und es war nicht etwa eine Siedlung von hübschen kleinen Landhäusern wohlhabender Prominenter. Der Sachsenplatz bestand aus zwei großen sich gegenüberliegenden Mietskasernen. Zwischen ihnen, zwischen den Straßen, die an diesen Mietsblöcken vorbeiführten, in einen Erdtrichter versenkt, war ein winziger Park zu sehen mit dicht aneinander gekuschelten Bäumen und Sträuchern. Und in deren Mitte schimmerte das klare Wasser des kleinsten Weihers der Welt. Wenn Liebespärchen den schmalen Weg zu diesem »Park« hinunterwandelten, sich im Halbschatten der paar Bäume aneinanderschmiegten, ließen sie sich nach wenigen Schritten wieder los und standen verdutzt im Freien. Sie hatten die paar Meter »Park« schon durchschritten. Aber die Nachtigallen sangen in warmen Sommernächten hier aus Busch und Baum. In den Fenstern lagen wir alle und lauschten, und Ringelnatz, der auch hier wohnte, feierte in einem schönen Gedicht den Sachsenplatz mit Fug und Recht.
Ich hatte in einem der geräumigen Dachgeschosse große Atelierzimmer gemietet. Und ich zog ein mit meinem koreanischen Diener Tschang. Alle aus jenen Tagen werden sich seiner erinnern. Ich wollte gar keinen Diener, es war mir zu feudal und paßte nicht zu mir. Aber ich hatte Haushälterinnen über. Das klagte ich eines Abends Dr. Kim von der chinesischen Gesandtschaft.
»Nehmen Sie einen Diener«, sagte er sofort. »Er ist nicht teurer als eine Haushälterin. Ich habe etwas für Sie, wenn auch keinen Chinesen, die sind die besten Diener. Ich habe einen jungen Koreaner für Sie. Er konnte in Oxford nicht weiterstudieren, weil kein Geld mehr von zu Hause kam. Zu Hause ist Bürgerkrieg, und sein elterliches Gut ist zerstört. Wo seine Angehörigen sind, weiß er nicht. Er sucht Arbeit.«
»Einen Moment«, sagte ich. »Ich kann doch jemanden, der in Oxford studiert hat, den kann ich doch nicht ...«

»Natürlich können Sie«, unterbrach mich Dr. Kim. »Ich schicke Ihnen Tschang.«
»Spricht er etwas deutsch?«
»Er spricht gut deutsch.«
»Sind Koreaner auch treu und zuverlässig?«
Kim sah mich nachdenklich an, dann sagte er trocken: »Ein Asiate dient Ihnen Jahr um Jahr treu wie ein Hund. Dann beleidigen Sie ihn unwissentlich, und im 35. Jahr schneidet er Ihnen die Kehle durch!«
Daraufhin erschien Tschang, und ich nahm ihn. Der ganze Sachsenplatz liebte und alle Kinder vergötterten ihn. Er war hochgewachsen und schlank, er hatte ein Pfannkuchengesicht, darin tief die geschlitzten Augen gebettet lagen. Tschang war die Gutmütigkeit selber. Als er vier Jahre bei mir war, reiste ich nach meiner Gewohnheit plötzlich von einer Stunde zur anderen ab, diesmal nach dem Süden. Ich hatte noch für das Drehbuch zu einem Richard-Tauber-Film rund 2000 Mark zu bekommen. Ich kritzelte eine Quittung. »Hol das Geld ab«, sagte ich zu Tschang, »heb es auf.«
Als ich nach sechs Wochen zurückkam, hatte Tschang das Geld abgeholt, aber er besaß es nicht mehr. Er sagte, es sei ihm aus der Jacke gestohlen worden. Ich fühlte mich für dumm verkauft durch diese fadenscheinige Ausrede und entließ ihn sofort. Er hatte mir treu und redlich gedient. Er hatte meine Anzüge und alles, was zu Anzügen gehört, sehr gut gepflegt. Er hatte wundervoll gekocht, vor allem auf der Grundlage von Reis geradezu perverse Delikatessen seiner Heimat. Er hatte die Küche saubergehalten wie eine schwäbische Hausfrau, ebenso meine große Wohnung. Er hatte meine Gäste zuvorkommend bedient und sich niemals aufgedrängt. Er schwamm beinahe so gut wie ich. Nur auf den 10-Meter-Turm war er nicht hinaufzubringen gewesen. Dafür lief er schneller als ich, dafür sprang er höher und weiter als ich. Er war das Ideal eines Dieners. Bis zu den 2000 Mark. Diesen war er nicht gewachsen.
Ich warf ihn mit wenigen halblauten, gelassenen Worten hinaus. Und er wußte, daß es nicht die 2000 Mark waren, die ihn seine Stellung (und einen guten Freund) kosteten, obwohl die Summe es wert war, sie zu haben, und obwohl sie fehlte, wenn man sie

nicht hatte. Kurzum, Tschang wußte, er flog wegen seiner dummen Ausrede hinaus, und schließlich nach dieser Erfahrung wollte ich es nicht darauf ankommen lassen, daß er mir nach einigen Jahrzehnten unerwartet den Hals durchschnitt. Wer stiehlt, wer lügt, mordet leichthin.

Noch nicht vierzehn Tage nach seiner Entlassung begegnete ich ihm abends auf dem Kurfürstendamm. Er verzog sein plattgedrücktes Pfannkuchengesicht vor aufrichtiger Freude und fragte, ob er mich zu einem schönen chinesischen Abendessen einladen dürfe. Ich fragte: »Wo denn, mein lieber Betrüger?« Und er antwortete mit vor Genugtuung verschwindenden schiefstehenden Augen: »Bei mir. Ich bin da Geschäftsführer in der Kantstraße.« Ich ging lachend weiter.

Am Sachsenplatz wohnten also, wie man sieht, lauter gute und edle Leute. Wir hatten einen gemeinsamen Bäcker, Metzger und Lebensmittelhändler. Und zwei Minuten entfernt an der Ecke lag die Westendklause. Berühmt im ganzen Westendlande. Sie gehörte zwei wagemutigen jungen Männern, die darauf spekuliert hatten, daß genug Prominente oder wenigstens gut situierte Familien in der Nähe ringsum wohnten und ein gutes Geschäft zu erwarten war. Sie hatten richtig spekuliert. Hier genehmigten wir uns alle des öfteren einen. Von hier bezogen wir unseren Alkohol für zu Hause. Selten bezahlten wir bar. Der Ältere der beiden jungen Männer schickte jeden Monat die Rechnung. Und es machte ihm nichts aus, wenn die Sache nur so peu à peu geregelt wurde. Sein Name sei hierhergesetzt, denn wir alle am Sachsenplatz verdankten seiner Großzügigkeit ungezählte durch seine Lieferungen entflammte Nachmittage, Abende, Nächte. Sein Name ist Walter Franke ...

Am Sachsenplatz waren also die Leute, wie man sieht, immer sehr reizend zueinander. So wohnte zum Beispiel unter meinem Atelier ein ehemaliger Husarenoffizier. Er hatte eine angenehme Frau, einen angenehmen Sohn und eine ausgefallen, ganz ausgefallen hübsche Tochter. Nennen wir sie Familie Jankow. Die Nationalhymne der Jankows war natürlich, was denn sonst: »Leutnant warst du einst bei den Husaren, als wir jung und glücklich waren ...« Nach einem meiner Atelierfeste bekam ich von unten einen höflichen Beschwerdebrief. Als ehemaliger Hu-

sar, schrieb Herr Jankow, habe er jeglichen privaten Amüsierbetrieb rasend gerne. Aber in der vergangenen Nacht sei es ihm und seiner Familie doch zu laut gewesen. Er bitte also... Ich schickte Blumen hinunter. Und dann fing ich die ganze Familie, Vater, Mutter, Sohn und Tochter, mit einem bewährten Trick ein. So oft ich ein Fest gab, wurde die ganze Familie Jankow eingeladen. Und sie kam stets. Und blieb bis zum letzten Rest.
Im Parterre des Mietshauses wohnte Veit Harlan. Er war damals noch Schauspieler am Staatstheater und politisch im Stande völliger Unschuld. Er hat sich erst unter gewissen Umständen »schuldig gemacht«. Damals war und blieb er ein lauter, sehr lauter, oft vorlauter, robuster, fröhlicher Naturbursche, fröhlich mit seiner Frau, der Schauspielerin Hilde Körber, fröhlich mit seinen kleinen Töchtern, eine Schauspielerfamilie nach aller Herzen, Vater und Mutter gleicherweise hochbegabt, auf dem Höhepunkt ihres Glückes. Sie füllten mit anderen fröhlichen Menschen den Sachsenplatz mit Heiterkeit.
In demselben Haus im Parterre nebenan hörte man oft greulich anmutende Dissonanzen, wahrscheinlich von einem Klavier kommend oder von einer Tuba oder von einem den meisten Vorübergehenden unbekannten Instrument. Jedoch gab es Musikfreunde und Musikkenner, die solche Töne und solche Zusammenstellung von Tönen, also solche Kompositionen, als ein bedeutendes Kapitel der modernsten Musik empfanden. Kein Wort dagegen. Sie hatten recht. Denn hier im Parterre träumte Paul Hindemith seine Kompositionen. Auch er war, rundlich, fröhlich, gescheit, ein kreuzbraver Bursche und der Inbegriff von Gemütlichkeit. Noch reichten seine ungemütlichen Werke nicht weit über das Vaterland hinaus. Aber er behielt, was als eine bedeutende Leistung zu bewerten ist, er behielt mit seinem behaglichen Frankfurter Dialekt über die blitzschnellen Berliner Schnauzen stets die Oberhand.
Natürlich wimmelte unser Sachsenplatz von Journalisten, die sich, Beute witternd, auf freier Wildbahn befanden. Es war nicht viel bei uns an Sensationen zu holen. Wir teilten diesen Kollegen gerne aufrichtig mit, worin das Geheimnis bestand, daß wir am Sachsenplatz alle so glücklich miteinander waren. Hernach baten wir die Kollegen, sich zum Teufel zu begeben und unsere Gemüt-

lichkeit nicht zu irritieren. Das Geheimnis war sehr einfach. Jeder kannte jeden. Seit Jahr und Tag. Auf unseren Treppen, auf unserer Straße und in unserem winzigen »Park« klatschten wir miteinander und übereinander und lachten unendlich viel. Der Kern des Geheimnisses aber war der, daß wir untereinander Distanz hielten. Wir trafen uns niemals in unseren Wohnungen. (Nur der Husar mit den Seinen bei meinen Festen.) Keiner besuchte jemals den anderen. Das hielt unser Verhältnis zueinander durch Jahre hindurch frisch. Distanz war es. Übrigens war ich der einzige Journalist, der hier wohnte. Und je glücklicher ich mich am Sachsenplatz, in seiner traumhaften und zugleich sprühenden Atmosphäre fühlte, desto öfter und heftiger ergriff mich die starke Versuchung, über den Sachsenplatz ein Feuilleton zu schreiben. Er war eines Feuilletons wahrlich wert. Ich ließ es sein. Es war eine jener überwältigenden Versuchungen, die einen Journalisten bisweilen überfallen und deren Überwindung ihn einen harten Kampf kostet. Denn das Thema war bildschön. Aber: nur ein kleines Aufsätzchen im BT darüber und der Sachsenplatz wäre überlaufen und entzaubert worden.

Am Sachsenplatz zogen immer nur angenehme Menschen ein, die sich unserer stillschweigend verabredeten Distanz anschlossen. Gegenüber im anderen Mietshaus, im Dachgeschoß, in seinem Atelier, dichtete, malte, trank und träumte mit seiner wunderbaren Frau – Muschelkalk zwischen leuchtenden Aquarien – Joachim Ringelnatz. Einer der besten von uns allen, ein echter Romantiker, ein echter Dichter, ein echter Träumer, der allzufrüh sterben mußte, weil es in unserem Lande soviel von dieser seltenen Art gab, weil die Götter ihn als überflüssig betrachteten und weil das Schicksal sich auch hier stumpfsinnig anstellte, wie in anderen Fällen auch. Ich sah ihn oft in unserer Westendklause verschlossen, an der winzigen Bar zusammengesunken, vor sich hinträumen. Er mochte mich nicht leiden. Ich weiß nicht, warum, und ich habe es nie erfahren. Ich liebte ihn. Das einzige Mal, daß er mich unversehens ansprach, war eines späten Nachmittags. Ich kam schnell herein, um einen Gin zu kippen, setzte mich nur auf die Kante des Barstuhls. Da sagte er halblaut zu mir: »Wenn Sie Erfolg haben wollen, müssen Sie aus Ihrem Herzen eine Wüste machen.« Ich schwieg. Er setzte hinzu: »Wissen Sie, wer das gesagt hat? Mussolini hat das gesagt zu der englischen Bildhauerin Claire Sheridan.« Ich gab keine Antwort. Mit Menschen, die mich nicht leiden können, lasse ich mich auf keine Unterhaltung ein, obwohl ich manchen unter ihnen sehr liebe, so wie diesen langnasigen Dichter, der meinem Herzen teuer war. Ich glaube, der Grundzug seines ganzen Wesens war eine unheilbare, tiefverborgene und mit Alkohol übergossene Trauer. Im gleichen Miethaus auf der linken Seite, ebenfalls im Dachgeschoß und ebenfalls in einer Atelierwohnung, hauste der Schauspieler Willi Forst. Er war, wie die Welt noch heute weiß, der lebenslängliche liebenswürdige Jüngling mit der unsterblichen weichen Wiener Grazie. Er besaß als Schauspieler einen guten und als Regisseur bisweilen einen großen Namen. Natürlich genoß er die Anbetung der Fans jeden Alters. Aber das machte unter uns am Sachsenplatz seinen Ruf nicht eigentlich aus. Wir waren bekannt und oft befreundet mit größeren Schauspielern und größeren Regisseuren. Willi Forst trug für uns eine besondere Aura und sie erst gab ihm unter uns Ansehen. Wir Männer vom Sachsenplatz betrachteten ihn deshalb andächtig und gedankenvoll, wenn er mit fröhlichen Fragen und Antworten vorüberging. Für uns bestand der eigentliche Ruhm Willi Forsts darin, daß er, wie es hieß und wie einige von uns (auch ich) bestimmt wußten, daß er einige Zeit der Freund von Marlene Dietrich gewesen war. Der Freund von Marlene: Was mochte wohl an Willi sein, überlegten wir uns, daß eine der schönsten Frauen der Welt, dazu eine hochbegabte Schauspielerin und ein außergewöhnlicher Mensch, sich ihn ausgesucht hatte? Wir fanden niemals eine Erklärung. Aber Marlene war eine jener Frauen, die eine ausreichende Erklärung für alles bieten, was einige Männer je in ihrem eigenen Leben unternommen und sich verscherzt haben.

Einer der Freunde von Marlene war auch Erich Maria Remarque. Seine schweigende Haltung zu dem Lande, das ihn einst vertrieb, war niemals ungut. Am Abend nach der Premiere der Verfilmung des Buches »Im Westen nichts Neues«, das den bescheidenen, angenehmen jungen Menschen über Nacht zum Millionär gemacht hatte, saß Remarque bei mir am Sachsenplatz. Er war betrübt. Er war nicht deshalb betrübt, weil die Rabauken von

Goebbels die Premiere des Films im Theater am Nollendorfplatz gesprengt hatten. Er war wegen einer höchst privaten Sache betrübt. Sie hat in diesem Buche nichts zu suchen.
»Ich kann hier nicht mehr atmen«, sagte er plötzlich laut, »ich wandere aus.« Und fügte unerwartet hinzu: »Ich würde an Ihrer Stelle auch hier abhauen. Sie können sich draußen ohne weiteres durchsetzen. Sie haben geradezu eine angelsächsische Manier zu schreiben.«
Ich mußte lächeln. Es war ein bedrückendes Lächeln.
»Sprechen Sie englisch?« fragte ich.
»Ja, perfekt in Schrift und Sprache.«
»Nun also«, sagte ich, »ich spreche kein Wort englisch. Ich wäre draußen verloren. Übrigens würde ich auch hier bleiben, wenn ich in Schrift und Wort perfekt englisch könnte. Ich klebe am Boden. Es ist mein Vaterland, wissen Sie.«
Remarque wanderte aus. Tief in den Weltruhm hinein.
Von dem beinahe historisch gewordenen Ehepaar Max Schmeling und Anny Ondra, das am Sachsenplatz einzog, als ich nicht mehr da wohnte, kann ich nur vom Hörensagen berichten, daß auch sie am Sachsenplatz miteinander glücklich gewesen sind.
Zuletzt sei aber von einem anderen Ehepaar berichtet. Es hat die Saga vom Sachsenplatz um eine Story menschlicher Größe bereichert.

Henny Portens Tragödie

Während des Dritten Reiches – ich war längst auf weite Reisen gegangen und wohnte im Grunewald – zog in eine Etagenwohnung am Sachsenplatz das Ehepaar Henny Porten–Dr. Wilhelm (Helmi) von Kaufmann. Herr von Kaufmann war das, was die Nürnberger Rassengesetze als »Volljude« bezeichneten. Zunächst geschah den beiden Menschen nichts. Frau Porten arbeitete tagsüber im Filmatelier. Ihr Mann, mit seinem Judenpaß, wagte sich tagsüber aus Scham nicht aus dem Hause. Erst in der Dun-

kelheit machte er sich bisweilen auf und kam zu mir in den Grunewald, um sich Bücher zu leihen. Er las ununterbrochen, er las sich beinahe blind, was sollte er sonst tun? Sein Dasein verlief in fürchterlicher Eintönigkeit. Wir sprachen immer wieder über seine und seiner Frau Situation. Was war zu erwarten? Alles. Immer wieder bewunderte ich die ironische Gelassenheit dieses Mannes, der in jeder Stunde schwer gefährdet und bedroht war. Denn Hitler, der Henny Porten schon seit alten Zeiten »sehr verehrt« hatte, ließ sie wieder und wieder bitten, sich von ihrem Mann scheiden zu lassen. Henny gab gar keine Antwort. Sie besaß übrigens noch einen Protektor, ohne darum gebeten zu haben: Hermann Göring. Von diesen beiden Machthabern, deren Launen unberechenbar waren, hing das Schicksal des Ehepaares ab. Und es hing immer am seidenen Faden.
Bisweilen luden sie mich zum Abendessen ein. Ihr Haushalt war tadellos wie immer. Sie hatten auch ihre alte Köchin behalten dürfen. Aber ich entdeckte allmählich zu meiner großen Bestürzung, daß ich nahezu der einzige unter den zahlreichen früheren Freunden war, der sich um sie kümmerte und ohne Furcht mit ihnen verkehrte. Dazu bedurfte ich keines besonderen charakterlichen Aufwandes. Mir fiel gar nichts darüber ein, wenn ich sie besuchte, ich dachte an keine Gefahr für mich, ich blieb völlig unbefangen. Deshalb überraschte mich die Tatsache, daß die beiden Menschen von beinahe allen Freunden verlassen worden waren, auf das Schrecklichste. Dr. med. von Kaufmann war einstmals der Besitzer eines teuren Privatsanatoriums in Garmisch-Partenkirchen gewesen. Als Henny Porten bei ihm eine Erholungskur machte, fanden die beiden großen Gefallen aneinander. Der Arzt gab sein Sanatorium und seine Praxis auf, gründete die Henny-Porten-Filmgesellschaft und wurde ihr Geschäftsführer. Ihre prunkvolle Trauung feierten sie in der Kaiser-Wilhelm-Gedächtnis-Kirche. Und die fünf Bronzeglocken im eisernen Glockenstuhl dröhnten dazu. Sie waren aus französischen Kanonen gegossen, die 1870/71 erbeutet worden waren. Die größte und tiefste war auf D gestimmt und trug die Inschrift: »Die mit Tränen säen, werden mit Freuden ernten.« Die zweite Glocke war auf F gestimmt, und ihre Inschrift lautete: »Seid fröhlich in Hoffnung, geduldig in Trübsal, haltet an im Gebet.« Die dritte

war auf A gestimmt, und ihre Inschrift verkündete: »Sie haben mich oft gedrängt von meiner Jugend an, aber sie haben mich nicht übermocht.« Die vierte Glocke war auf B gestimmt. Ihre Inschrift: »Gott war mit uns, ihm sei die Ehre.« Die fünfte Glocke war auf C gestimmt. In ihrer Bronze war zu lesen: »Sei getreu bis in den Tod, so will ich dir die Krone des Lebens geben.« Herr von Kaufmann, der mir diese Kenntnisse vermittelte, lächelte mich an und meinte: »Was sagen Sie zu diesen Inschriften?«

Ich sagte: »Nichts.«

»Das ist auch das einzige, was man dazu sagen könnte«, fügte er hinzu. Aber er erinnerte sich mit großer Heiterkeit an den Augenblick, als er an der Seite der vergötterten, schönen Henny Porten aus dem Portal der Kirche auf die Freitreppe getreten war. »Ich glaube«, erzählte er, »die Menschenmenge, die uns draußen erwartete, war einen Moment lang furchtbar enttäuscht. Die guten Leute dachten, an der Seite von Henny Porten müsse nun der bestaussehende Mann der Welt erscheinen. Stattdessen wurde hinter ihr nur ein kleiner rundlicher Mann mit einem Vollmondgesicht sichtbar, der nach allen Seiten hin grüßend seinen Zylinder schwenkte.«

Allmählich wurde die Lage der beiden schrecklich. Entweder ließ sich Henny scheiden. Dann durfte sie weiterfilmen. Oder sie ließ sich nicht scheiden – dann ... In jedem Fall würde es ein Zusammenbruch, mochte sie sich entscheiden, wie sie wollte. Und ihr Mann gehörte nicht zu der Sorte, die sich drückte. Er bestand darauf, sich scheiden zu lassen, um seiner Frau den Weg frei zu machen. Henny lächelte nur. Auch sie gehörte nicht zu der Sorte, die sich drückte.

Sie spielte das größte und schwerste Spiel ihres Lebens. Sie vertraute auf den Eindruck ihrer Persönlichkeit und ihre Überredungsgabe. Und auf ihr schauspielerisches Talent, alle Register ziehen zu können. Auch überlegte sie – denn sie war eine kluge Dame –, daß es vielleicht doch nicht so einfach sei, sie zu vernichten. Denn ihr Ruhm war über Deutschland längst hinausgegangen. Und die Machthaber mußten mit dem, was ihnen an bedeutenden Talenten geblieben war, behutsam umgehen. Die Ausschaltung von Henny Porten wäre als ein Akt der Brutalität

erschienen, der ein vernichtendes Blitzlicht auf die Zustände unter Hitler geworfen hätte. Henny gewann das Spiel. Das Unwahrscheinliche geschah. Hitler griff persönlich ein, und unter dem Beifall von Göring und besonders dessen Frau Emmy geb. Sonnemann wurde mit dem Ehepaar Kaufmann-Porten eine Ausnahme gemacht. Die Reichskanzlei verfügte, daß das Ehepaar unbelästigt bleiben sollte und Henny weiterarbeiten dürfe. Zwar durfte der Ehemann nach außenhin nicht in Erscheinung treten. Er hatte gar kein Verlangen danach.
Nun aber begann Dr. Goebbels seinerseits sein Spiel zu spielen. Und es war ein teuflisch ausgedachtes Spiel. Herr von Kaufmann war bei der Berliner Gestapo eingeschrieben als ein »Nichtarier, der nicht abgeholt werden darf«. Jedoch wechselten die Gestapo-Leiter der zuständigen Stelle immer wieder, und jeder neue Mann versuchte, dem Doktor gefällig zu sein. Zu solchen Gefälligkeiten gehörte, wie die Burschen wußten, eine Durchkreuzung des Schutzes, den zum Beispiel Herr von Kaufmann durch Hitler und Göring erhielt. Immer wieder setzten diese Burschen einen Handstreich an. Mehr als einmal ereignete es sich, daß es an der Wohnungstür klingelte, während Frau Porten irgendwo in einem Filmatelier arbeitete. Wenn Herr von Kaufmann öffnete, standen draußen zwei abgehärmte Männer mit dem Judenstern am Rock. Sie hatten leere, ausdruckslose Gesichter, sie machten einen tief erschöpften Eindruck; Wesen stumpf und hoffnungslos.
»Wir müssen Sie mitnehmen, Herr Doktor.«
»Von wem kommen Sie?«
»Das wissen Sie doch, Herr Doktor«, sagte der Ältere müde.
Wilhelm von Kaufmann hatte Mühe, die beiden Todesboten für einen Augenblick in die Wohnung zu bekommen. Sie blieben stehen wie zwei Gespenster, sie sahen sich nicht um, sie interessierten sich für nichts mehr, sie waren längst tot. Der Doktor bat sie, solange zu warten, bis er mit seiner Frau telefoniert hätte.
Die beiden Männer schraken zusammen. »Gerade das ist uns verboten worden. Sie dürfen mit niemandem telefonieren. Sie müssen sofort mit uns kommen. Wir werden sonst sofort erschossen, wenn wir Sie telefonieren lassen«, flüsterte der andere. Aber Herr von Kaufmann hatte schon den Hörer abgenommen

und wählte die Nummer des Filmateliers. Die beiden Männer, die ihn abholen sollten, sahen sich schweigend an. Sie rührten sich nicht. In ihrem tiefsten Elend, die Todesdrohung vor den Augen, standen sie noch einem der Ihren in entscheidender Stunde bei, um ihn vor dem zu retten, vor dem sie selber nicht zu retten waren.

Der Doktor erreichte seine Frau. Die beiden wußten zu jeder Minute, daß sie trotz allen verbrieften Schutzes stets im luftleeren Raum lebten, und daß das Unheil zu jeder Stunde über sie hereinstürzen konnte. Denn die Gestapo ging ihre eigenen schrecklichen Wege, und sie arbeitete schnell.

Henny hörte kurz zu, dann ließ sie sich einen Wagen geben. Die Filmarbeit wurde unterbrochen.

Der Doktor wandte sich zu den beiden Toten: »Es muß ein Irrtum sein. Meine Frau und ich haben eine Ausnahmeerlaubnis von der Reichskanzlei und eine Verfügung des Ministers Göring.«

Einer der Unglücklichen antwortete: »Herr Doktor, das mag sein. Wir dürfen nun nicht länger warten. Wir haben den ausdrücklichen Befehl bekommen, Sie sofort mitzunehmen.«

»Und Sie mit niemand sprechen zu lassen,« wiederholte stumpf der erste. Der Doktor holte tief Luft, dann sagte er: »Und Sie geben sich dazu her, die Henker für Ihre Rassegenossen zu spielen.«

Der ältere der beiden sah auf, und ein Funkeln kam in seine erloschenen Augen: »Herr Doktor, wir sind auch unsere eigenen Henker. Sie können nicht wissen, in welcher Lage wir uns befinden. Wir geben uns nicht her dafür, wie Sie sagen. Wir werden dazu gepreßt. Und wir retten nicht einmal unser Leben deswegen.«

Der andere sagte nun, beinahe in einem Anfall von Befriedigung: »Wir gehen immer allein. Man gibt uns keine Begleitung mit. Wir werden nicht bewacht. Sie wissen, daß wir unsere Arbeit erledigen.«

Dem Doktor lag alles daran, die Sache solange hinauszuziehen, bis seine Frau ihre Sache erledigt hatte.

»Und wenn ich nicht mit Ihnen gehe?«

Der Ältere lächelte trübe: »Ach Gott, Herr Doktor, mit Gewalt

können wir Sie nicht mitschleppen. Dazu sind wir zu schwach. Man hat uns auch von Gewalt nichts gesagt. Wenn wir ohne Sie zurückkommen, leben wir eine Stunde später nicht mehr. Das macht nichts. Wir kommen so oder so dran. Und wir sagen uns: Es ist besser, wir erledigen solche Gänge, als wenn die Gestapo ihren SD schickt, verstehen Sie, was ich meine?«
Der Doktor nickte. Ihm stieg es würgend in die Kehle. Er sah die beiden an, die da mit blassen, ausgehöhlten und angsterfüllten Gesichtern vor ihm standen. Er wollte ihnen etwas anbieten, aber er war nicht imstande, auch nur ein Wort zu sprechen. Sie hatten das Furchtbarste auszuführen, was unter Leidensgefährten, vor Gott, vor dem Schicksal, vor der Welt und vor sich selber an unschuldigen Menschen getan werden mußte: Sie zum Tode abzuholen. Den Henker zu machen am eigenen Blut. Die Augen von Wilhelm von Kaufmann ruhten auf dem gelben Judenstern, den sie als Zeichen der Ächtung tragen mußten. Er selber brauchte diesen Stern nicht an seiner Brust zu befestigen, aber für ihn galten im übrigen dieselben Bedingungen wie für diese beiden. Er hatte den gleichen Ausweis. Dieser Ausweis verwehrte ihm den Besuch von Theatern, Konzerten und Filmen, er verwehrte auch das Ausruhen auf öffentlichen Bänken, er verbot den Einkauf von Lebensmitteln und Waren zu beliebigen Zeiten, er verbot das Halten eines Autos, er verwehrte alles und jedes, was lebenswert war. Es war ihm lediglich gestattet, innerhalb der eigenen Wohnung lebenzubleiben und spazierenzugehen. »Wir müssen jetzt mit Ihnen gehen«, sagte der eine.
Es waren Minuten, in denen es um Tod und Leben ging. Würde er jetzt mit ihnen gehen, befand er sich in den Fängen der Gestapo, denen keine Macht gewachsen war, nicht einmal Hitler. In diesem Augenblick klingelte das Telefon. Der Doktor, leichenblaß, hob den Hörer ab, dann flüsterte er zu den beiden hinüber: »Sehen Sie ...«
Am Telefon war die Reichskanzlei. Die Stimme eines hohen Beamten nannte sich mit Namen und sagte: »Ich wünsche einen der Gestapo-Boten zu sprechen.«
Der Ältere der beiden hörte zu. Dann legte er den Hörer beinahe ehrfürchtig lautlos in die Gabel zurück. Mit gesenktem Kopf verharrte er eine Weile, dann nickte er seinem Gefährten

zu. Beide verließen, ohne ein Wort zu sagen, ohne Abschied, die Wohnung. Unter der offenen Korridortüre stehend, hörte der Doktor ihre schwerfälligen, müden Schritte sich abwärts entfernen. Dann schloß er ab, ging ans Fenster und starrte lange in den winzigen Park hinunter, in dem Kinder spielten. Er war sich kaum bewußt, daß der kalte Schweiß ihm in unzähligen, kleinen Tropfen auf der Stirne stand. Herr von Kaufmann hat mir und seiner Frau von jedem dieser Besuche, die sich wiederholten, genau Bericht gegeben. Immer wieder, durch Monate und Monate hindurch warf die Gestapo ihr Lasso und versuchte, die Schlinge zuzuziehen. Und immer wieder, durch Monate und Monate hindurch entrann Wilhelm von Kaufmann durch seine Standhaftigkeit und Kaltblütigkeit und durch die unschlagbare Tapferkeit und Kühnheit seiner Frau den Überfällen der Lemuren.
Und dann kam der Krieg. Er änderte ihre Lage zunächst nicht. Jedoch war die Bedrohung um einen Schatten düsterer geworden. Denn es war als sicher anzunehmen, daß in Zeiten wie dieser sich die Reichskanzlei wenig um das Ergehen eines einzelnen kümmern konnte, auch wenn dieser unter ihrem besonderen Schutz stand. Und Hermann Göring, du lieber Himmel, der hatte in Karinhall, dem kostbarsten Landsitz Europas, genügend zu tun, um so zu tun, als ob er rasend viel mit seiner Luftwaffe zu tun hätte. In solchen Zeiten konnte die Gestapo ihre Reptilien ungestört arbeiten lassen. Indessen blieb das Ehepaar verschont. Aber es mußte eine andere widerwärtige Situation hinnehmen. Der Krieg riß Henny und ihren Mann mit allen anderen Bewohnern der Reichshauptstadt in die schrecklichen Nächte der Feuerfahnen, der Glutwimpel, der Phosphorfluten und der ungeheuren Brände. Sie mußten den Luftschutzraum aufsuchen. Und wie man weiß, hatten die Machthaber auch für diesen Fall, was die »Nichtarier« betraf, vorgesorgt. Sie hatten die tierische Bestimmung erlassen, daß »Nichtarier« keinen Zutritt zu dem allgemeinen Schutzraum hatten. Sie mußten sich abseits und unsichtbar für die anderen in irgendeiner Kellerecke in einem besonderen Verschlag aufhalten. Die Bewohner des großen Miethauses am Sachsenplatz waren menschlicher. Sie betrachteten den Doktor und seine Frau als einen Mitbewohner und niemals als einen Geächteten. Sie nahmen das Ehepaar in ihre Mitte.

Und der Arzt Dr. von Kaufmann lohnte es ihnen. In einer jener Höllennächte, als das Haus nahezu zerschmettert wurde und Phosphorschlangen lodernd in den Keller glitten, gelang es Wilhelm von Kaufmann und Henny Porten, ins Freie zu kommen. Und aus den Trümmern des halbverschütteten Kellers zerrte der Doktor vierunddreißig verstörte und verletzte Menschen durch ein Mauerloch in Sicherheit. Er schleppte sie hinunter zu dem winzigen Weiher, und hier versorgte er sie, verband sie, gab ihnen Betäubungsspritzen, richtete zur Not Brüche ein, lagerte sie richtig und tröstete sie... solange, bis die Sirenen der Krankenwagen hörbar wurden.

Hernach. Es muß gesagt werden, daß Frau Göring, geborene Sonnemann, mit Zähnen und Klauen für das Ehepaar kämpfte. Henny bekam mit ihrem Mann in Seddin eine Wohnung. Dann zogen sie weiter nach Neuruppin. Dann an die tschechische Westgrenze. Hier begann der letzte Abschnitt ihres Schicksals. Es war ihnen weiterhin, wenn auch nicht gütig, so doch gnädig, und es hätte ihnen Schlimmeres passieren können. Mit niemals versagender Tapferkeit nahmen sie es auf sich. Mit unzähligen anderen Menschen deutschen Geblütes mußten sie, von einer Stunde zur anderen, wie sie gingen und standen, flüchten. Sie flüchteten mitten im verzweifelten weinenden Strom der Gehetzten quer durch Norddeutschland zur Ostseeküste. Sie liefen wie alle um ihr Leben, und sie waren beide nicht mehr die Jüngsten. Sie wurden auf allen Straßen wie alle von Tiefffliegern gejagt. Und wie alle anderen hatten sie kaum zu essen, sie schliefen im Heer der Erschöpften den traumlosen Schlaf im Freien und sie verbargen sich vor den Hornissen der Luft und den Raubtieren aus den Dörfern in den Wäldern. Das einzige, worauf das Ehepaar sein zukünftiges Leben vielleicht bauen konnte, war der kleine schwere Lederkoffer, den Henny nicht aus den Händen ließ. Er enthielt das Kostbarste von dem vielen kostbaren Schmuck, den Frau Porten besaß. Dieser kleine Koffer wurde ihnen gestohlen. Nun hatten auch sie nichts mehr als die Kleider auf dem Leib. Sie blieben in der kleinen Stadt Ratzeburg im Lauenburgischen. Der Doktor versuchte, seinen ärztlichen Beruf wieder aufzunehmen. Henny versuchte, wieder Filmrollen zu bekommen. Aber sie hatten kein Glück mehr.

Sie sind nun tot. Wilhelm von Kaufmann starb zuerst, dann Henny Porten. Sie sind nicht, wie so viele andere, ermordet worden.
Aber ihrer beider Ende ist in größter Armut doch traurig gewesen.

Der Sachsenplatz aber ist wiedererstanden. Andere Leute wohnen nun dort. Der winzige Park ist nicht mehr da, kein Gebüsch blüht mehr, und kein Teich schimmert. Und nirgends singt mehr eine Nachtigall.

Marlene Dietrich und der Salon von Betty Stern

Wenn man von so vielen auffallenden Menschen spricht, denen man begegnet ist, so kann man doch nur mit wenigen von ihnen renommieren, die sich Weltruhm erworben haben. Und wenn man mit ihnen renommiert, kann man höchstens sagen, man habe sie gekannt, mehr oder weniger, näher oder weiter. Marlene Dietrich kannte ich flüchtig aus ihrer unbekannten Aera, als eine kleine Schauspielerin. Ich kannte sie durch eine gemeinsame Freundin, die auch eine kleine Schauspielerin war. Auch sie hatte alle Gaben zum Weltruhm, aber sie wurde in den Matrikeln der Großen niemals geführt. Zu jener Zeit war niemand von uns darauf gefaßt, daß Marlene Dietrich auf den Schwingen eines märchenhaften Schicksals aufsteigen würde in den Himmel aller Großen, den Ruhm der Welt.
Sie war eine sehr hübsche Blondine, wunderbar gewachsen, mit einem ebenmäßigen, glatten, schönen Gesicht, darin die leicht hervorstehenden Backenknochen auf ihr Sternzeichen, den Skorpion, hinweisen. Die beste ihrer Eigenschaften war schon damals eine angenehme Natürlichkeit und Unbefangenheit, und niemals entdeckte man Gekünsteltes an ihr. Ihre stets etwas heisere Stimme ließ vermuten, daß sie es im Tonfilm zu nichts bringen könne.

Ich traf Marlene wieder, nach Jahren, als sie zum ersten Mal nach ihrer unglaublichen Karriere in Hollywood Berlin besuchte. Ich traf sie im »Salon« von Betty Stern. Der Salon von Betty Stern war eine Eigentümlichkeit, die schwer zu beschreiben ist. Also machen wir uns daran, sie zu beschreiben. Der Salon von Betty Stern, das waren zwei Zimmer mittlerer Größe. Diese zwei Zimmer befanden sich im zweiten Stock eines bescheidenen dreistöckigen Miethauses. Dieses Miethaus lag in einer bescheidenen Seitenstraße der Martin-Luther-Straße.

Der Salon war ein Salon durch das Phänomen Betty Stern. Dieses Phänomen ist nicht zu erklären. Also machen wir uns daran, es zu erklären. Betty Stern war klein, rund, brünett, rotbäckig, mit einem großen Mund, schönen Zähnen, einer wirren Frisur, einer überlauten, durchdringenden Stimme und einer Unbekümmertheit ohnegleichen. Sie kannte keine Diskretion, keine halblaute Stimmung, keine Zurückhaltung, sie war immer atemlos. Ihre Gutherzigkeit und blinde Hilfsbereitschaft schrieen zum Himmel. Sie war bereit, jedermann in jeder Sache auf jede Weise unverzüglich zu helfen, wenn eine Sache einwandfrei war. Und wenn diese Sache nicht gerade ein Muster von Tadellosigkeit schien, wandte sie ihre ungeheure Pfiffigkeit mühelos auf, um erstens der Sache das richtige Gesicht zu geben, und zweitens den, der in der Tinte saß, herauszuholen. Sie kannte in Theater, Film, Literatur und Presse nahezu alles.

Was ihr Privatleben betrifft, so war sie verheiratet. Wenn in ihrem Salon, den sie nur nachmittags öffnete, gegen Abend das heftigste Gewühl tobte, erschien, völlig unbemerkt, ein kleiner, runder, bescheidener, stiller älterer Mann mit einer goldenen Brille. Er versuchte, den oder jenen der Prominenten höflich und zuvorkommend anzusprechen, aber die Prominenten steckten unentwegt in erregten Gesprächen und hatten weder Zeit noch Ohr noch Auge für ihn. Es war Gustav, der Hausherr, seines Zeichens Einkäufer in einer Textilfirma. Er stand dann zufrieden irgendwo herum und beobachtete diesen schrillen Jahrmarkt. Zwischen allen den Menschen fegte ein zehnjähriges rabenschwarzes Teufelchen umher, hing sich in aller Arme, wurde von jedermann zerstreut gestreichelt und mit einigen kindischen Worten bedacht. Das war Betty Sterns Töchterchen Nora.

In diesem Salon wurden Freundschaften gegründet und Liebschaften aufgebaut, wurden Ehen geschlossen und Geschäftsverbindungen geknüpft, wurden ungezählte Versprechungen gemacht und gebrochen, wurden Freundschaften zerstört und wieder geflickt, wurden Liebschaften zermürbt und zwischen anderen Partnern wieder erneuert, wurden Ehen vernichtet, die ohnehin schon längst des Vernichtens wert gewesen wären, wurden Geschäftsverbindungen gelöst und mit anderen Teilhabern wieder aufgefrischt, in diesem Salon fand sich das konzentrierte musische Berlin zusammen. Das Rätsel war, daß Betty Stern in gar keinem Sinne eine überragende Persönlichkeit gewesen ist. Sie vermochte keine geistige Unterhaltung mehr als einige Minuten durchzuhalten. Sie wußte wenig. Aber sie kannte alle und sie kannte die Beziehungen aller zu allen, sie kannte die Geheimnisse aller und deshalb wußte sie mehr als wir anderen alle.
Es gab natürlich Menschen, die diesen Rummelplatz um keinen Preis besuchten. Und eines Tages tauchten sie doch hier auf. Denn hier trafen sie jedermann, den sie sonst vergeblich gesucht hatten. Betty war natürlich nicht imstande, diese Nachmittage auszustatten. Deshalb brachte jedermann etwas mit. Viel Alkohol in jeder Form. Viel Süßigkeiten in jeder Form. Wir machten uns niemals, keiner von uns allen, Gedanken darüber, daß unsere Betty keineswegs eine Rahel von Varnhagen war. Wir liebten sie alle miteinander so, wie sie war; wir kamen hin, so oft wir nur konnten; wir amüsierten uns köstlich über alle und jeden, auch über uns selber. Aber es kann sein, daß wir deshalb immer so fröhlich waren bei Betty, weil wir nichts ernst nahmen, weder Betty noch ihren Salon noch die Besucher noch uns selber. Es war eine Inkarnation der reinen unbeschwerten Heiterkeit.
Betty Stern mußte auswandern, und es wird berichtet, daß ihr Mann früh starb, daß sie mit ihrem Töchterchen Unsägliches in vielen französischen Lagern durchmachte, und daß sie schließlich nach Paris kam. Hier gründete sie eine Theater- und Filmagentur. Heute ist Betty tot und ihre große Zeit auch.

In diesem Salon also traf ich Marlene Dietrich wieder, als sie aus Hollywood kam und Berlin besuchte, die Stadt ihrer Träume und erfüllten Wünsche. An diesem Nachmittag war natürlich bei

Betty der Teufel los. Marlene ist da! Theaterleute, Filmleute und Presseleute wogten, tobten und jagten hysterisch durcheinander. Das heißt, von wogen, toben und jagen konnte keine Rede sein! Dicht gepreßt standen in den beiden kleinen Zimmern die Götter und Göttinnen, die Halbgötter und Halbgöttinnen und der Plebs zusammen oder saßen auf den niedrigen Stühlchen und wechselten mit erhitzten Gesichtern Gespräche. Über Köpfe hinweg unterhielten sich Bekannte in Urlauten, und durch dieses Treibhaus von Berühmtheiten und ihren Trabanten zwängte sich wie eine Siegesgöttin, wie eine triumphierende Furie, hochroten Gesichtes, funkelnden Auges, lodernd vor Stolz: Betty, Marlene hinter sich herziehend, und bisweilen hörte man in dem Tumult Bettys grellen Sopran: »Marlene, darf ich dir Herrn Soundso vorstellen? Marlene, kennst du eigentlich hier Fräulein Dingsda? Marlene... Marlene...« (Selbstverständlich war Betty Stern mit Marlene per du. Mit wem nicht?)

Ich stand gesichert vor Gesprächen an eine scheußliche Bronzestatue gelehnt. Sie verdeckte mich halb. Ich konnte das Schlachtfeld der Eitelkeit, ganz in mich versunken, ungestört und weithin überblicken. Ich betrachtete mir den Kometen, der da in frischem Weltruhm erglänzte, nachdenklich. Sie war noch schöner geworden. Der Erfolg hatte alles an ihr wunderbar weitergeformt. Ich fand sie so schön, daß es mich ergriff. Ich verspürte jene unbestimmte Wehmut, jenes geisterhafte, ungreifbare Heimweh, das jede vollkommene Erscheinung immer in mir auslöst, jedes vollkommene Kunstwerk zum Beispiel. Und Marlene Dietrich war ein vollkommenes Kunstwerk geworden, dabei aber ganz und gar unverfälschte Natur geblieben. Das etwas blasse, mit Ausnahme der purpurrot geschminkten Lippen unbemalte reine Antlitz war ein Gesicht, wie aus untadeligem Alabaster, wenn dieser verschollene Vergleich erlaubt ist. Ihre unwahrscheinlich großen Augen mit den langen natürlichen Wimpern und den immer halbgesenkten Lidern hatten einen leicht ironischen Ausdruck. Das gefiel mir außerordentlich. Es war der Beweis, daß der Ruhm sie hatte nicht überschnappen lassen. Und die Ironie, mit der sie jeden betrachtete, der auf sie einsprach, diese Ironie war gutmütig.

Marlene war immer gutmütig gewesen. Und der Ruhm hatte sie nicht, wie so viele Frauen, boshaft gemacht. Vielleicht lag es daran, daß sie wieder in Berlin war, in dieser erbarmungslosen riesigen Stadt, in der sie so lange völlig unbeachtet gelebt und gearbeitet hatte und die sie inbrünstig liebte. Obgleich in Berlin niemand ihre Karriere verursacht hatte. Ein kleiner unscheinbarer Amerikaner, der Regisseur Sternberg, der aus Hollywood gekommen war, um sich den deutschen Ufa-Betrieb anzusehen, dieser kleine stille Mann mit dem schütteren Bärtchen, der leisen Stimme und dem sicheren Instinkt des Könners hatte die ganz unbekannte Schauspielerin mit einem einzigen Griff als Partnerin für Emil Jannings in »Der blaue Engel« aus der Masse hervorgeholt. Er akzeptierte sofort und ohne ein Wort darüber zu verlieren, zum Entsetzen aller Experten ihre rauhe Stimme. Dieser große Menschenkenner und Publikumskenner erkannte, daß diese heisere Stimme einen unglaublich erotischen Zauber haben konnte, und er sorgte dafür, daß dieser Zauber zur Geltung kam. Und dann wanderte Marlenes Lied durch die ganze Welt: »Ich bin von Kopf bis Fuß auf Liebe eingestellt . . . « Sie knisterte vor Sinnlichkeit. Sie war Nike persönlich, die Göttin des Sieges.
Und sie wußte, daß sie gesiegt hatte. Deshalb lag auch an diesem Nachmittag im Salon von Betty Stern in ihrem ganzen Wesen von innen her etwas Glückliches, Schönes und Vollkommenes. Alle Menschen, von denen sie in Berlin einst nie beachtet worden war, umstanden sie nun wie eine brennende Fackel und erglühten in Bewunderung. Marlene hatte sich drüben den Ruf eines blasierten Stars zugelegt, eines Snobs. Sie trug gerne Männerkleidung, am liebsten den Frack. Er stand ihr am besten. Aber all dieses fiel jetzt von ihr ab. Ihre natürliche Gutmütigkeit und Heiterkeit brach inmitten der alten Bekannten mit Vehemenz durch. Sie lachte, schwatzte, gab sich wie sie war, mit und ohne Koketterie, herrlich gelaunt, liebenswürdig, kichernd und liebenswert wie ein Mädchen auf seinem ersten Ball.
Unsereiner, der den Rummel auf den Schauplätzen der Künste auswendig kannte, der keine Autogramme sammelte, keine Fotos an seine Zimmerwände hing, keinen Berühmtheiten sich aufdrängte, unsereiner kannte die Kehrseite ebenso genau. Wir von der Presse schritten, wenigstens die meisten von uns, ohne Ban-

gen und ohne Erwartungen durch diesen Dschungel. Wir flogen auch kaum auf Kometen aus Hollywood. Aber auf diese schöne Person flogen wir alle miteinander. Sie war es wert. Ich fand übrigens, daß sie einen bestrickenden menschlichen Zauber ausübte. Und als Frau war sie unschlagbar. Sie trug an diesem Nachmittag (und wahrscheinlich immer) ein so verdammt ausgeschnittenes Kleid, daß ich in meinem verborgenen Winkel mit Sicherheit erwartete, im nächsten Moment würde eine ihrer wunderbaren schneeweißen Brüste aus dem Halter gleiten. Oder alle beide. Und dann entdeckte sie mich in dem Wirbel berauschter Leute. Wir hatten uns nie näher gekannt. Und ich hatte mich inzwischen keineswegs zu einer so gewaltigen und eindrucksvollen Persönlichkeit entwickelt, daß ich ihre Aufmerksamkeit erregt hätte. Auch machte sie niemand auf mich aufmerksam. Wozu auch? Warum auch? Sie schob sich zu mir heran. Wir lächelten uns zu, und ich wußte, daß sie sich erinnerte, wer ich war.
»Wie geht's, wie steht's, mein Lieber?« Es war eine jener gängigen Fragen, mit denen man an fremden Leuten, deren Namen man kennt, vorüberwandert. Ich antwortete nicht.
Sie sah mich etwas unsicher an und warf die blonden Haare heftig aus der Stirn. Wahrscheinlich war ich der einzige, den sie an diesem Nachmittag angesprochen hatte und der ihr keine bewundernde Antwort gab.
Mein Gott, wie vollkommen schön war dieses Geschöpf!
Sie sagte: »Um Himmels willen, wo könnte man hier ungestört sprechen?«
»Hier nirgends«, sagte ich, »aber wir nehmen eine Flasche Kognak und setzen uns draußen im Treppenhaus auf eine Stufe zum oberen Stock.«
Der Einfall schien ihr außerordentlich zu behagen. Wir desertierten, und die Flucht gelang uns. Wir setzten uns nebeneinander auf eine Stufe. Und als ob es zu ihren absolut notwendigen Lebensäußerungen gehörte, zog sie den Rock höher, um gelöster auf der niedrigen Stufe sitzen zu können. Sie hatte so herrliche Beine, daß man verführt wurde, zu behaupten, das eine ihrer Beine sei ein Beweis für die Existenz Gottes und das andere ein Beweis für die Existenz des Teufels. So oder so, es waren vollkommene Beine, göttlich und teuflisch zugleich. Mir schien es

weiter keine Perversität, wenn die Leute, sobald sie von Marlene sprachen, nur ihre Beine meinten. Es wäre lächerlich, wollte ich vermuten, daß die kleine Vertraulichkeit, hier mit ihr abseits vor der Korridortüre zu sitzen, meiner Person zuzuschreiben war. Wahrscheinlich galt sie der Erinnerung an jene alten Zeiten, in denen wir bekannt miteinander waren und eine gemeinsame Freundin hatten.
Da saßen wir nun also, sie mit hochgezogenen Knien am Geländer und ich an die Wand gelehnt.
Wir genehmigten uns einen Schluck aus der Flasche. Dann fragte ich kurzerhand:
»Nun, Marlene, wie schmeckt der Weltruhm?«
Sie lächelte nicht. Sie drehte die Kognakflasche nachdenklich in ihren schlanken Händen, dann antwortete sie langsam: »Wissen Sie, er kam etwas zu spät.«
Ich starrte sie verblüfft an.
Sie sagte: »Ich hatte es hier in Berlin als kleine Schauspielerin sehr schwer. Vielleicht wissen Sie das. Es hätte mir viel, sehr viel erspart bleiben können. Vielleicht wissen Sie das nicht. Sie werden nicht gleich etwas darüber schreiben, nicht wahr? So richtig glücklich macht mich das Berühmtsein nicht mehr. Komisch, nicht wahr? Natürlich ist es sehr schön und ich bin nicht undankbar. Und es ist mir auch recht so. Schon wegen Heidede.«
Heidede war ihre kleine Tochter. Ihr Mann war ein Herr Sieber, das vollkommenste männliche Exemplar von Takt, Zurückhaltung und Diskretion, von dem ich jemals gehört habe. Ich kannte ihn nicht.
Ich sah Marlene an. Für einen kurzen Augenblick hatte eine unverhüllte Seele gesprochen, und ein kluger Mensch war sichtbar geworden bis auf den Grund seines Wesens. Jenseits und weltenfern jeder Pose.
Wir schwiegen.
Was sollte ich sagen? Ich wußte genau, was sie gemeint hatte. Von den vielen erfreulichen Dingen, die das Schicksal uns gelegentlich zu bescheren geruht, kommen so viele zu spät. Man vermag sich der Freude und dem Glück darüber nicht mehr so ganz hinzugeben.

Und jetzt wurde mir auch klar, warum Marlene als blasiert und als versnobt galt und wo ihre vielbelästerten Exzentrizitäten ihren Ursprung hatten. Sie waren nichts anderes als ein Ventil für eine gewisse Freudlosigkeit.
Neben mir saß ein wunderschöner, aber ermüdeter Mensch. Ich fragte sie nichts, obwohl ihre Vertraulichkeit zu Fragen aufmunterte. Ich brauchte auch nicht zu fragen. Es konnte sein, daß ich jetzt alles von Marlene wußte, und es konnte sein, daß ich gar nichts von ihr wußte. Das ist kein Widerspruch.
Wir wollten nun gleichzeitig von diesem Thema los und begannen, uns über gewisse alte Freunde zu unterhalten. Aber immer wieder fragte ich mich, als ich sie so aus allernächster Nähe betrachten konnte, wieso sie so lange in Berlin unbeachtet gearbeitet hatte. Ich kam zu dem Schluß, daß ihre eigentümliche, unbegreifliche Schönheit und die übermächtige erotische Aura, die um sie war, erst zu jener Stunde ihre unüberwindliche und volle Heftigkeit und Macht bekam, als jene Stunde ihre Stunde war, als ihre Schicksalsstunde kam: der richtige Tag, die richtige Umgebung, die richtige Stimmung und vor allem der richtige Mensch. Jener Mensch, der in der geheimnisvollen Apparatur des Schicksals auf den richtigen Knopf drückte, so daß alle Scheinwerfer, alle Lampen und alle Strahlen plötzlich zu einem Brennpunkt gesammelt auf dieses Geschöpf fielen.
Von unten kam die schrille, vor Neugier sich überschlagende Stimme von Betty.
»Ihr zwei beide da oben! Da ist wohl ein Flirt im Gange, was?«
Nein, es war kein Flirt im Gange. Für Dilettanten des Lebens, junge Männer und Anfänger in der Liebe sei hinzugefügt, daß jeder Flirtversuch kindisch und idiotisch gewesen wäre. Denn über unserer Treppenstufe hing unsichtbar ein Schild in Brandmalerei unserer Großmütter mit der großartigen Formel unserer Großväter: »Die Sterne, die begehrt man nicht, man freut sich ihrer Pracht.«
Ich freute mich ihrer Pracht. Betty kam lärmend zu uns heraufgekeucht und setzte sich zu uns. Sie deutete auf Marlene: »Ist sie nicht wunderbar.«
Ich sagte: »Sie ist wunderbar.«

Ich habe Marlene Dietrich niemals wiedergesehen. Und immer, wenn ich später von ihren schrulligen Allüren und Exzentrizitäten hörte und von ihren Extravaganzen las, erinnerte ich mich an die Treppenstufe zum dritten Stock bei Betty Stern. An diese schöne, sieghafte, aber unruhige Person mit ihrer gutherzigen, aber ewig unruhigen Seele, nichts für prüde Menschen, nichts für Puritaner, nichts für schwache Nerven, nichts für solide Gemüter, nichts für Familien.
Sie war aus einem Guß.
Natürlich war sie eine Hexe, übriggeblieben aus alten, uralten Zeiten, ein blonder Vamp, und diesen Typ spielte sie ja auch beinahe in jedem Film, und sie spielte ihn mühelos, eben weil sie eine Hexe war. Sie hat Generationen Männer von der Leinwand herunter glücklich gemacht. Welche Frau kann das von sich sagen? Nur noch wenige. In dieser Welt der Fertigwaren ist sie heute noch eine Originalarbeit, Handarbeit des Schicksals.
Noch als Großmutter berückt sie, diese Orchidee unter den großen Schauspielerinnen der Welt.

Renate Müllers Aufstieg

Wir waren am Berliner Tageblatt 92 Redakteure. Ein Stab ohnegleichen. Diese jungen, älteren und alten Männer waren, zusammengenommen, ein Wunderwerk an Organisation, Präzision und Zuverlässigkeit. Und sie waren es ohne Konferenz. Wir hatten keine Konferenzen. Der internationale Geist des Chefredakteurs Theodor Wolff hielt diese Gemeinschaft so zusammen, daß jeder am gleichen Strick zog. Wir hatten keine Intriganten unter uns. Nicht einmal Streber. Unter uns waren ernst gestimmte und heiter gestimmte Instrumente, laute und stille, hastige und gelassene. Das Ganze ergab ein Orchester von reinstem Klang. In der politischen Redaktion arbeitete der Kollege Dr. Karl Eugen Müller. Ein mittelgroßer, stämmiger, sehr breitschultriger robust aussehender Mann mit rotblondem Haar und kurz ge-

stutztem Schnurrbart. Im linken Auge funkelte ein Einglas. Daß einer vom BT ein Monokel trug, erscheint außergewöhnlich, denn dieses Augenglas galt gemeinhin als ein Überbleibsel aus feudalen Zeiten bei feudalen Leuten oder solchen, die es scheinen wollten. Wir vom Feuilleton kannten ihn nicht näher. Unter den vielen Redakteuren der Zeitung bestand kein enger persönlicher Kontakt. Warum, weiß ich nicht. Es hat dem Blatt keinen Schaden getan. Dafür pflegten aber alle miteinander ohne Ausnahme mit einer besonders ausgeprägten Höflichkeit, Zuvorkommenheit und Kollegialität zu verkehren. Eine äußerst angenehme Loyalität herrschte im Hause. Ein guter Ton regierte. Man verstand sich großartig ohne viel Worte. Und wer etwa versucht hätte, durch Ehrgeiz, Neid oder Starmanieren einen falschen Akkord anzuschlagen, der hätte sich ganz unmöglich bei uns halten können. Dem einzelnen unbewußt, war es die große und überragende Persönlichkeit des Chefredakteurs, der die Haltung der Gesamtredaktion und des einzelnen bestimmte. Jedes Ressort arbeitete unter der Leitung seines Chefs und unter dessen eigener Verantwortung. Es war glatteste Zusammenarbeit, und alle diese an sich merkwürdigen und ungewohnten Umstände verschafften der Zeitung ihren wirklich einzigartigen Platz nicht nur in der deutschen Presse. Meinungsverschiedenheiten wurden lautlos im Handumdrehen erledigt. Das letzte entscheidende Wort sprach der Chef. Und oft brauchte er es nicht einmal auszusprechen. Er erledigte die Sache mit einem flüchtigen ironischen Lächeln. Er war für uns alle ein Vorbild tadelloser Manieren. Und seine lange Tätigkeit als Korrespondent der Zeitung in Paris mag ihm jene Leichtigkeit, Souveränität und jenen geistigen Charme gegeben haben, womit er das Weltblatt großzügig leitete. Er verschaffte ihm hohen Rang. Und er führte es mit einer Unabhängigkeit vom Verleger, die wohl ohne Beispiel war und ohne Beispiel bleiben wird.
Es war eine herrliche Zeit und ein Paradies der Arbeit, der Garten Eden für Journalisten.
Jenen Dr. Karl Eugen Müller nun mochten wir alle seiner Ausgewogenheit und Ausgeglichenheit, seiner ruhigen und stets gelassenen Art wegen gern. Eines Vormittags kam er in mein Zimmer, nahm das Einglas aus dem Auge, klemmte es wieder

fest und sagte zu meiner Überraschung: »Hören Sie mal, ich habe gehört, Sie tanzen gern. Meine beiden Töchter geben am Samstag ein gewaltiges Atelierfest. Wenn Sie Lust haben, kommen Sie hin.«
Ich hatte bis dahin keine Ahnung gehabt, daß der Kollege Dr. Müller Töchter hatte. Ich dachte sofort, es müßten hübsche Töchter sein. Denn sonst wäre Dr. Müller mit seinen Einladungen sparsam gewesen. Ich sagte blindlings zu. Denn damals war in Berlin die große Zeit der Budenzauber, der Kostümfeste und besonders der Atelierfeste, und dafür war ich immer zu haben. Und wenn es mir bei Müllers nicht gefiel, konnte ich noch immer zu Meiers oder zu Schultzes gehen, es war überall an jedem Abend etwas los.
Das Atelierfest bei Müllers war großartig. Es hatte das gewisse Etwas, das man lange nicht bei allen solchen Abenden vorfand. Dieses gewisse Etwas war stets das Entscheidende. Es kam meistens von den Gastgebern und verbreitete unverzüglich vom ersten Moment an gute Laune und Heiterkeit. Bisweilen brachte es auch ein genialer Gast fertig, in an sich langweilige Feste Elan hereinzubringen. Aber das blieb eine Seltenheit, denn Genies sind rar, auch auf diesem Felde.
Die beiden Müllerstöchter Gabriele und Renate strömten gute Laune und Zutraulichkeit und Unbekümmertheit und Herzlichkeit mit solcher Heftigkeit aus, daß es Überwindung kostete, nicht kurzerhand aller beider Lippen zu küssen, ganz egal, was es dabei absetzen konnte. Sie kennenzulernen, machte die nachglühende Schönheit vieler versäumter Augenblicke wieder gut. Karl Eugen Müller seinerseits hatte jedem Gast strikt verboten etwas mitzubringen, er hatte selber für auserlesene Getränke gesorgt, und in solchen Auslesen war er ein anerkannter Fachmann. Des lauten Lobes war kein Ende. Und auch des Tanzens war kein Ende. Gleich bei der ersten jungen Dame, die ich aus dem Gewühl griff, erschrak ich ein bißchen. Sie hatte nichts an. Das heißt, sie hatte doch etwas an, denn so zügellos ging es bei Müllers nicht zu. Aber die schlanke Schönheit, mit der ich tanzte, nein, sie konnte einfach nichts anhaben. Aber sie hatte doch etwas an. Etwas Purpurrotes. Doch es war so dünn, daß sie einfach nichts anhatte, wenn man mich recht verstehen will. Und sie

tanzte so eng, daß mir Hören und Sehen verging, obwohl mein Beruf mir Hören und Sehen zur ersten Pflicht machte.
Dazu gehörte sie zu jenen rasanten Geschöpfen, die so schnell und atemlos reden, daß sie sich nie selber zuhören. Ich vermute, daß dieses süße Höllengeschöpf keine besonders schwer zu nehmende Zitadelle an Keuschheit war. Jedoch gab sie sich mit solcher Anmut und Unbefangenheit, daß sie den Anstand in mir nicht blockierte.
Dann holte ich mir, nach Luft schnappend, Renate, das jüngere Müllerstöchterchen. Ich sah sie zum ersten Mal. Sie war eine Schönheit, wunderbar gewachsen, mittelgroß, von zarter Üppigkeit der Formen, wenn es so etwas wie zarte Üppigkeit überhaupt geben sollte, sie war vergnügt, sie war außerordentlich witzig, sie war sehr klug, sie hatte alle meine Aufsätze gelesen, wovon ich ihr kein Wort glaubte. Und sie hatte etwas an. Gabriele, die Ältere, war dunkelhaarig mit Augen wie Blendlaternen und der erloschenen Stimme einer verlorenen Seele. Aber diese verlorene Seele sagte wunderbare Dinge, und wenn ich nur drei ihrer Sätze behalten hätte, wäre ich als Schriftsteller ein gemachter Mann.
Wie bei allen solchen Festen wurde jeder mit jedem für diesen Abend per du. Das hatte weiter nichts auf sich. Einzelne stillose Kumpane pflegten am anderen Tag und für alle Zeiten dieses Du beizubehalten. Unsereiner wußte, was sich gehört.
Ich fragte Renate: »Was tust du eigentlich so im Leben?«
Sie sah mich geradezu erschrocken an: »Das weißt du nicht? Das hat Vater dir nicht gesagt? Ich bin Schauspielerin bei Jessner am Staatstheater.«
Ich sagte: »Ach du meine Güte.«
Ich traue nämlich Schauspielerinnen nicht über den Weg. Ich war und bin mit vielen befreundet. Aber ich traue keiner.
Renate sagte: »Ich bin natürlich noch nichts. Ich bin eine Null. Aber in ein paar Tagen haben wir Premiere. Und da hat mir Jessner, der Gute, eine kleine Rolle gegeben, meine erste Rolle.«
Ich sagte: »Jessner, der Gute.«
Ich sagte: »Hoffentlich kannst du was.«
»Wer schreibt bei euch die Kritik?« fragte sie und sah mich erwartungsvoll an.

»Ich nicht.«

Ich wußte übrigens nicht, wer die Kritik schreiben würde. Entweder war es unser Höllenhund Alfred Kerr oder unser herzensguter Fritz Engel.

Ich sagte: »Glaubst du, daß du etwas kannst?«

Sie lachte etwas zerfahren. »Du bist gut! Ich bin eine besessene Schauspielerin. Weißt du, was das heißt? – Das heißt, daß ich sogar, wenn ich nichts könnte, glauben müßte, daß ich etwas kann. So verrückt bin ich.«

Ich sagte: »Du meine Güte!« Denn alle Schauspielerinnen waren verrückt. Ich sagte: »Und was hast du in deiner Rolle zu tun?«

»Ein paar Sätze zu sprechen. Und dann muß ich ein bißchen tanzen.«

Ich sagte nichts. Es war zu wenig, als daß man hätte etwas sagen können. Plötzlich fuhr sie mich an und kniff mich in den Arm: »Glaubst du, Kerr geht hinein?«

Ich wußte es nicht, aber ich begriff das Schwergewicht dieser Frage. Unser aller herzensguter Fritz Engel war der Senior in der Theaterkritik, ein älterer milder, sehr korrekter, sehr liebenswürdiger Kollege. Seiner ganzen Wesensart nach räumte er in den Theatern und unter den Ensembles nicht mit dem Flammenwerfer auf, noch sang er gewaltige Hymnen mit Orgelwucht. Alfred Kerr aber mit seinem brennenden Temperament, mit seinem wütenden Elan, mit seiner glühenden Unbedingtheit war das große Kritikergenie des ganzen Reiches, ein Klassiker, wofür ich ihn heute noch halte und immer halten werde. In seinen leidenschaftlichen Händen konnten Leben oder Tod, Triumph oder Vernichtung eines Stückes liegen, und er war das schwarze oder das heitere Los der Schauspielerschaft. Seine ätzende Ironie (der Kern seiner Begabung), seine profunde Sachkenntnis und ein traumhaft sicherer Instinkt für Talente, Halbtalente, Bluffer und Nichtskönner waren unangreifbar und wurden nur von Schwächeren seines Berufes bestritten. Seine unbekümmerten, oft von neuen Worten und Begriffen, die es bisher in deutscher Sprache nicht gegeben hatte, funkelnden Lobgesänge vermochten sozusagen über Nacht eine unerwartete Karriere zu begründen.

Das wußte ich, das wußte Berlin, das wußte jedermann, und das wußte auch Renate Müller.

Sie sagte: »Ich wollte, Kerr ginge hinein.«
Ich sagte ziemlich zögernd: »Hör mal, du Schlange, ich werde mich erkundigen, ob Engel oder Kerr die Kritik schreibt. Und wenn ich dich anrufe und sage: Es ist Kerr, und du bekommst Zustände, ist das deine Sache.«
»Zustände habe ich sowieso.«
»Dann bist du abgehärtet.«
Wir standen aus der Ecke auf, in der wir uns unterhalten hatten, nur gestört von den Liebkosungen, denen sich dicht bei uns zwei junge Leute hingaben. Da die beiden jungen Menschen sehr schön waren, fand ich das ganz in der Ordnung. Schöne Menschen dürfen sich liebkosen, auch wenn man es sieht. Das rabenschwarze Mädchen übrigens, das sich den Händen des Jünglings so anmutig überließ, würde heute Greco heißen. Aber vielleicht ist sie heute Oma in Lübeck oder sonstwo.
Ich blieb plötzlich stehen und sah mich um.
»Verdammt noch mal«, sagte ich, »habt ihr alle so schöne Brüste?«
Renate sagte: »Ja, alle.«
Rings um mich entdeckte ich nämlich in diesem Moment, daß alle Mädchen und Frauen hier auserlesene Busen besaßen. Auch Renate – auch Renate. Ich grübelte, während wir tanzten. Ich hätte gern irgend etwas für Renate getan. Aber was? Ich dachte, wenn sie auf der Bühne denselben Charme zeigt, den sie hier hat, wenn sie auf der Bühne genauso landfrisch, so hübsch aussah, wenn sie genauso natürlich und unbefangen blieb wie an diesem Abend, dann mußte vielleicht diese wirklich reizende Person auch in einer kleinen Rolle Erfolg haben. Wenigstens einen kleinen, wenigstens ein bißchen.
Und Alfred Kerr behielt oft Kleinigkeiten, die ihm gefallen hatten, im Gedächtnis, Kleinigkeiten, die schwachen Kritikeraugen nicht auffallen. Daß ihm solche Kleinigkeiten auffielen, war Glücksache.
Ich grübelte, Renate an meinem Herzen, während wir tanzten. Und ich grübelte lange.
»Es ist hübsch, daß du nichts sprichst, während wir tanzen«, sagte die Müllerstochter.
»Oh Gott«, sagte ich, »rede um Himmels willen bloß nicht so viel.«

Ich war mit mir einig geworden. Ich hatte mich zu einer ganz und gar unausdenkbaren, unmöglichen und lebensgefährlichen Unternehmung entschlossen, wobei ich an das uralte Wort dachte: Schlage dich nur tapfer durch, wer auch dabei geschlagen werde. Meine Freunde, haltet die Luft an!

Am anderen Morgen, dem Tag der Premiere, ging ich einen Stock höher. In das kleine Zimmer, in dem der Dr. Kerr seine Korrektur zu lesen pflegte. Bürostunden hatte er natürlich nicht. Er kam und ging und mit ihm das Schicksal so mancher Leute.

Ich hatte überlegt. Ich baute leichtsinnig auf die fragwürdige Tatsache, daß ich vermuten konnte, Kerrs sachliche und persönliche Sympathie in bescheidenem Umfange zu besitzen, ob verdient oder unverdient, war gleich. (Die Geschichte, nach der er mir das Du anbot, hat sich erst später zugetragen.)

Also nun.

Seine ärgerliche Stimme: »Herein!« Er war immer ärgerlich, wenn man ihn beim Korrekturenlesen störte. Ich schluckte ein paarmal, dann sprang ich mit einem Hechtsprung in das Unmögliche.

»Herr Doktor Kerr, ich möchte Sie korrumpieren und bestechen.«

Er wandte den Kopf, senkte ihn etwas und sah mich über den Rand seiner Lesebrille an, dann legte er den Bleistift auf den Tisch.

»Setzen Sie sich und legen Sie los.«

Ich setzte mich auf den äußersten Rand des Stuhles und legte los. Und wieder einmal merkte ich, daß ich einen »guten Tag« hatte. Ich erzählte Doktor Kerr alles, was auf dem Atelierfest passiert war. Ich erzählte bis zum gefährlichen Ende.

»Sie tanzt wundervoll«, schloß ich. Dabei hatte ich das Gefühl eines Schwimmers, der sich an das eiskalte Wasser gewöhnt hat.

Er fragte: »Hat sie auch in dem Stück zu tanzen?«

»Ja.«

»Und glauben Sie, daß sie auch in dem Stück wundervoll tanzt?«

»Ja.«

»Und Sie glauben, daß sie auch in dem Stück so unglaublichen Charme hat, wie Sie mir erzählten?«

»Ja.«

Die Sache wurde brenzlig. Denn der Unterschied zwischen ihm und mir bestand darin, daß er die Geschichte nicht ernst nahm und ich sie todernst nahm. Ich schlug mich für die Müllerstochter.
»Und halten Sie sie für ein Talent?«
»Ja.«
Meine Sturheit brachte ihn jetzt zum Lachen. Er setzte seine Brille ab und wieder auf.
»Schön. Gut«, sagte er. »Wenn dies alles der Fall ist, werde ich mich korrumpieren lassen.«
Mit diesem fragwürdigen Erfolg zog ich ab. Aber was konnte ich von ihm erwarten? Sich bei ihm für eine Schauspielerin einzusetzen, hatte etwas Riskantes. Er konnte annehmen, ich hätte mit der reizenden jungen Dame »etwas«. Ich hätte nichts dagegen gehabt, gar nichts, aber es hatte sich nun einmal nichts ereignet, und ich war auch niemals darauf aus gewesen. Wie würde Kerr reagieren? Er war unberechenbar und konnte teuflisch sein. Er besaß eine Vorliebe für gepfefferte Capriccios, in denen er manchmal ganz zusammenhanglos jemanden lächerlich machte, der niemals darauf gefaßt gewesen war. Auch die Größten der Großen entgingen solchen blitzschnellen und verletzenden Florettstichen nicht. Versagte das Müllerstöchterchen und machte Kerr auch nur eine winzige spöttische Bemerkung über sie, war ihre Sache dahin und vorbei. Also kam jetzt alles auf Renate an. Denn wenn sie versagte, war auch meine Sache bei Dr. Kerr dahin, ich war blamiert, und er würde mich fortan für schwachsinnig halten.
Ich holte mir das Müllerstöchterlein ans Telefon. Ich war wütend, daß ich mich zu dieser Unternehmung hatte hinreißen lassen. Ich sagte ihr kurz, daß Kerr in die Premiere gehe; ich hörte einen tiefen Seufzer und hängte ein.
Die Premiere. Am selbigen Abend. Im Staatstheater. Namen und Autor des Stückes weiß ich nicht mehr.
Der andere Morgen. Ich ging in die Setzerei und ließ mir die Fahnenabzüge von Kerrs Kritik geben. Ich durchflog sie. Und da stand es. Da stand ein einziger Satz über die Schauspielerin Renate Müller, meine Müllerstochter. (Er wird sich in den gesammelten Werken finden, ich weiß seinen Wortlaut nicht mehr.) Der Satz äußerte starkes Wohlgefallen an einem neuen Talent,

einer neuen Anmut und an einer neuen reizvollen Erscheinung. Der Satz genügte.
Er bewies wieder einmal die ungeheure Macht und den sagenhaften Einfluß, den eine Kritik von Alfred Kerr haben konnte. Denn von diesem Tage an begann die Karriere von Renate Müller. Von ihr wissen die jungen Menschen nichts mehr, nicht einmal ihren Namen. Aber sie war im Film der vergötterte Liebling aller. Und sie war so klug, sich ihre besten Eigenschaften niemals verwirren zu lassen: ihre Fröhlichkeit, Natürlichkeit und Unbefangenheit. Sie war der Typ des frischen, unbelasteten, temperamentvollen jungen Mädchens, und diesen Typ gab es damals noch nicht. Auch heute kann man diesen Typ suchen gehen. Man findet ihn bestimmt bei keinem der Festivals.
Übrigens habe ich die Müllerstochter seit jenem Abend nie mehr gesehen, es sei denn im Kino. Flüchtiges Grüßen in den Filmhallen von Babelsberg, ein paar flüchtige Worte hin und her, ein flüchtiges Winken von fern, weiter nichts. Das war Berlin. Man war unsentimental. Und nicht wehleidig.
Der Müllerstochter Schicksal aber war traurig, und auch das war Berlin. Sie verschwand auf einmal aus dem Film. Gerüchte gingen um. Den Vater wollte ich nicht fragen. Kurzum, Renate Müller ging zugrunde. Sie mußte elend zugrundegehen, in der Blüte ihrer Jahre, wie man so trefflich sagt und auf der Höhe ihres Ruhmes. Eine höllische Liebesgeschichte. Sie starb daran. Näheres weiß ich nicht, und wenn ich es wüßte, würde ich es nicht erzählen.

Heinrich George, das Monstrum

Ich habe mich niemals davor gefürchtet, mit Schauspielern und Schauspielerinnen befreundet zu sein, wie so viele Journalisten, die sich nicht ganz sicher auf den Beinen fühlten. Und keiner meiner Freunde aus jener Welt hat mich jemals um einen Gefallen gebeten, der im BT zum Ausdruck kommen sollte. Was

waren das für wunderbare Freunde! Liebenswerte Romantiker, witzig, gescheit, unzuverlässig, manchmal falsch wie die Schlangen, manchmal verlogen, manchmal aufrichtig, manchmal ohne Posen – ach, wo sind sie alle hin, diese Gefährten aus großen Jahren!
Dieser Heinrich George etwa. Dieses gewaltige Monstrum eines Schauspielers und Menschen. Wir kannten uns seit vielen Jahren, noch aus unserer gemeinsamen kleinen Frankfurter Welt. Ich habe ihn immer gerne gemocht, ohne jene unzähligen Einschränkungen, die man machen konnte, wenn man ihn weniger gern mochte. Ich nahm ihn hin wie eine Naturerscheinung. Niemals kam ich auf den in diesem Fall idiotischen Einfall, ihm irgend etwas übelzunehmen. Mein Trick dabei war Distanz. Es war die einzige Rettung vor seinem infernalischen Wesen. Dieser fette, überhebliche, lärmende, gewalttätige und herrschsüchtige Bursche war als Schauspieler ein absolutes Genie und als Mensch eine Dschungelbestie.
Auf alle Fälle ein Vollblutkomödiant. In Frankfurt redeten wir uns mit du an. In Berlin streifte er mich, wenn es hoch kam, mit einem gütigen Seitenblick im Vorbeigehen und näselte gleichgültig: »Na, wie geht es Ihnen?«
Ich grinste ihn nur an.
Ich sagte: »Du Rindvieh.« Er lächelte gnädig zurück.
Ein herrlicher Schauspieler. Daß er seinem Intendanten, seinem Regisseur und seinen Mitspielern übel zusetzte und sie zur äußersten Verzweiflung brachte – nun gut, damit bezahlten sie sein Genie, mit dem sie umgehen durften. Übrigens konnte er auch als Mensch hinreißend sein. Aber da er die meiste Zeit seines Lebens betrunken war, blieben solche hinreißenden Augenblicke selten. Unter Alkohol war er eine gespenstische Erscheinung. Er war dann ein Wahnsinniger. In diesem Zustand aber äußerte er oft Gedanken, die unerhört, unglaublich, zauberhaft waren. Er sagte solche Dinge mit verächtlichem Gesicht und höhnisch herabgezogenen Lippen. Diese morbide und makabre Gestalt hätte von Wedekind entworfen sein können.
Als ich ihn in Frankfurt kennenlernte, habe ich ihn gleich in seiner gültigen Form kennengelernt. Auf einem Faschingsfest in den Sälen des Zoo geriet er von ungefähr in unsere harmlose

Gesellschaft. Dieser breite, laut schwadronierende Koloß machte uns Spaß. Wir gossen ihn weiter voll Alkohol. Schon damals wurde er in solchem Zustand von einem unermeßlichen Cäsarenwahnsinn besessen, er pfiff uns wütend an, kommandierte uns herum, befahl dieses und jenes, wurde zu den Frauen unanständig, schnauzte den Kellner an, forderte alle erreichbaren Delikatessen und dies alles mit dem Ausdruck unsäglichster Verachtung für uns Bürgerpack und Spießersippschaft. Nachher fuhren wir noch in die Wohnung eines neuen Bekannten dieses Abends, mit dem wir demgemäß auf das Innigste befreundet waren. Hier kauerte Heinrich George wie ein gefährlicher Buddha auf einem zierlichen goldenen Stuhl und beschimpfte uns alle in den großartigsten Formulierungen, die ich jemals von einem schimpfenden Menschen vernommen habe. Seine Freundin, eine weichherzige, mollige Wienerin, die aus wer weiß was für Gründen sich dieses Gorillas immer annahm, bat mich, ihn mit ihr heimzubringen. Wir brauchten eine halbe Stunde, bis wir ihn im Taxi hatten. Dann brauchten wir eine Stunde, um diesen Urwaldaffen die vier Treppen hinaufzubringen. Im Hausflur konnten wir nicht verhindern, daß er sich völlig nackt auszog und die Kleider auf meinem Arm deponierte.

»Lassen Sie nur«, sagte die Wienerin, »er macht das immer so. Er betritt seine Wohnung nur nackt.«

Nun schön. Ich hatte nichts dagegen. Nun aber erklärte dieses Monstrum auch noch, daß er hier im Hausflur und sonst nirgends zu Bett gehen wolle. Seine Freundin setzte sich seelenruhig auf eine Treppenstufe und steckte sich eine Zigarette an.

»Kommen Sie her, Sie rührseliger Bursche«, sagte sie zu mir, »lassen Sie Herrn George hier zu Bett gehen. Wir rauchen eine.«

Herr George hielt an uns, indessen er sich auf dem Boden zur Ruhe legte, lärmende Ansprachen.

»Ihr seid alle prüde Schweine«, sagte er unter anderem.

»Ihr seid verkalkte Wanzen«, sagte er. Und plötzlich stand er auf und spazierte die Treppe hinauf, keuchend vor Atemnot. Wir folgten ihm. Ich sah noch, wie er sich auf das Bett warf. Er schlief sofort ein, mit dem Ausdruck grenzenloser Verachtung in dem breiten, schwammigen Gesicht.

Wir trafen uns in Berlin oft auf Gesellschaften. Jedesmal ge-

lang es ihm mühelos, alle Gemütlichkeit zu sprengen. Meistens schlug er einige Einrichtungsstücke in Trümmer.
»Ach, ihr habt Herrn Heinrich George zu Besuch gehabt«, sagten am anderen Tag die guten Freunde, die im Vorbeigehen hereinschauten. Trotzdem wurde er immer wieder eingeladen. Vermutlich, ich sage vermutlich, bedeutete dieser fette geniale Mann einen Nervenkitzel für viele Frauen. Wahrscheinlich saßen diese Frauen auch bei allen Boxkämpfen dicht am Ring. Selbstverständlich waren es dieselben Frauen, die erklärten, man könne mit George nicht verkehren. Doch traf man ihn stets bei ihnen. Denn noch in seinen brutalen Hemmungslosigkeiten war er faszinierend. Man durfte bloß keine Maßstäbe an ihn legen. Er war jenseits von Gut und Böse.
Auf der Bühne arbeiteten die Kollegen und Kolleginnen so lange gerne mit ihm, wie das Spiel dauerte. Denn mit einem Genie zusammenzuspielen, muß wundervoll sein. Nachher rissen sie vor ihm aus. Wenigstens diejenigen, die schwache Nerven hatten. Auf diesem erbarmungslosen Schlachtfeld Berlin kämpfte dieser Schauspieler sozusagen zu Fuß mitten im Gewühl und bahnte sich mit seinen riesigen behaarten Fäusten seinen Weg. Und mit einer von einem Dämon gepeitschten Intelligenz. Manchmal waren seine spontanen Äußerungen in ihrer Pathetik überholt wie Hamlets Monolog, manchmal splitterten sie auf einen herunter wie der Funkenregen aus einem Feuerwerk. Natürlich schritt er stets auf dem Grat zwischen Vernunft und Wahnsinn, aber seine physische Kraft war so urtümlich, daß er niemals ausglitt und in die tödlichen geistigen Abgründe hinunterstürzte. Wenn es möglich gewesen wäre, ich hätte gerne eine engere Freundschaft mit ihm gehabt.
Mit Heinrich George aber durfte man nicht eng befreundet sein. Dazu gehörte eine Sklavennatur. Aber ich verteidigte seine Fehltritte, wo und wann es auch war und wer auch dabei bluten mußte, mit Zähnen und Klauen. Er wußte nichts davon, und er brauchte es auch nicht zu wissen. Ich sagte den Leuten, die sich bitterlich über ihn beklagten: »Hören Sie zu. Sie wissen, mit wem Sie es zu tun hatten. Sie mußten auf alles gefaßt sein. Also liegen Sie mir bitte nicht in den Ohren mit Ihrem Jammergeschrei.«

Aber sie heulten weiter. Sie gehörten auch nicht zu unserer Sippe und sie sprachen unsere Sprache nur gebrochen. Es waren solide und gut erzogene Menschen, untermauert mit Prinzipien und Ansichten. Sie taten mir nicht leid. Unter der genialen Herrschaft von Hitler verlangte man ein Prinzip, einen Stil des Lebens, ein ethisches Programm, eine moralische Haltung, du meine Güte! So sah man ihn in der Wochenschau im Sportpalast sitzen und eine von des kleinen Doktors Flammenreden mit rasendem Beifall, halb vom Klappsitz hochgesprungen, begleiten. Er hätte auch den Teufel mit rasendem Beifall überschüttet. Aber auch Gott Vater, wenn Gott Vater zu ihm gesprochen hätte.

Er spielte seine Rolle als hingerissener Zuhörer. Und als die Iwans kamen, blieb dieser kindische Mann getrost in Berlin. Er gedachte, irgend etwas irgendwo weiterzuspielen.

Die Iwans brachten ihn in eines ihrer Lager. In der Nähe von Berlin. Hier bemächtigte er sich des Lagertheaters und spielte weiter. Und die russischen Herren mit Dienstgraden dickeren Goldes auf den Achseln fanden an dem Berserker Gefallen. Sie ließen ihn spielen.

Aber diesem Dschungelgeschöpf fehlte am Ende doch die ungezügelte Freiheit. Heinrich George legte sich hin und starb.

Unzählige seiner Lagergefährten gingen hinter dem schweren Sarg, darin er wohl mit verächtlichem Ausdruck in die Ewigkeit hinüberging. Sie trugen um diesen Koloß, der zuletzt so schrecklich abgemagert war, aufrichtige Trauer, denn er hatte ihnen an den Abenden, an denen er spielte, die Seligkeit der Ablenkung verschafft. Er verfügte in seinen letzten Tagen trotz der Krankheit über einen unwiderstehlichen teuflischen Humor, mit dem er nun auch über sich selbst herfiel. Lieber Heinrich George, benimm dich drüben!

Ein Kind für Richard Tauber

Da wir gerade vom Film reden, dieser anscheinend unversiegbaren Quelle für unsere reizenden jungen Mädchen in den prall sitzenden hellblauen Beinkleidern und für unsere forschen jungen Männer in den lässig nonchalanten Nietenhosen (aus deren Gesäßtaschen die gefüllten Brieftaschen sehen, die mehr an Mammon enthalten, als wir zornigen alten Männer in ihrem Alter gehabt haben)...

Also reden wir von einem Kind, das zum Film ging und aus dem niemals etwas geworden ist. Nicht der Rede wert und doch der Rede wert. Das war wiederum in längst verschollenen Tagen, als ich gefragt wurde, ob ich das Drehbuch zu einem Richard-Tauber-Film schreiben wolle. Drehbücher schrieb man immer gern. Es kam meistens ein ordentliches Stückchen Geld dabei heraus. Und es hätte auch großen Spaß gemacht, wenn nicht der unermeßliche Ärger gewesen wäre, der mit solchen kniffligen Arbeiten verbunden ist. Denn unermeßlichen Ärger hatte jeder Autor stets mit der Übermacht von zuständigen und unzuständigen, sichtbaren und unsichtbaren Leuten, die dazwischenredeten und es besser wußten: Produzenten, Direktoren, Verleiher, Regisseure, Hilfsregisseure, Dramaturgen, Hilfsdramaturgen und schließlich eine arrogante Herde von anonymen Mitarbeitern, die auf den Büros, in den Ateliers und hinter oder vor uns zwischen den Dekorationen wisperten. Sie alle waren zunächst einmal gegen alles, was der Autor schrieb.

Man bekam endlich eine Elefantenhaut. Unter der Elefantenhaut aber ärgerte man sich weiter. Jedoch fand man sich mit der Zeit mit der widerlichen und unabänderlichen Tatsache ab, daß es sein müsse, daß es überall, wo Filme geschrieben wurden, so aussah, und daß sich diese Erscheinung niemals ändern würde. Es waren jene Jahre der Katastrophen für den Drehbuchautor, in denen der gräßliche Unfug begann, daß die Regisseure oft das Drehbuch mitschrieben und in ihrer Eigenschaft als unumschränkte Diktatoren immer die Übermacht behielten, auch über gute Stoffe, auch über gute Ideen, auch über gute Schriftsteller. Kaum einmal drehten sie ein Buch so ab, wie der Autor es sich ausgedacht und niedergeschrieben hatte. Es war zum Verzweifeln. Literarische Dilettanten waren an der Arbeit, die keine Schriftsteller waren. Sie glaubten, Schriftsteller zu sein. Und sie waren immer bei der Hand, um sich am Drehbuch zu versündigen, denn sie erhielten in diesem Fall zu ihrem Regiehonorar noch Drehbuchhonorare. Jedoch wurde ihre Impotenz sofort und deutlich sichtbar, wenn sie sich an Dialoge wagten. Nur ein echter (und begabter) Schriftsteller kann gute lebenswahre Dialoge schreiben. Diese dürfen – eine Binsenweisheit – niemals den Stil aufweisen, den der Schriftsteller besitzt, sondern sie müssen den Stil der Personen tragen, die eine bestimmte Rolle im Film zu spielen haben. Heute noch arbeiten Regisseure stumpfsinnig an Drehbüchern mit, heute noch haben sie dabei die Übermacht, heute noch schreiben oder »verbessern« oder »korrigieren« sie Dialoge, von deren Wichtigkeit sie keine Ahnung haben. Was dabei herauskommt, erleben wir. Fades Gewäsch.

Wenn aber der Schriftsteller mit seinem Drehbuch die Übermacht behält, geht alles gut. Das sahen wir, um kurzerhand ein Beispiel zu nennen, am Welterfolg des »Dritten Mannes«. Hier hatte der Regisseur nicht mitgeschrieben. Dafür fiel ihm der geniale Gedanke mit dem Zitherspieler Karras ein.

Für Richard Tauber ein Drehbuch? Das war so eine Sache für sich. Sie war zu bedenken. Es konnte eine recht bittere Angelegenheit für den Autor werden. Tenöre sind die Stars aller Stars. Tenöre gelten als launisch, Tenöre gelten als empfindlich. Tenöre gelten als überheblich. Tenöre sind verwöhnt.

Tenöre waren das Verhätscheltste, was auf der Bühne stand. Und den Launen der Empfindlichkeit, den Wünschen und Eskapaden eines berühmten Tenors preisgegeben zu sein, war nicht jedermanns Sache. Schon gar nicht meine Sache, der ich als Schriftsteller empfindlich, hingegen als Journalist völlig unempfindlich war. Unter diesem Gesichtspunkt konnte die Geschichte vielleicht gut gehen.

Ich wurde zu einer Vorbesprechung ins Hotel Adlon gebeten. Richard Tauber wohnte im Adlon. Im ersten Stock. In einem Appartement, was denn sonst? Ich sah schon auf dem rot ausgelegten Korridor, in welchem Stil dieser Mann lebte. Ein halbes Dutzend überdimensionaler Überseekoffer stand an den Wänden entlang und machte mit einem ganzen Dutzend normaler Riesenschrankkoffer die Passage beinahe ungangbar.

Der Herr Kammersänger empfing mich im großen Salon. Roter, schwerer Velours durchs ganze Zimmer, Perserteppiche darüber, vergoldete Stühle, mit hellgelber Seide bezogene Sessel, die Wände mit Brokat bespannt ... der wohlbekannte Stil des Adlon.

Ich sah den weltberühmten Sänger, der das wunderbarste Pianissimo singen konnte, so daß einem die Tränen herunterliefen, ich sah ihn zum ersten Mal aus der Nähe. Eine etwas füllige, schwere Figur. Ein rotes, fleischiges, etwas gedunsenes Gesicht, in dem das kleine Monokel nicht gut wirkte. Und die unförmigen von jahrelangem schwerem Gelenkrheumatismus geschwollenen Hände, die sich beim Sprechen nur steif und nur innerhalb gewisser Grenzen bewegen konnten. Ich war sofort froh. Ich hatte den besten Eindruck von ihm. Nichts von Allüren, nichts von Pose, nichts von Mätzchen, nichts von Launen, nichts von Empfindlichkeit. Er war natürlich, er zeigte Humor, er redete klar und ohne Umschweife, er lachte oft und gerne.

Wir kamen zur Sache. Zu meiner Verblüffung waren die Lieder, die Tauber in dem geplanten Film singen sollte, schon fix und fertig. Darunter war das schönste Wiegenlied der Welt, für ein kleines Kind gedacht. Ein Klavierbegleiter tauchte aus dem Nichts auf und setzte sich an den kostbarsten Flügel der Welt. Er sang mir das Schlaflied einige Male vor und markierte nicht. Er sang. Er sang das Lied mit seiner ganzen unvergeßlichen, unvergleichlichen Kunst des richtigen Atmens, mit seiner beispiellosen deutlichen Aussprache noch in hohen Tönen und mit diesem hingehauchten Pianissimo, von dem die Welt entzückt war und das ihm kein anderer lebender Tenor nachmachen konnte. Und ich merkte wohl, der ich selber ein harter Arbeiter war, daß dies alles ihm nicht angeflogen, sondern unablässig und schwer erarbeitet war. Er war einer der fleißigsten berühmten Männer, die ich jemals erlebte. Das zeigte sich auch während unserer Zusammenarbeit. Denn wir gefielen uns. Wir machten die Sache gleich fest. Er sang mir noch einige andere Lieder vor, die für den Film, den wir machen wollten, fertig waren. Er sagte: »Das ist alles, was ich für das Drehbuch tun konnte. Die Lieder. Das andere müssen Sie machen. Es fehlt noch das Wichtigste – das Kind.«

Die Idee des Films lag fest. Ich brauchte sie nur auszuführen. Die Idee war gut. Der Stoff behandelte die Liebesgeschichte eines berühmten Tenors, der mit seinem vierjährigen Töchterchen (seine Frau war gestorben) auf einer großen Tournee unterwegs ist. Er trennt sich von dem Kind keinen Augenblick. Nur dann, wenn er ins Konzert oder auf die Bühne muß. Am Schluß des Films findet er (selbstverständlich) eine Frau, die er liebt. Das reizende Kind bekommt eine reizende Mutter. Aus.

Zunächst schien die Sache ganz einfach. Richard Tauber brauchte nur sich selber zu spielen. Die Hauptrolle also war auf die vollkommenste Weise besetzt. Daß Tauber kein schöner Mann war, wie etwa Michael Bohnen, war ganz gleichgültig. Sobald er sang, war er der schönste Mann der Welt. Die Stimme eines Tenors scheint eine Art erotischer Magnet zu sein, der alle Frauen anzieht. Ich habe die Gebirge von Liebesbriefen gesehen, die Richard Tauber täglich bekam und niemals las. Auch der dicke kleine Caruso konnte sich, wie man weiß, vor Frauen aller Art und Alter nicht retten. Also war es auch ganz egal, ob Tauber ein schöner Mann war oder nicht. Sogar die Ungeschicklichkeit und Plumpheit seiner Arm- und Handbewegungen störte in keiner Weise. Der Brennpunkt war seine herrliche, disziplinierte, hinreißende Stimme.

Aber für die Rolle des kleinen Kindes war noch nichts da. Kein Kind! Das war eine schwere Sorge für uns alle. Denn die Rolle dieses Kindes war schwer. Schon in der ersten Szene, die ich entwarf und die sehr gefiel, lagen Schwierigkeiten, die von einem kleinen Kind kaum zu bewältigen waren. In dieser ersten Szene kommt der berühmte Tenor von einem seiner Liederabende, der (selbstverständlich) einen Orkan der Begeisterung entfesselt hat. Wo er auch Liederabende gab – also wie immer, fährt er schleunigst ins Hotel zurück zu seinem Töchterchen. Wie immer hat er jede Einladung abgelehnt, auch die von hochgestellten oder hoch sitzenden oder hoch liegenden Persönlichkeiten. Und wie immer wird er (selbstverständlich) verfolgt von der hysterischen Meute seiner Anbeter. Er verzichtet auf den Lift, eilt die Treppe hinauf und schleicht zum Bett seines Kindes. Er beugt sich über das schlafende Töchterchen. Die Kleine aber hatte sich nämlich nur schlafend zu stellen. Und wenn der Vater sich über

sie beugte, hatte sie sich plötzlich mit einem entzückten Ruck aufrecht zu setzen. Sie hatte ihre Ärmchen um den Hals des Vaters zu werfen (zu werfen, nicht zu legen) und zu fragen: »Hast du auch schön gesungen, Pappi?«
»Das ist zu schwierig«, erklärte der Kammersänger mir immer wieder verzweifelt, »ein Kind von vier Jahren kann das niemals.«
Ich sagte: »Irgendwo auf der Welt gibt es dieses Kind. Denn diese Szene gebe ich nicht mehr her.«
Wo war dieses Kind für eine solche Szene? Wo war es?
Richard Tauber ließ in der Branche bekanntmachen, daß er ein Kind suche. Und die Branche machte sich auf. Eine Armee von Agenten, Aufnahmeleitern und Dramaturgen begab sich auf die Pirsch.
»Das Schlaflied«, murmelte der Kammersänger immer wieder, »das Schlaflied. Die Szene paßt mir haargenau für den Anfang. Ein solches Schlaflied bekommt ein Sänger nur einmal in seinem Leben.«
»Gut«, sagte ich, »dann muß das Kind her.« Zwar hätten wir, wie jeder Regisseur uns gesagt hatte, diese Szene mit dem Schlaflied auch ohne den Satz des Kindes drehen können. Aber wir wollten ein Kind, das diesen Satz sprechen konnte.
Dann machten sich auch Richard Tauber und ich auf die Suche. Und dabei kam mir *der* Einfall. Mir fiel Frau Unkel ein. Frau Unkel war die Witwe des Heldentenors und einstigen Bayreuthsängers Peter Unkel. In Braunschweig hatte ich das Ehepaar kennengelernt. Frau Unkel wohnte jetzt in Berlin. Ich erinnerte mich in diesem glücklichen Augenblick, daß sie mich einmal gefragt hatte, ob ich nicht in einem meiner Drehbücher gelegentlich eine Kinderrolle hätte. Natürlich, Frau Unkel war die Lösung! Ihre Petra mußte jetzt vier oder fünf Jahre alt sein. Ich rief sie an. Ich sagte, sie solle sofort mit der Kleinen zu mir kommen. Nachmittags kam Petra, und es war Liebe auf den ersten Blick. Petra benahm sich völlig natürlich und sah reizend aus. Kein anderes Kind kam in Frage. Dazu war Petras Vater ein Kollege von Richard Tauber gewesen. Das Herz des Kammersängers würde vor tiefer Rührung nahezu brechen, ich kannte sein weiches Gemüt, das er gemeinhin tarnen mußte.

Ich erzählte der glückseligen Mutter, was wir brauchten. Und sie sagte: »Petra macht das sofort. Sie ist begabt.«
»Frau Unkel«, sagte ich leichtsinnig, »ich glaube, wir nehmen Petra. Kommen Sie am Freitag gegen 17 Uhr ins Adlon mit Petra. Es sind jeden Tag Mütter mit ihren Bälgern da. Das braucht Sie nicht zu stören. Tun Sie mir und Petra nur einen einzigen Gefallen. Donnern Sie das Kind nicht auf. Exerzieren Sie ihm nichts ein. Erzählen Sie ihm nichts. Bereiten Sie die Kleine in keiner Weise vor.«
Petra wühlte, ohne sich um uns zu kümmern, in meinen Büchern. »Da gibt's ja gar keine Bilderbücher«, sagte sie enttäuscht, »wenn du keine Bilderbücher hast, gehen wir nachhause.«
Das war das Herzchen, das wir suchten. Kein anderes Kind kam in Frage.
Freitag nachmittag.
Ich hatte dem Kammersänger nichts gesagt. Er war erschöpft, müde und wütend. Draußen auf dem Korridor und in der Diele standen, wie jeden Tag, seit die Branche jagte, Scharen erregter Mütter mit ihren Töchtern. Die Mütter wurden einzeln hereingebeten. Tauber wischte sich den Angstschweiß von der Stirne und sagte: »Niemals wieder.«
Wir erlebten unsterbliche Auftritte. Die nächste der von rasendem Ehrgeiz berstenden Mamas beförderte ihre verdatterte Kleine mit einem energischen Ruck in den Raum. Das Kind steckte in einem sehr kurzen, gestärkten, weißen Kleidchen und trug eine gewaltige rote Schleife im Haar. Die Mama drückte ihr Töchterchen in einen tiefen Knicks. Dabei verlor es natürlich das Gleichgewicht. Aber es brüllte, wie ihm eingebläut worden war: »Schönen guten Tag, Herr Kammersänger!«
Die Mama zerrte es wieder hoch und fragte hastig: »Sie kann singen. Soll Sieglinde etwas singen?« Und sie befahl: »Sing das Männchen im Walde.«
Richard Tauber raffte sich auf und unterbrach sie: »Lassen Sie nur, gnädige Frau. Sieglinde braucht nicht zu singen. Singen tue ich. Komm mal her, Sieglinde.«
Die Mama schob das Kind näher, und die Kleine versuchte wieder einen tiefen Knicks, fiel um, wurde von der Mutter wieder hochgezerrt. »Sieglinde kann auch tanzen. Tanz mal, Sieglinde.«

Tauber wehrte ab. Sieglinde war vor Verwirrung völlig betäubt. »Wir geben Ihnen Nachricht«, sagte der Kammersänger. Die Mutter riß die Kleine mit hinaus. Wir sahen uns aus trostlosen Augen an. In dieser und ähnlicher Weise stellten sich an diesem Nachmittag alle Mütter vor.
Märchenhaft aber war jene Vorstellung, in der eine phantasiebegabte Mutter ihr Kind naturgetreu als Königin Luise ausstaffiert hatte. Und in der noch offenen Tür blieb die Kleine stehen, breitete die mageren Ärmchen aus und begann mit seinem zittrigen Stimmchen: »Dein ist mein ganzes Herz...« Das weltberühmte Lied. Diese Szene machte uns fertig. Als die stolze Mutter sich entfernt hatte, brachen Richard Tauber und ich zusammen, und unser brüllendes Gelächter erschütterte die Damastwände.

Dann sagte ich trocken: »Und jetzt, Herr Kammersänger Tauber, jetzt kommt unser Kind. Das Töchterchen von Peter Unkel. Sie heißt Petra.«
»Von Peter Unkel...«, sagte der Kammersänger nachdenklich. Und nun betrat Frau Unkel das Zimmer mit Petra, dem kleinen Herzchen und meinem As in diesem Spiel. Petra gab mir die Hand und dem Onkel Tauber auch. Ohne Aufforderung. Und jetzt riskierte ich es, ohne Umschweife, sofort und in diesem Augenblick. Ich sagte: »Petra, wir spielen jetzt was miteinander. Leg dich auf das Sofa da. Jetzt tust du, als ob du eingeschlafen wärst, ja? Und dann komme ich und denke, du schläfst. Und wenn ich mich dann über dich beuge, erschrickst du furchtbar, machst die Augen auf und sagst: ›Ich schlafe ja gar nicht.‹«
»Oh fein«, sagte Petra und schloß die Augen. Und Petra blamierte mich nicht. Sie spielte die Rolle völlig natürlich. Richard Tauber sprang von seinem Sessel hoch. »Das ist sie!« rief er entzückt. »Ja, das ist sie«, sagte ich.
Der Kammersänger machte keine Umstände. Was er bestimmte, geschah. »Gnädige Frau«, sagte er kurzerhand, »Ihr Töchterchen ist engagiert.«
Frau Unkel weinte. Sie faßte es nicht.
Petra Unkel bekam die Rolle und ein schönes Honorar, genannt Gage; auch bei einem so kleinen Herzchen muß es Gage heißen. Sie spielte ganz wunderbar. Das Schlaflied ergriff alle, die es hör-

ten, und aller Herzen wurden weich und alle Menschen waren gut, wenigstens solange sie es hörten. Die Platte wurde in der ganzen Welt, so weit die Sprache und die Musik und die menschliche Stimme reicht, von Millionen gespielt.

Petras Weg war gesichert. Ich sah sie nur noch einmal wieder. Als junges Mädchen in einem Film. Und da wußte ich bald Bescheid. Sie schaffte es nicht und würde es niemals schaffen. Es fehlte ihr die Aura. Ganz sicher war sie eine Begabung, aber ganz sicher hatte sie kein Glück. Was aus ihr geworden ist, weiß ich nicht.

Richard Tauber aber mußte das Land verlassen, als es so weit mit uns gekommen war. Hitler vertrieb diese Stimme, die niemandem etwas zuleide tat, die nur Freude brachte, und wieder Freude.

Der Sänger starb an Krebs. Wir haben aber wenigstens seine Stimme zurückbehalten dürfen, und sie kann uns niemals sterben.

Der Choral von Leuthen
und das Gespenst von Döberitz

Einstmals in grauer Vorzeit drehte der alte Regisseur Carl Froelich auf dem Truppenübungsplatz Döberitz bei Berlin einen großen Film. Es war der »Choral von Leuthen«. Ein Film über und mit Friedrich dem Großen. – Und die Hauptrolle spielte – wer? Natürlich Otto Gebühr. Die weibliche Hauptrolle hatte Olga Tschechowa, eine sehr schöne Frau. Und aus Spaß an der Sache hatte Werner Finck die kleine Rolle eines friderizianischen Offiziers übernommen. Er hatte zwei Sätze zu sprechen.

Das Drehbuch zu diesem Film war von mir. Es ist ein miserables Drehbuch. Aber Carl Froelich hat das Möglichste daraus gemacht. Ein Teil der Filmleute, auch ich, übernachteten während der Drehtage in Döberitz auf dem Filmgelände. Es war Herbst. Und an jedem Herbstmorgen, an jedem Drehtag, sahen wir aus dem Nebel eine merkwürdige Gruppe sich nähern: Einen älteren, im

Rist schon etwas durchgebogenen Schimmel, der von einem alten, schon etwas durchgebogenen Mann am Strick geführt wurde. Schimmel und Mann hatten eine Decke übergeworfen. Der Mann trug, auch wenn es schon hell war, eine alte, schon etwas durchgebogene Stallaterne in der Hand. Der Schimmel war ein Milchgaul, der sonst einen Milchkarren durch Döberitz zog. Hier jedoch war er engagiert als Leibpferd Friedrichs des Großen. Denn Otto Gebühr konnte nicht reiten. Aber beim »Choral von Leuthen« mußte er zu Pferde sitzen. So hatte Carl Froelich den Milchgaul mit dem Milchmann engagiert, und alle waren zufrieden. Dem alten Pferd wurden keine Eskapaden zugemutet, Gebühr wurde kein rasender Galopp zugemutet, und beide bekamen ihre Gage. Nun, auch Friedrich der Große soll kein exaltierter Reiter gewesen sein, und so war auch historisch alles in Ordnung. –
Froelich war ein alter Hase und ein gerissener Techniker des Films. Er meisterte sogar eine wilde Attacke. Mit Gebühr und mit dem Milchgaul. Normalerweise hätten sich, um die Sache echt und eindrucksvoll zu zeigen, eine Unmenge von Pferden und eine Unmenge von Reitern, also auch eine Unmenge von Uniformen in Bewegung setzen müssen, Kameras hätten an vielen Punkten aufgestellt werden müssen. Es wäre ein teurer Spaß geworden. Man hätte längs der Attackenstrecke Schienen für die laufenden und mitfahrenden Apparate legen müssen und so weiter. Und ungezählte Proben hätte das Ganze gefordert. Froelich hatte einen genialen Einfall. Er mietete für ein paar Mark das drehbare Untergestell eines Karussells. Er stellte darauf seine Kameras und nun brauchte nur eine bescheidene Anzahl friderizianischer Kavalleristen rings um das Karussell in beschleunigtem Tempo zu reiten, während das Gestell sich drehte. Die Apparate konnten Friedrich den Großen und seine wackeren Reiter nach Belieben erfassen. Und auf der Leinwand später wirkte das Bild so, als ob Tausende und Tausende von Kriegern zu Pferd in die Schlacht ritten, Brigade um Brigade.
Während dieser Drehtage hatten wir unendlichen Spaß. Den besten Spaß lieferte uns Herr Otto Gebühr. Ich erlebte ihn zum ersten Mal als Fridericus Rex. Und als ich ihm guten Tag wünschte, denn wir kannten uns beide recht gut, sah er mich fremd, kalt und sehr unfreundlich an, schwer auf seinen Krückstock gestützt.

Aus seinen hervorstehenden Augen musterte er mich abweisend. Er knurrte: »Ist Er sich darüber klar, daß Er mich stört? Hat Er nichts zu tun?«
Ich hielt es für einen Witz und wollte weitersprechen. Er wandte sich mit einem verärgerten Ruck ab und ging, leicht vorgebeugt, die Hand auf dem Rücken, wie das Urbild, das er spielte, weiter. Hernach erfuhr ich, daß dies eine Marotte von ihm war, von der er niemals abging. Sobald er diese Rolle spielte (und er spielte sie oft) und die abgeschabte Uniform des Königs trug, benahm er und unterhielt er sich, als ob er es in Wirklichkeit sei. Er redete jedermann (nur den alten Carl Froelich nicht) mit Er an, war mürrisch und empfindlich und steigerte sich auf diese Weise in die Rolle hinein.
Unser aller angenehmstes Original war der ungarische Regisseur von Szerepy. Er hatte in jenen Tagen nichts zu tun und half Froelich als zweiter Regisseur. Jedoch genügte ihm diese Tätigkeit nicht. Sie entsprach nicht seinem Temperament. Er suchte sich etwas anderes und wurde unser aller Wohltäter. Ich sagte schon, daß es früher Herbst war und sehr kühl. Herr von Szerepy trug über seinen Mantel geschnallt einen breiten Ledergürtel. An diesem Gürtel hingen vier oder fünf große Feldflaschen in Filzverkleidung. In diese Feldflaschen füllte jeden Morgen Frau von Szerepy sachverständig und liebevoll eine von ihr erfundene schwere ungarische Original-Schnapsmischung. Sie fegte wie ein Flammenwerfer durch den Gaumen, loderte die Speiseröhre hinab, brannte den Magen aus und warf jeden Mann aufs Kreuz. Man mußte nach einem Schluck stehen bleiben und nach Luft schnappen. Herr von Szerepy durchwanderte nun unablässig das Schlachtfeld von Leuthen und flößte jedermann, den er leiden mochte, aus seinen Flaschen etwas ein. Waren sie leer, verschwand Szerepy in seiner Limousine und füllte nach. Er bewahrte unsere Leiber vor Schnupfen, Lungenentzündung und Rippenfellentzündung. Und er erhob unsere Seelen zu ungeahnten Höhen.
Mit dem Wetter hatten wir Unglück. Es regnete meistens. Und eines Nachmittags, mitten in den Aufnahmen vor einer Baumgruppe überfiel uns ein Wolkenbruch. Er kam uns sehr ungelegen, denn es war ohnehin eine Schwierigkeit entstanden. Sie äußerte sich unerwartet in einer albernen Laune der schönen Olga Tsche-

chowa. Vielleicht war es auch keine Laune – wer kennt sich mit diesen verwöhnten Geschöpfen aus? Ihr gefiel ihr Partner nicht mehr. Sein Name ist mir entfallen. Frau Tschechowa erklärte nicht, was sie auf einmal gegen den Partner empfand, den sie selber ausgesucht hatte. Ich stand gut mit ihr und fragte sie nach dem Grund. Sie zuckte nur die breiten Schultern.
»Nun mach keinen Unsinn, Mädchen«, sagte der alte Carl Froelich zu ihr. »Ick kann nich deinetwejen uff Suche nach eenem anderen Herrn jehen.«
Wenn Carl Froelich fuchtig wurde, sprach er Berliner Dialekt. Frau Tschechowa zuckte nur die breiten Schultern. Und der Regen strömte. Da hatte unser aller Herr von Szerepy einen begnadeten Einfall. Er persönlich stand völlig auf ihrer Seite. Jedermann stand auf ihrer Seite, auch ich. Ich hatte die leise Melancholie in ihrem Gesicht gesehen und wer weiß, was dieser Bursche, ihr Partner, ausgefressen hatte. Die Schauspielerin war, wie alle begabten Darstellerinnen, sehr diszipliniert. Sie hatte niemals die Arbeit gefährdet, wenn es sich nicht um einen wichtigen Grund handelte. Aber jetzt gefährdete sie die Arbeit, und es war ein Segen, daß der Himmel gerade jetzt Wasser in ganzen Stürzen heruntergoß und wir ohnehin eine Pause machen mußten. Herr von Szerepy sagte: »Gnädige Frau, Sie werden naß. Da drüben steht mein Wagen. Setzen Sie sich hinein.« Frau Tschechowa nickte. Wir waren erleichtert. Denn der Tschechowa die Sache von uns aus schwer zu machen, lag keinem von uns. Sie war so wunderbar anzusehen und sie besaß eine so unergründliche mädchenhafte Anziehungskraft, daß wir alle ihren Partner mit wütenden Blicken bedachten. Der machte sich nichts daraus. Er stand gleichmütig da, ein friderizianischer Offizier nach der Schlacht von Leuthen, und rauchte seine Zigarette. Nun zum Teufel, er hatte die Pflicht, sich mit einer Partnerin mit einem unwahrscheinlich schönen Teint zu vertragen, ganz egal, wer im Recht und was vorgefallen war. Herr des Himmels! Wer den Liebhaber einer solchen Frau spielen durfte und Liebesszenen vor sich hatte, in denen dieser undankbare Schuft sie küssen durfte, so oft er wollte und so oft sie es sich gefallen ließ und so oft Carl Froelich diese Szene probierte – also es war unglaublich. Frau Tschechowa stieg in die Limousine. Und Herr von

Szerepy schob ihren Partner nach und warf die Tür zu. Ein Meisterwerk! Denn wir mußten ja auch auf ihn, ihren Partner, etwas Rücksicht nehmen. Und wenn ein Filmpaar eine Liebesszene zu spielen hat, müssen sie sich mindestens sympathisch sein, nicht wahr? Sonst konnte die Szene dürr werden, kein Zuschauer würde heiß dabei sein, und keiner Zuschauerin würde es vor Neid und Sehnsucht kalt über den Rücken laufen. Herr von Szerepy vollendete sein Meisterwerk. Er riß die Tür zum Wagen noch einmal auf und reichte eine seiner fürchterlichen Schnapsflaschen hinein. Eine Hand nahm sie.

Wir standen unter dem Zeltdach, sahen in den Regen hinaus und warfen von Zeit zu Zeit ängstliche Blicke nach der Limousine. Der Wolkenbruch ging vorüber. Und zärtlich von ihrem Partner gestützt, stieg Frau Tschechowa in glänzender Laune aus dem Wagen. Und mit schimmernden Blicken reichte der friderizianische Offizier Herrn von Szerepy die leere Flasche zurück. Carl probte die Liebesszene. Sie konnte sofort gedreht werden. Denn es war eine Liebesszene voller Gloria.

Für den anderen Abend war ein weites Feld abgesteckt worden. Am Rande des Feldes standen Scheinwerfer und Jupiterlampen ohne Zahl. Die Szene, die jetzt bei Nacht gedreht werden sollte, konnte, wenn sie wollte, eine der schönsten des ganzen Filmes werden. (Sie wurde es.) Inhalt: Nach der hart durchkämpften und gewonnenen Schlacht sitzt der König abseits an einem Lagerfeuer, in tiefe Gedanken versunken. Trotz des Sieges liegt Schwermut in seiner ganzen Haltung. Denn für Friedrich war eine Schlacht nur eine notwendige Handlung und militärisches Handwerk. Seine Seele gehörte anderen Welten. Aus der fernen Dunkelheit des erstrittenen Feldes hatten jetzt die müden erschöpften siegreichen Reiter des Königs langsam auf ihren ebenso erschöpften Pferden in das Lager zurückzukehren. Und während dieses Heimrittes stimmt einer von ihnen an: »Nun danket alle Gott . . .«, den Choral von Leuthen. Ganz allmählich hatten die anderen einzufallen, und schließlich singt das ganze Heer ». . .mit Herzen, Mund und Händen . . .«

Es war eine prachtvolle Massenszene. Sie wurde erst probiert, und während dieser Probe machte uns der Regen nichts aus, im Gegenteil. Froelich war entzückt, es würde ein wundervolles

Bild geben. Die durch den Regen und Sturm wild gepeitschten Bäume und Sträucher, und die Pferde, die mühsam über die aufgeweichte Erde herankamen, das Aufblitzen der Uniformen und Waffen, das mußte von tiefster Wirkung sein. Dazu die sich steigernde Wucht des Chorals, der von uns allen mitgesungen wurde, von allen Schauspielern, von allen Komparsen, von allen Technikern, von allen Zuschauern, allen, die da waren. Er erscholl mächtig durch die Regennacht.

In meinen langen, weiten Regenmantel eingewickelt, stand ich etwas abseits von dieser Szenerie, sang aus voller Kehle mit und war von dem nächtlichen Bild stark ergriffen.

Da sah ich, daß etwas schief ging. Wir hatten für diesen Film eine Schwadron Potsdamer Reiter ausgeliehen. Ich sah, daß die Pferde nicht zu bewegen waren, in das grelle Licht der Scheinwerfer zu gehen. Sie machten nicht mit. Sie blieben stehen, sie keilten aus, sie brachen nach rückwärts ab. Die Reiter versuchten vergeblich, ihrer Tiere Herr zu werden. Einige wurden in den Dreck geworfen. In den Choral mischten sich wütende Rufe. So viel ich sehen konnte, war ein tolles Durcheinander entstanden. Was um Himmels willen war zu tun?

In diesem Augenblick, in dem das erleuchtete Feld beinahe einem wirklichen Schlachtfeld glich, mit sich bäumenden oder stürzenden oder flüchtenden Pferden, mit hin und herlaufenden, abgeworfenen Reitern, in diesem Augenblick, in dem ich wie alle anderen geistesabwesend den Choral weitersang, legte sich eine Hand auf meine rechte Schulter.

Ich verstummte und drehte mich um.

Neben mir stand, gespenstisch anzuschauen, in einem flatternden Mantel bis zu den Füßen, eine dürre baumlange Gestalt, den triefenden Schlapphut tief ins Gesicht gedrückt. Die geisterhafte Erscheinung brüllte auf mich ein, aber ich verstand zunächst kein Wort. Dann drang eine heisere Stimme in Sopranhöhe durchdringend in das Rauschen des Regens, das wilde Knarren der Äste im Sturm ringsumher, durch die schreienden und fluchenden Wutausbrüche der Reiter und durch den frommen, lauten Gesang des Chorals. Jetzt konnte ich den Mann verstehen. Er brüllte:

»Wer ist der Hauptmacher in diesem Saustall?«

»Sie nicht!« brüllte ich wütend zurück.

»Gottseidank nee«, schrie das Gespenst. »Ick möchte den Chef vons Janze hier sprechen, verstanden?«
»Stören Sie nicht!« schrie ich. »Hier ist eine Filmaufnahme!«
»Was, das soll eine Filmaufnahme sein? Das ist ein Saustall!«
»Hauen Sie ab!« schrie ich.
»Wer ist der Regisseur, Mann Gottes?« schrie er mir ins Ohr.
Ich kann gewisse Anreden nicht leiden. Dazu gehören: »Mann Gottes« oder »mein Guter« oder »lieber Herr« und dergleichen mittelmäßige Bezeichnungen. Ich pfiff ihn an: »Wer sind Sie denn? Was wollen Sie hier? Sie stören eine Filmaufnahme, Herr.«
Jetzt trat die Erscheinung dicht vor mich hin, tippte an den Schlapphut, von dem der Regen lief und brüllte: »Jestatten Sie, Freiherr Pfördtner von der Hölle!«
Ich erstarrte am lebendigen Leibe.
»Wie bitte?« brüllte ich, nachdem ich wieder Luft bekommen hatte.
»Oberstleutnant Freiherr Pfördtner von der Hölle«, rief der Mann jetzt etwas manierlicher. »Jestatten Sie, ich bin der Kommandeur dieses Reiterregiments, mit dem dieser verdammte Unfug gemacht wird.«
Aha, dachte ich, geht in Ordnung.
»Die Sache muß anders angepackt werden!« rief er. »Muß da mal eingreifen. Haben Sie die Liebenswürdigkeit, mich zu dem Regisseur zu bringen. Ich muß den Regisseur sprechen.«
»Kommen Sie mit, Herr Oberstleutnant«, rief ich erschüttert. Denn ich war erschüttert. Wie so oft, hatte in diesen Augenblicken das Leben abenteuerlicher gehandelt als jede Szene eines Drehbuches. Hätte ich sie erfunden, mein Ruf als Gag-Mann wäre ins Unermeßliche gestiegen. Diese Dekoration von der Natur aufgebaut mit Sturm und Regen, dieses ausgeleuchtete, nasse Feld, die Stimmen des Chorals und diese Erscheinung vor mir, mit diesem Namen: »Pfördtner von der Hölle.« Es war shakespearisch, nicht mehr und nicht weniger.
Ich schleppte diesen Pfördtner von der Hölle über den triefenden Acker zu der Baumgruppe, wo unter einem offenen Zelt der alte Carl Froelich ratlos und tief bekümmert das Chaos zu steuern versuchte.

Ich beugte mich über ihn und schrie: »Herr Pfördtner von der Hölle möchte dich sprechen, Carl!«
Froelich fuhr nervös und zornig hoch: »Hör mal, mach deine Witze ein andermal, ich ...«
Da stand schon das Gespenst von Döberitz vor ihm, nahm sogar höflich seinen Schlapphut ab, sagte: »Freiherr Pfördtner von der Hölle«, er sei der Kommandeur des Regiments, ob er die Sache ins Lot bringen dürfe?
Carl war erschlagen. Ungläubig starrte er die Erscheinung an.
Ich sagte: »Herr Oberstleutnant wird die Sache deichseln, Carl.«
Die Nennung des Ranges brachte die Nerven Froelichs wieder in Ordnung. Er stand auf. Die beiden schüttelten sich die nassen Hände, und Carl sagte, es wäre wundervoll, wenn das Durcheinander in Ordnung gebracht werden könnte, je früher, desto besser, denn der Sturm sei für ihn ein Geschenk des Himmels.
»Er ist von der Hölle, Carl«, erinnerte ich ihn schadenfroh. Aber nun nahm der Kommandeur die Sache in seine Hände. Er ließ seine Wachtmeister zu sich kommen. Er erklärte ihnen, daß sie vom wilden Affen gebissen seien. Dann erklärte er ihnen, daß kein Pferd in der ganzen Welt mit Ausnahme eines Zirkuspferdes auf Anhieb in das grelle, direkte Licht von Scheinwerfern zu bringen sei. Die Pferde seien zunächst am Zügel langsam in das Licht zu führen, es müsse ihnen zugeredet werden, dann sollten sie umkehren und es wiederholen.
Kurzum, der Freiherr Pfördtner von der Hölle rettete die wunderbare Aufnahme, bevor das Unwetter sich legte. Der Oberstleutnant war hernach stockheiser und seine Reiter auch.
Und jetzt erscholl Carls froher Ruf: »Aufnahme!«
Und über das ganze regenschwere Feld erscholl nun noch einmal aus allen Kehlen – und ich glaube sogar, die Pferde sangen mit –: »Nun danket alle Gott mit Herzen, Mund und Händen!«
Langsam kamen die müden Reiter vom Schlachtfeld zurück, kein Pferd scheute mehr und jedermann, der zusah, nicht zuletzt die Kameraleute hinter ihren Linsen, durch Decken geschützt, starrten entzückt auf das schöne Bild. Dicht neben mir, den Hut in der Hand, unbekümmert um sein triefendes Haar, stand tief ergriffen und krächzend mitsingend, der Oberstleutnant Freiherr Pfördtner von der Hölle.

Eine kleine Tänzerin

Eine meiner zärtlichsten Erinnerungen gehört der Tänzerin Lucie Kieselhausen. (Wir hatten nichts miteinander.) Sie war keine berühmte Tänzerin. Aber sie war ein berückendes Mädchen von einer außergewöhnlichen Anmut, sie war so klug und so hübsch, daß sie trotz ihrer Mittelmäßigkeit in Berlin stets volle Häuser an ihren Tanzabenden hatte und alle Kritiker jeden guten Faden an ihr ließen, den sie entdecken konnten. Ihre harmlos-verlockende Art, mit Menschen und besonders mit Männern umzugehen, war so, daß jeder glauben konnte, er sei es. Ihr einziger Nachteil, der viele in Verzweiflung brachte, war die ständige Anwesenheit ihrer Mama. Die Legenden von der Unerschütterlichkeit dieser Mama gingen in die Hunderte. Es gab keinen Trick, den gerissene Männer nicht versucht hätten, um Mutter und Tochter wenigstens kurze Zeit zu trennen. Die Mama war ihnen allen gewachsen. Dabei war es eine noch sehr hübsche Mama. Sie begleitete Lucie zu jedem Tanzabend, sie nahm an jeder Einladung ungebeten teil, sie war bei jedem Abendessen, in jeder Weinstube, in jedem Kabarett, in jedem Theater, in jeder Oper, auf jedem Ausflug, gemütlich, behaglich, nett, liebenswürdig, gutmütig, unerschütterlich und ohne jede Großzügigkeit.
»Wenn Mama Lust hat, kommen wir.« Das war eine Standardredensart von Lucie. Damals gingen die Wiener Tänzerinnen an solide Bewerber weg wie Butter an der Sonne.

Lucie Kieselhausen hatte eine dämonische Vorliebe für Feuer. Das ist keine Erfindung von mir, das wußte jedermann. Vor einem lodernden Kaminfeuer zum Beispiel konnte sie durch Stunden hindurch verharren, für jede Ansprache unempfindlich. Bei Bränden in Berlin pflegten Freunde ihr die Gegend mitzuteilen, und sie nahm ein Taxi, fuhr hin und starrte in die Flammen. Es ist mehr als einmal vorgekommen, daß die Tänzerin von den Feuerwehrleuten beinahe mit Gewalt aus der Zone der Gefahr weggezerrt werden mußte, weil sie die Absperrung passiert hatte und fasziniert nahe den Flammen stand.

Lucie Kieselhausen stand eines Morgens im leichten Morgenrock in ihrem Badezimmer. Sie reinigte irgend etwas mit Benzin. Es ist nie geklärt worden, weshalb sich das Benzin entzündete. Die Tänzerin stand in Sekundenschnelle in Flammen. Die tödliche Flüssigkeit rann ihr über den ganzen Körper. Ihre Mutter vermochte sie nicht mehr zu retten. Jede Hilfe kam zu spät. Sie verbrannte.

»Die heilige Johanna« und Rudolf Forster

Seit der unvergeßlichen Premiere von Bernard Shaws »heiliger Johanna« im Deutschen Theater in der Schumannstraße zu Berlin erwies sich Rudolf Forster endgültig als einer der größten deutschen Schauspieler, die unsere Generation besaß. Der größte deutsche Regisseur Reinhardt hatte die Spielleitung. Eine der größten deutschen Schauspielerinnen, die jemals lebten, Elisabeth Bergner, spielte die Johanna, Forster den König von Frankreich.
Es war ein atemberaubender Abend.
Genies waren am Werk und wir fühlten es wohl, daß wir niemals zuvor ein solches Drama in solcher Darstellung erlebt hatten und niemals wieder erleben würden. Und jene tiefe unbewußte Melancholie packte uns, die man stets vor einem sterblichen Kunstwerk empfindet, vor einem Meisterwerk, das dahingehen würde und niemals wiederkehren. Der Ruhm dieses Stükkes, dieser Inszenierung und dieser Darstellung hat sich bei allen, die dabei waren, bis heute, über Tod, Tränen und Vernichtung hinweg erhalten. Und wenn sich unter den überlebenden Zeugen dieses herrlichen Abends das Gespräch darüber erhebt, reißt einer dem anderen das Wort aus dem Munde, um von diesen Stunden zu erzählen.
Rudolf Forster, kein Jüngling mehr, spielte einen Jüngling. Einen Jüngling, der König von Frankreich war, dem Lande, in dem die Briten Krieg führten. Ein Jüngling zugleich, gekrönt,

aber launisch und kindisch, aufrichtig und niederträchtig, ehrlich und verlogen, unzuverlässig und treu, wie es ihm gefiel, frech und feige, mutig und verwegen, wie es ihm gefiel. Ein Jüngling, der glaubte, seine Krone erlaube ihm, unverschämt zu sein, und der sofort klein beigab, wenn man ihn scharf anpackte. Der große Schauspieler Rudolf Forster wurde dieser schwierigen Verzerrung Herr. Er spielte diesen jungen König von Frankreich mit schlampigen, schlenkerigen, unbeholfenen Bewegungen, mit höchst überheblichen und höchst ungezogenen und unköniglichen Manieren und zugleich mit der weichen, schnellen und unberechenbaren Grazie eines jungen, ungezähmten Tigers. Er huschte, lief, rannte oder schlich über die Bühne, manchmal fegend und stiebend, mit den Wendungen einer anmutigen Katze und lautlosen, langen Schritten. Er stand verlegen und kriecherisch vor dem alten Kirchenfürsten, unterwürfig und demütig. Um hernach mit der heiligen Johanna, Elisabeth Bergner, wie von Kind zu Kind maulend, knisternd vor Übermut, kichernd und lachend, umherzutollen.

Ganz unvergeßlich.

Bei einem Abendessen, das der Chefredakteur in seiner kleinen Wohnung in der Hohenzollernstraße gab, saß ich neben Forster. Wie immer an solchen Abenden bei Theodor Wolff befand man sich inmitten großer Politiker, Botschafter und Künstler aller Gattungen mit erlesenen Namen. Ich sah Forster zum ersten Mal privat. Mich interessierte dieser ruhige, in sich gekehrte und einsilbige Mann außerordentlich. Sein träumerischer Ernst verriet einen klugen Menschen. Er hatte nicht einmal einen Hauch von Komödiantentum an sich. Er war ein eleganter Herr im Frack, mit blonden Haaren, einem ausdrucksvollen Kopf; er unterhielt sich mit sehr leiser, bedeckter Stimme und sorgsamen Bewegungen. Seine schwermütige Art hatte es an sich, daß man unwillkürlich selber die Stimme dämpfte und beinahe selber in eine Art Melancholie verfiel. Er war eine starke Persönlichkeit, auch im Privatleben.

Ich kam auch sofort dahinter, warum dieser Schauspieler in einer völlig anderen Weise wie zum Beispiel Hans Albers auf Frauen eine unheimliche berückende Wirkung ausübte. Er war keineswegs das, was man bestrickend nennt oder was man als charmant

bezeichnet, er war nicht sprühend, nicht geistreich, nicht temperamentvoll, nicht draufgängerisch, er war nicht einmal besonders höflich, gar nicht liebenswürdig, er gab sich niemals zuvorkommend. Er gab sich gar nicht. Er blieb gleichmäßig still, ernst und aufmerksam, zugleich immer etwas abwesend und grüblerisch, er war zerstreut und doch hellwach. Und außerordentlich männlich.
Ein Gentleman.
(Gentleman. In den Satzungen der Universität Oxford aus dem Jahre 1440 wird der britische Begriff »Gentleman« genau formuliert: »hoch geboren, gut angezogen ... und mäßig gebildet ...«)
»Mäßig gebildet« war Rudolf Forster nicht, er war hoch gebildet, und weil er noch lebt, ist er es noch.
Er sprach mit einem winzigen Anflug von Lispeln, und auch das gab seinem ganzen Wesen etwas Verhaltenes, Geheimnisvolles und Anziehendes.
Diesem schweigsamen Mann und mir gegenüber saß der französische Botschafter, Herr de Margerie, und schräg gegenüber dessen Sohn, der junge de Margerie. Dieser war von Forster hingerissen und ließ kein Auge von ihm, obwohl seine junge Frau, Madame de Margerie, es wert war, kein Auge von ihr zu lassen. Ich habe Forster privat niemals wiedergesehen. Jedoch hinterließ die kurze Begegnung bei einem Abendessen in mir einen der tiefsten Eindrücke, die ich von Männern hatte. Selten traf ich eine Persönlichkeit, die so ganz lautlos für sich wirkte, als Mensch und Erscheinung rein und klar und ohne Narbe und Scharte, von besonderem und auserlesenem Format.
Das ist alles, was ich über Rudolf Forster sagen kann. Vielleicht ist es wenig. Vielleicht ist es viel. Vielleicht ist es aber auch das Beste, was man von einem Manne sagen kann.

Geschichten von Anton Kuh

Es gab noch einen Mann in Berlin, der einen unauslöschlichen Eindruck in mir hinterließ. Auf ganz andere Weise. Das war Anton Kuh, ein österreichischer Journalist, der sich, wie so viele andere österreichische Journalisten, hatte nach Berlin verlocken lassen. Er war ein Phänomen. Er war eines der größten Genies der mündlichen Erzählkunst, der Improvisation. Er war auch ein Genie in der Erlangung ungezählter Vorschüsse von sämtlichen (demokratischen) Tageszeitungen und Zeitschriften der Hauptstadt. Mittelgroß, schlank, beweglich, fahrig mit einem immer bleichen Gesicht, zwischen dessen riesenhaften Poren sich stets ein nervöses Zucken bewegte, mit auf- und abwippenden schweren Augensäcken, schnell auf- und zuklappenden Augenlidern, einem Mund mit gewaltigen Lippen, einer dunklen wilden Zigeunermähne, deren Locken er unablässig mit kurzen schnellen Bewegungen zurückwarf, einem zerklüfteten Gesicht voll Klugheit und Hinterhältigkeit, in dem ein übergroßes Einglas festgerammt klebte. Er war eines der letzten Exemplare der Wiener und Berliner Bohèmiens. Er konnte, wie gesagt, großartig und beispiellos erzählen. Ich habe niemals zuvor und niemals wieder einen Schriftsteller erlebt, der mich so faszinierte. Denn Anton Kuh war ein Schriftsteller. Und also ein Erzähler. Und genau das war seine schwache Seite, die er niemals überwinden konnte. Er erzählte genial, aber er schrieb mittelmäßig, und oft schrieb er sogar schlecht. Und wenn ihm die Götter vergönnt hätten, so gut zu schreiben, wie er erzählen konnte, wäre er einer der ganz großen Schriftsteller unserer Zeit geworden.
Wir alle ohne Ausnahme liebten diesen Zigeuner.
Da gab es in jenen goldenen Jahren vor 1933 in der Nähe der Gedächtniskirche ein winziges Schauspielerlokal. Es gehörte dem Schauspieler Viktor Schwannecke, einem bescheidenen Mann, dem unsere Sympathie gehörte. Die Räumlichkeiten waren ärmlich und die Ausstattung die eines mittelmäßigen, bürgerlichen Restaurants. Acht Tische standen in Nischen.
Und wenn dieser Raum vom Glanz berühmter Namen, den dazu gehörigen Damen und den mitgebrachten Bekannten über-

lief, gab Herr Schwannecke seine private Stube dazu. Nicht jedermann durfte hereinkommen. Er mußte Mitglied eines »Clubs« sein, den der Inhaber zum Schutze seiner Kostbarkeiten, Edelsteine und Raritäten gegründet hatte. Dieses winzige Restaurant besaß eine unvergleichliche Atmosphäre. Und es war Abend für Abend und Nacht für Nacht durchlärmt von den Gottheiten des Theaters, des Films, der Oper, der Operette und auch der Presse und auch der Literatur. Es war Bohème auf höchster Ebene. Die Aufsicht an der Eingangstüre und an der Garderobe hatte ein blutjunger Bursche mit einem runden Babygesicht, der ein unbestechliches und absolut souveränes Gedächtnis für sämtliche Gesichter und Namen wie auch für sämtliche bei ihm abgegebenen Überkleider, Hüte, Schirme und Mappen besaß. Er hieß Jonny. Und kein Geldbetrag war imstande, den Eintritt zu erkaufen. Trotz seiner Jugend und obgleich niemand von uns wußte, woher er kam und wohin er am Morgen ging, unterordnete sich alles ohne Ausnahme seiner Entscheidung. Er war ein Genie an Menschenkenntnis, und er war ein Genie seiner Garderobe. Er häufte die ihm zur Aufbewahrung ausgehändigten Sachen, Pelze, Mäntel, Jacken, Hüte und alles miteinander auf einen kleinen Tisch am Eingang zu einem anscheinend für immer unentwirrbaren Haufen. Aber wer auch immer aufbrach und seine Sachen haben wollte, erlebte das Wunder, daß Jonny den Gast flüchtig musterte und dann mit sicherem Griff sein Eigentum aus dem Haufen hervorzog. Jonny war auch ein Genie der kleinen Geschäftchen. Er gab an jedermann, den er kannte und der es im Moment brauchte, aus der Hosentasche Darlehen in unbeschränkter Höhe, verlangte keine Quittung und mahnte niemals und niemand. Er war auch ein Agentengenie. Er vermittelte alles, was es zu vermitteln gab: Zimmer, Wohnungen, Häuser, Partnerinnen und Partner, und er konnte sogar bisweilen unter der Hand kleine Rollen vergeben. In den eiskalten Winternächten stand Jonny meistens gelassen vor der Tür zum Lokal und ließ passieren, wer passieren durfte und sonst niemand. Sein Herz gehörte dem »Bau«. Natürlich kassierte er Trinkgelder ein (ohne jemals eine Miene zu machen, als ob er es erwarte), die sich sehen lassen konnten. Es waren, wie ich weiß, riesige Trinkgelder und hohe Beträge, denn zu der wohlvertrauten Freigebigkeit

und Großzügigkeit aller Künstler kam die Tatsache, daß, wenn sie endlich aufbrachen, sie vom Alkohol so beflügelt und von dem Zusammensein mit Freunden dermaßen fröhlich waren, daß sie nicht einen einzigen Blick auf die Scheine warfen, die sie Jonny gaben. Der steckte sie, ohne seinerseits einen einzigen Blick auf sie zu werfen, in die Hosentasche.
In diesem Lokal preßte sich nach Theaterschluß alles herein, bis Jonny wegen Lebensgefahr die Tür kategorisch abschloß und niemandem mehr öffnete, mochte es ein Star aller Stars sein.
Schwannecke wurde zu einer Seuche, der man rettungslos verfallen war. Das heißt, einen Abend nicht dort gewesen zu sein, war ein verlorener Abend. Ewige gute Laune! Ungeheure Stimmung! Freundschaften wurden geschlossen und wieder zertrümmert. Bekanntschaften wurden gemacht und wieder vergessen. Liebschaften erblühten zu Hunderten, führten manchmal vor den Altar, meistens aber vor den Scheidungsrichter, Feindschaften wurden ausgetragen und endeten in Umarmungen und Küssen, und jahrelange Intimitäten verwandelten sich urplötzlich in Bitternis, Abscheu und jahrelange Trennung.
Und hier bei Schwannecke saß Abend um Abend Anton Kuh. Es war seine ganz große Zeit. Hier erzählte er alles, was er erlebt und was er nicht erlebt oder angeblich erlebt hatte oder was er erleben wollte. Um ihn herum ein großer Kreis atemloser Zuhörer. Wir hingen betäubt an seinen vollen, immer zuckenden Lippen, die so wundervolle Dinge sagten. Bisweilen explodierten wir in ein orkanartiges Gelächter, denn das beste an unserem geliebten Märchenerzähler war ein unbeschreiblicher Humor. Und das allerbeste an ihm die Lust, sich selber zu verspotten und sich selber rücksichtslos auf den Arm zu nehmen.
Mein Gott, wie konnte dieser Mann erzählen!
Heute noch packt mich in der Erinnerung wilde Begeisterung. Denn was er auch erzählte, stand leibhaftig vor einem, ob es ein Mensch, ein Tier, ein Baum, eine Begebenheit, ein Zustand war. Und alles mit tausend und wieder tausend Varianten, Kleinigkeiten, filigranhaften winzigen Nuancen. Seine Formulierungen waren zauberhaft. Wir alle, die ihm zuhörten, zerrissen uns ohne jeden Neid vor aufrichtigem Kummer, daß er niemals so schreiben konnte, wie er erzählen konnte. Es war eine Tragödie. Wie

oft redeten wir auf ihn ein und waren bereit, jeden Betrag beizusteuern, wenn er in drei Teufels Namen eine Stenotypistin engagierte, die mitschrieb, was er erzählte. Es kam nie dazu. Er wollte nicht. Und als er einmal entdeckte, daß wir auf unsere eigene Kappe ein Fräulein gemietet hatten, das einst einen Preis für Schnellstenographie bekommen hatte, stand er wortlos auf und ging weg.

Er hatte nie Geld. Deshalb stand er bei jeder (demokratischen) Redaktion hoch im Vorschuß. Wir bewilligten ihm mit geschlossenen Augen, was er sich erbat. Ich saß stets etwas verlegen, wenn er bei mir erschien und einen seiner Aufsätze auf den Tisch des Hauses legte. Sie waren weder gut noch waren sie schlecht. Sie waren Durchschnitt. Was er an den unvergeßlichen Abenden vor uns wie ein Feuerwerk abbrannte, erwies sich in seinen Manuskripten als grau, leblos, trocken und nüchtern. Wir hatten, ohne uns zu besinnen, jeden Betrag ausbezahlt. Aber allmählich wuchs unser Guthaben so stark an, daß wir bremsen mußten. Dabei hatte Anton Kuh es uns leicht gemacht. Er gehörte mitnichten zu jenen ehrgeizigen Autoren, die nicht nur Vorschuß verlangten, sondern auch forderten, ihr Beitrag müsse gedruckt werden. Anton Kuh war zufrieden, wenn er seine Anweisung in der Hand hatte und zur Hauptkasse spazieren konnte. Ob sein Beitrag gedruckt wurde oder verschwand, war ihm durchaus schnuppe. Es war eines der untrüglichen Zeichen, mit welch lebensuntüchtigem und geschäftsuntüchtigem (und liebenswertem) Schriftsteller wir es zu tun hatten.

Er hatte Protektoren. Zum Bespiel gab ihm Herr Adlon, der das nobelste und teuerste Hotel Berlins besaß, oben im Dachgeschoß ein hübsches Zimmer mit freier Verpflegung. Er durfte von der hochvornehmen, endlosen Speisekarte essen, was er wollte, denn der alte Herr hatte einen Narren an ihm gefressen, wie wir alle. Wegen einer ganz und gar unglücklichen Sache, in die eine kleine, ganz und gar unwichtige Tänzerin verwickelt worden war (in keiner Verbindung mit Anton Kuh) und in der er sich ganz und gar dumm benahm, mußte er ausziehen.

Er kam auf einen riskanten, abenteuerlichen und tollkühnen Einfall. Wir prophezeiten ihm einen gewaltigen Erfolg und behielten recht. Anton Kuh versuchte es mit einer Matinée. Wir halfen ihm, für einen Sonntag vormittag (probeweise) ein Theater zu mieten. Und Anton Kuh kündigte an, er werde zu dieser Stunde aus dem Stegreif sprechen. Also so, wie er zu uns bei Schwannecke sprach. Über alles mögliche und alles nur Denkbare. Wenn er dabei auch nur ein Gran Lampenfieber hatte, war er verloren. Er hatte kein Lampenfieber, nicht ein bißchen. Und der Erfolg war grenzenlos. Denn wer außer ihm hätte soviel spontane Einfälle gehabt, um verwöhnte Berliner Snobs auf ihren Sesseln über eine Stunde festzuhalten? Nur er konnte es.

Meine letzte Erinnerung an ihn spielt in Venedig. In dieser durch keinen Fremdenverkehr zu erwürgenden Stadt. In einer der unbeschreiblichen Mondnächte durchstreifte eine Gruppe meiner Freunde und ich, jeder an seiner Seite die Angetraute oder Nichtangetraute, die Gassen, Winkel, Brücken, Plätze und Bögen der Stadt. Damals begegnete man bei jedem Schritt uralten, alten, neuen oder funkelnagelneuen Bekannten. Und so waren wir durchaus nicht baß erstaunt, als wir auf einen vom Gestirn der Nacht hell erleuchteten kleinen Platz einbogen und mit erfreutem Geschrei empfangen wurden. An einer langen, im Freien gedeckten Tafel, überflüssigerweise von einer Million Kerzen erhellt, überladen mit Silber und Blumen und edlem Geschirr und mit funkelnden Pokalen, saß halb Berlin.

Max Reinhardt saß bescheiden wie immer dabei, mein Freund Paul Graetz mit seiner neuen wunderschönen ungarischen Freundin war da, der Maler Orlik kümmerte sich nicht im mindesten um etwas anderes als um seinen Bleistift und sein Zeichenheft (wie immer), und mitten unter den Genossen saß auch Anton Kuh. Sie hatten ein Fest gefeiert. Das Fest war nun zu Ende. Und jedermann bezahlte seinen Anteil. Mir fiel an dieser erlauchten Tafelrunde sofort eine allgemeine, unterdrückte Heiterkeit auf. Ich erfuhr die Sache.

Alle hatten ihre Rechnung beglichen, nur Anton Kuh nicht. Es war anzunehmen, daß er nicht genügend Geld bei sich hatte. Und alle hatten sich geschworen, ihm diesmal die Zeche nicht zu bezahlen. Neben Anton Kuh saß seine neue Freundin, eine sehr hübsche, sehr üppige Wiener Sängerin. Sie hieß Maria. Es war wie alle Freundschaften zu Frauen bei Anton eine platonische Liebschaft. Denn unser Anton machte sich aus Frauen we-

niger als nichts, nämlich gar nichts. Aber Frauen und Mädchen liebten ihn um seines Genies willen. Dieser seltene Vorgang findet sich in der Bohème öfter als man annimmt. Hier hat der Geist noch eine gewisse Macht über romantische Frauen, sogar eine erotische Macht. Ich sah, daß Anton nervös um sich blickte, und das Zucken seines zernarbten Gesichtes wurde ziemlich stark. Auch glitt das Einglas – ein unerhörter Vorgang – immer wieder aus seinem Auge, und er klemmte es mit wütendem Griff wieder an seinen Platz. Unter der Tür des Wirtshauses stand der Wirt, eine massige, schwarzhaarige Brigantenfigur, der man ansah, daß sie sich eine unbezahlte Zeche nicht gefallen lassen würde. Vorläufig beobachtete er noch schweigend den Kellner, der neben Anton stand und höflich darauf wartete, bezahlt zu werden. Eine peinliche Stille trat ein. Aus der Ferne von den Kanälen her, hörte man den schönen Bariton eines Gondoliere. Die Stille wurde grimmig, dann starrte jedermann vorwurfsvoll auf den Zechpreller. Da stand Anton auf und nahm die Situation in die Hand. Mit einer weiten Handbewegung wischte er nachsichtig über seine unzuverlässigen Freunde weg, und dann hörte man seine klangvolle Stimme über die stille Piazetta hinwegtönen: »Ich kann die Zeche nicht bezahlen. Maria, sei so nett und gib dich dem Wirt hin!«
Und der Wirt verbeugte sich unter der Türe vor Maria und sagte gelassen: »Die Zeche ist bezahlt, gnädige Frau, küß' die Hand.«
Denn der Wirt war Wiener.
Das war Anton Kuh.
Er lebt nicht mehr. Und so etwas wie ihn gibt es nicht mehr. Ehre und Ruhm diesem genialen Burschen und eine Zuhörerschaft von Engeln in der Ewigkeit, diesem Schriftsteller, der nicht schreiben, aber brillant erzählen konnte und der uns so viele Male entzückte mit dem Gefunkel seiner Stegreifberichte, die mehr wert waren als alles Honorar, und die mit Geld überhaupt nicht bezahlt werden konnten.

Die unermüdliche Lilian Harvey

Aus der Abenddämmerung meiner Erinnerungen betritt die Szene eine kleine, blonde Person namens Lilian Harvey. Ich habe sie nur ein einziges Mal gesprochen. Aber ich wußte von ihrer besten Eigenschaft: Sie war von einem märchenhaften Fleiß, einem unglaublichen, beispiellosen Fleiß, einer besessenen Arbeitswut. Der Regisseur des längst vergessenen, wunderbaren und tollkühnen Films »Capriccio« schilderte mir, wie sie arbeitete. Sie hatte die Hauptrolle zu spielen, wie immer mit ihrem ständigen Partner Willi Fritsch, waren die beiden doch dereinst das berühmteste Liebespaar des deutschen Films.

Die Harvey war physisch außerordentlich zart, und ihre Lunge war in großer Gefahr. In diesem temperamentvollen Film hatte sie zu tanzen, zu singen, zu reiten, zu flüchten, zu jagen, zu rennen, zu stürzen. Und sie holte das Letzte vom Letzten aus sich heraus. Indessen die anderen jungen Damen der Branche sich oft lediglich auf ihre hübschen Gesichter verließen oder auf ihre untadeligen Beine oder auf ihre intimen Beziehungen, verließ sich diese kleine Person auf ihren Fleiß, ihren wütenden, berserkerhaften, unnachgiebigen Fleiß, der ihre Begabung festigte und entwickelte. Bevor die Dreharbeit für den Film begann, stand sie monatelang morgens in aller Frühe auf und nahm Reitstunden, Fechtstunden und Gymnastikstunden. Sie ließ sich von einem rücksichtslosen Ballettmeister trainieren, von einem rücksichtslosen Reitlehrer schikanieren und von einem rücksichtslosen Fechtmeister die Handhabung des Floretts einbläuen. Dann nahm sie Unterricht bei einer Yoga-Lehrerin in der Atemtechnik, eine damals noch kaum bekannte Methode. Dann eilte sie zu einem Sprechmeister und machte Stimmübungen. Und ungezählte Male unternahm die Kleine in Wind und Wetter Dauerspaziergänge, um ihren schwachen Körper hart zu machen. Niemals ließ sie locker, niemals ließ sie sich gehen und nichts ließ sie sich durchgehen. Sie ging beinahe drauf dabei.

Jedermann, der mit ihr arbeitete, wußte, daß sie ein Phänomen an Zuverlässigkeit, Pünktlichkeit und Gewissenhaftigkeit war. Und sie hätte sich angesichts ihrer Berühmtheit und ihrer Be-

liebtheit so vieles schenken können. Sie schenkte sich nichts. Sie erlaubte sich niemals, das Publikum durch leichtfertige Improvisationen übers Ohr zu hauen, was sich so manche Lieblinge erlaubten.
Sie bekam sehr hohe Gagen. Diese Gagen verdiente sie auf das würdigste, das heißt, sie hatte die Beträge wohlverdient.
Sie verschwand nicht so bald von der Leinwand wie so viele andere, an denen sich die Zuschauer müde gesehen hatten. Als andere junge Schauspielerinnen älter wurden, der Zauber ihrer Jugend geschwunden und auch ihre Schönheit verblaßt war, lag Lilian Harvey noch immer mädchenhaft und ewig jung in den Armen von Willi Fritsch. So viele Namen erloschen. Lilians Name blieb. Ein Genie an Disziplin, Selbstbeherrschung, tadellosem Benehmen, enormem Fleiß und unbarmherziger Selbstkontrolle.

Max Reinhardt und Helene Thimig

Dieses Kapitel beginne ich mit großem Respekt, denn es handelt von einem Könner hohen Grades und einem Menschen hoher Kultur. Sein Name ist Max Reinhardt. Ich habe ihn oft getroffen. In Berlin, in Salzburg, in seinem Märchenschloß Leopoldskron, auf unzähligen Gesellschaften. Aber ich habe nur selten mit ihm gesprochen. Dieser kleine, bescheidene, stille Mann mit dem unbewegten Gesicht, den aufmerksamen Augen, der leisen Stimme wäre mir auch aufgefallen, wenn ich nicht gewußt hätte, wer und was er war. Und wenn wirklich das höchste Glück der Erdenkinder Persönlichkeit ist, dann trug er dieses höchste Glück in seinem ganzen Wesen. Von seinem Lebenswerk brauche ich nichts zu erzählen und nichts zu berichten. Es steht da. Es bleibt unvergeßlich, solange jene noch leben, die es verfolgen konnten. Und wenn der Letzte dieser Zeugen in die Erde gesenkt wurde, wird auch sein Name und sein Werk verschollen sein. Denn sein Werk war das Theater und die Schauspieler, und beides wird sehr schnell abgemäht wie das Gras auf dem Feld. Jedoch strahlt heute sein

Stern noch unverblaßt in der Geschichte des deutschen Theaters und in der Lebensgeschichte aller Schauspieler und Schauspielerinnen, die sich unter seinen Händen entwickelten und zu dem wurden, was sie waren oder noch sind.

In seiner Gegenwart war es mir, der ich bisweilen ziemlich aufdringlich sein konnte, wenn mich etwas oder jemand stark interessierte, in seiner Gegenwart war es mir unmöglich, eine gewisse Schüchternheit zu überwinden. Er war einst Schauspieler gewesen, aber er wirkte niemals wie ein Schauspieler. Er war kein Komödiant, obwohl er vom Blut her Schauspieler gewesen ist. Ich sah ihn auf seinen berühmten Proben, und ich sah einen Zauberer. Er verhexte seine Darsteller innerhalb von Sekunden. Es war einem Wunder gleich, wie gerade hochbegabte Schauspieler auf ihn wie hochempfindliche Antennen reagierten. Sie begriffen schon seine halb ausgesprochene Anweisung. Dabei verwandelte er keinen von ihnen, im Gegenteil. Die Magie und die hohe Glorie seiner Regie waren die schöpferische Fähigkeit, die eigene Persönlichkeit des Darstellers aus ihren verborgensten Tiefen hervorzulocken und ungeahnte Kräfte bloßzulegen. Ich sah zu, wie Reinhardt einen schauspielerischen Wilden, einen Piraten und Seeräuber und Briganten der Bühne wie Max Pallenberg zähmte. Dieser geniale Darsteller räuberte im Textbuch nach Belieben und Gefallen, er irritierte seine Partner unentwegt durch Wort- und Satzverdrehungen und Satzverrenkungen oder auch durch plötzliches Stillschweigen, wenn sein Stichwort fiel, oder er machte völlig ungeniert unflätige Bemerkungen. Seine unglücklichen Partner und Partnerinnen verfielen dabei in Lachkrämpfe.

»Herr Pallenberg«, sagte Reinhardt mit leiser Stimme, »wir warten so lange. Toben Sie sich aus.«

Jedoch ließ der kluge Regisseur dieser Komikerbestie den weitesten Spielraum für seine ungeheuren Witze und seine skurrilen Eskapaden. Ich glaube, daß niemand es jemals wagte, zu Reinhardt vorlaut zu werden oder ihm zu widersprechen. Das war einfach nicht möglich. Ich war dabei, als er einen Schauspieler aus jämmerlicher Ungeschicklichkeit, Umständlichkeit und Schwerfälligkeit mit einem einzigen Satz herausholte: »Sie sind Linkshänder«, sagte er zu dem verzweifelten Mimen, »also machen Sie es mit der Linken.«

Dieser wunderbare Regisseur bestand aus einer stets geduldigen, höflichen Aufmerksamkeit und Behutsamkeit. So konnte nur ein Mann arbeiten »in vollkommener körperlicher Verfassung, in seinen besten Stunden, in seiner größten geistigen Form und unter den glücklichsten Konstellationen seiner Sterne und aller Umstände, die in Frage kamen.«
Das Glück, das große Glück seines Lebens und seiner ganzen Arbeit, war ein kostbares Geschenk der Götter: sein Bruder Edmund. Auch er war ein Magier. Er verwaltete die ineinander verschlungenen Finanzen von Max. Er verwaltete sie so, daß Reinhardt sich niemals den Kopf zu zerbrechen hatte, wie er eine Unternehmung finanzieren könne. Edmund finanzierte sie. Und Edmund war noch bescheidener als sein Bruder. Es gab viele Leute, die von seiner Existenz gar nichts wußten. Niemals fiel irgendwo in der Öffentlichkeit sein Name.
Sein Gleichgewicht habe ich nur einmal erschüttert gesehen. Das war auf Schloß Leopoldskron bei Salzburg, dem Fürstensitz von Max, in dem nur Wachskerzen brannten und lautlose Lakaien in schöner Livree die auserlesensten Gäste bedienten. Damals allerdings geriet der stille Edmund in Raserei. Reinhardt hatte eine ausländische Tournee geplant. Sie sah schon im Voranschlag unausführbar aus. Da lernte Edmund einen amerikanischen Krösus kennen, mit Gemahlin. Er lud ihn im Namen seines Bruders Max zu einem Abendessen auf Schloß Leopoldskron ein. Und er beschwor Max, als weitere Gäste das Teuerste, Beste und Seltenste und Rarste einzuladen. Und beim weichen, warmen Glanz ungezählter Kerzen saß der Krösus zwischen Erzherzögen, Bischöfen, Ministern, ungarischen Magnaten, Prinzen und Prinzessinnen, Fürsten und Fürstinnen, Grafen und Gräfinnen.
Der Krösus blieb im Schloß über Nacht, mit Gemahlin. Aber beim Morgengrauen wurde Edmund rauh geweckt. Ein Diener flüsterte, der Krösus sei noch in der Nacht aufgestanden, habe seinen Chauffeur und seinen Cadillac bestellt, habe gepackt und sei am Abreisen. Es gab ein unbeschreibliches Durcheinander. Edmund eilte hinunter. Er fand einen tief entrüsteten Krösus beim Einsteigen. Der Amerikaner sagte, er verstehe Spaß. Spaß müsse sein. Aber was man mit ihm gemacht habe, sei kein Spaß mehr, sondern eine Ungehörigkeit.

Nach etlichem Hin und Her stellte sich folgendes heraus: Ein witziger Schauspieler, dessen Namen ich nicht verraten will, hatte als Tischgenosse unweit des Amerikaners gesessen und diesem mitgeteilt, das Abendessen hier sei eines der Regie-Meisterstücke von Max Reinhardt. Denn, teilte er dem zu Eis erstarrten Krösus mit, denn die Erzherzöge, die Bischöfe, darunter der Erzbischof von Salzburg, die Minister, die ungarischen Magnaten, die Prinzen und Prinzessinnen, die Fürsten und Fürstinnen, die Grafen und Gräfinnen seien nicht echt. Sie würden von Schauspielern und Schauspielerinnen der Reinhardtbühnen dargestellt. Jetzt war klar, warum der Amerikaner so früh vom Tisch aufgestanden und verschwunden war, mit Gemahlin. Er tobte auf seiner Zimmerflucht. Er nahm unzählige Beruhigungsmittel, und als es gegen Morgen ging, und er dazu imstande war, beschloß er, unverzüglich ohne Abschied wegzufahren, mit Gemahlin.
Nun, Edmund war sprachlos. Er erklärte, daß jeder Gast echt gewesen sei. Der Krösus glaubte kein Wort mehr. Erst als Max hinzukam und man ihn hell auflachen hörte, als er vernahm, was gespielt worden war, diesmal nicht unter seiner Regie, aber nicht minder unbegabt, kam die schiefe Situation wieder auf eine gerade Ebene. Der Krösus ließ die Koffer wieder auspacken, kehrte in seine Zimmerflucht zurück, mit Gemahlin und bewilligte selbigen Tages die riesige Summe. –
Hitler ließ auch das Genie Max Reinhardt nicht mehr im Lande. Der Mann, der in Berlin das beste Theater der Welt gemacht hatte mit den besten Schauspielern der Welt, ging nach New York. Dort hatte er nicht viel Glück. Er reiste weiter nach Kalifornien, an seiner Seite, wie immer, seine wunderbare Frau, Helene Thimig.
Auch in Kalifornien hatte er nicht viel Glück. Er war nicht alt geworden und müde, sein Können stand noch auf hoher Stufe. Er war nur entwurzelt. Er starb in Kalifornien. Er starb, das ist sicher, an Heimweh und an gebrochenem Herzen. Sein Bruder Edmund war schon viel früher in Berlin gestorben.
Mit dem unvergeßlichen Namen Reinhardt ist der Name Helene Thimig untrennbar verbunden. Sie war eine der großen deutschen Schauspielerinnen, sie war Reinhardts große Freundin, sie war seine Ehefrau, und nun ist sie seine Witwe. Diese blonde,

schlanke, streng wirkende Frau mit dem verschlossenen stillen Gesicht, den hervortretenden Backenknochen, der anmutig stumpfen Nase und den kühlen Augen, diese lautlose Frau war von unbeschreiblich hohem Reiz. Sie hatte dieselbe Art sich zu geben wie Reinhardt. Schweigend, höflich, aufmerksam und behutsam und mit demselben unmerklichen Hauch gelassener Ironie. Um sie lag dieselbe sanfte, aber unnachgiebig abwehrende Aura, zu der nur wenige Zutritt fanden. Wer nicht wußte, wer sie war, wäre niemals auf den Gedanken gekommen, dies sei eine Schauspielerin. Sie war eine Lady, für welchen Begriff es in deutscher Sprache nirgends ein Wort gibt.

Die beiden zusammengehörenden Menschen erlebt zu haben, gehört zu jenen wenigen unverdienten Glücksfällen, die einem zuweilen in diesen irdischen Gefilden zuteil werden können.

So lege ich denn diese beiden Namen ehrfürchtig in den Schrein meiner Erinnerungen zurück.

Klabund und Carola Neher

Die jungen Menschen von heute werden einen Dichter, der den seltsamen Namen Klabund trug, nicht mehr kennen und kaum etwas von ihm gelesen haben. Er war ein kleiner, schmalbrüstiger, kurzsichtiger, sehr blasser und unscheinbarer jüngerer Mann, ein von der Tuberkulose längst gezeichneter ewiger Jüngling.

Ich kannte ihn ganz gut. Er wußte, daß ich ihn liebte. Und obwohl wir niemals länger miteinander gesprochen hatten, empfanden wir beide stets ein Gefühl der Vertrautheit und der Freundschaft. Er gehörte zu jenen Schriftstellern, von denen ich unentwegt glaubte, ich müsse irgend etwas für sie tun. Er gehörte zu den Lebensuntüchtigen.

Ihm wurde nur Bitternis zuteil.

Und weil ich das wußte, geriet ich seinetwegen einmal völlig außer mir. Das war in grauer Vorzeit auf einem der großen win-

terlichen Berliner Kostümfeste. Da traf ich ihn, wie heimatlos mitten durch das bunte Gewühl streifend. Er war im Smoking, der um seinen abgemagerten Leib schlotterte. Hinter seinen dicken Brillengläsern irrten seine Blicke suchend umher. Er trug eine kleine kostbare weiße Damenhandtasche an sich gepreßt. Schweißtropfen standen auf seiner Stirn. Er atmete kurz und heftig. Er suchte seine Frau. Carola Neher. Um diese strenge Jahreszeit hätte Klabund längst in Davos sein müssen oder in einer anderen Lungenheilstätte, wenn er sein schon verlöschendes Leben um ein weniges verlängern wollte. Der gequälte Ausdruck seines kleinen Gesichtes und sein gehetztes Verhalten und die Sorge, die er verriet, bewegten mich tief. Er war völlig erschöpft.
Ich nahm ihn am Arm.
»Klabund! Sie sind in diesem eiskalten Winter noch in Berlin?«
Er sah mich zerstreut und unruhig an.
»Haben Sie meine Frau gesehen?«
Er sucht seine Frau, dachte ich und war leicht beunruhigt.
Denn Carola, diese schwarze hübsche Menschenfresserin, konnte, soweit ich Frauen dieses verhängnisvollen Typs kannte, an einem schwachen Mann wie Klabund kein Genügen finden. Wahrscheinlich hatte sie sein Name gelockt. Es konnte auch sein, daß sie nach Art von Hexen zuerst Mitgefühl mit diesem berühmten kranken Jüngling empfunden und ihn geliebt hatte. Dann aber konnte man sich an den Fingern abzählen, was passieren würde. Nur Klabund zählte es sich nicht an den Fingern ab.
»Ich suche meine Frau schon die ganze Zeit«, sagte er müde, »ich finde sie nicht. Ich möchte gerne nach Hause gehen. Sie kann ja hierbleiben, wissen Sie. Ich müßte ihr nur ihr Handtäschchen geben.«
Mein Herz wurde schwer vor Mitleid. Warum, du Idiot, dachte ich, warum hast du eine Hexe geheiratet?
Was Carola betrifft, so mochte ich sie sehr gerne. Ich hätte sie nur niemals geheiratet. Das ist wieder einer meiner hyperklugen Sprüche, die ich stets sofort bereit hatte, nur mir selber gegenüber hatte ich sie nicht bereit. Hol's der Satan!
Carola war nicht nur hübsch und nicht nur klug, sondern auch sehr begabt. Das war eine Übermacht.
Als der Dichter Gottfried Benn in Crossen an der Oder dem

toten Klabund die Grabrede hielt, sagte er die unsterblichen Worte: »Klabund gehörte zu jenen von uns, die den Härten des Lebens nichts anderes entgegenzusetzen haben als ihren Glauben, ihr Talent und ihr Leiden ...«
Carola Nehers großartiger Erfolg in der »Dreigroschenoper« war noch funkelnagelneu.
Ich stand eine Weile ratlos und blickte in das erschöpfte Gesicht vor mir. Natürlich amüsierte sich Carola in diesen Augenblicken anderswo. Natürlich tanzte sie in diesen Augenblicken anderswo, indem sie von einem Arm in den anderen flog. Natürlich hatte sie ihren stillen Mann völlig vergessen. Und wenn mich der Anblick seiner geduldigen, nachsichtigen, demütigen Gestalt nicht so ergriffen hätte, würde ich ihn wahrscheinlich angebrüllt haben: »Mann, lassen Sie Ihre Gemahlin laufen. Stopfen Sie ihr verdammtes Handtäschchen in die Smokingjacke, fahren Sie heim oder suchen Sie sich hier eine nette Frau, es sind genügend da.«
Ich verstand beide. Das ist die ewige Kalamität in solchen Konstellationen. Man versteht beide Teile. Deshalb vermag man auch keinem beizustehen. Ich sagte nichts. Aber es war Klabund, der vor mir stand. Und er war krank. Und ich beschloß, mich auf seine Seite zu schlagen, was auch dabei herauskäme. Ich brachte ihn bei meinen Freunden an einem Tisch unter. Ich feuerte das Handtäschchen auf einen Stuhl. Ich versorgte ihn mit Sekt. Dann sagte ich: »Bleiben Sie hier sitzen. Rühren Sie sich nicht von der Stelle. Ich suche sie.«
Selbstverständlich fand ich sie sofort. Nur Ehemänner scheinen, wenn sie auf die Suche nach ihren Frauen gehen müssen, im Trubel solcher Feste ihre Frauen niemals (oder zu spät) zu finden. Ich fand sie sofort. Sie tanzte mit einem windigen, hübschen Burschen, der sich als Hamburger Zimmermann kostümiert hatte. Er sah, ich muß das sagen, sehr gut aus.
»Hau ab, Bruder«, sagte ich zu dem Zimmermann.
»Wat denn, wat denn?« sagte der Zimmermann. »Wat willste? Wat bist du denn för eene Nulpe?«
Carola stand atemlos vom Tanz neben uns.
Ich warf einen flüchtigen Blick auf die klinische Gesamterscheinung des Hamburger Zimmermanns und gewann den Eindruck, daß er, wenn es sein mußte, sofort k. o. gehen würde.

»Hau ab, Genosse«, wiederholte ich und zog Carola weg von ihm. Bevor sie etwas äußern konnte, sagte ich: »Hören Sie zu. Ihr Mann sitzt an meinem Tisch. Er ist hundemüde. Er ist krank.«
Sie sah mich unschlüssig an und blies sich die feuchten Strähnen aus dem Gesicht, das erhitzt, braun und sehr schön aussah.
»Ich komme dann«, sagte sie leichthin. »Wo ist Ihr Tisch?«
»Sie kommen nicht dann«, sagte ich, »Sie kommen sofort mit mir.«
Der Hamburger Zimmermann hatte sich inzwischen in Wut versetzt, er faßte mich an der Schulter und sagte: »Hör mal zu. Du Nulpe, ich ... «
Weiter kam er nicht, denn ich hatte in dem Institut des ehemaligen Gardehauptmanns von Beerfelde barbarische Lektionen im Boxen und nachher noch im Jiu-Jitsu genommen, und ich hatte es heraus, einen Mann umzukrempeln, wenn er nicht auch Lektionen im Boxen und Jiu-Jitsu genommen hatte. Ich faßte den erbosten Zimmermann am Oberarm. Das genügte.
»Oh verflucht«, sagte er, »lassen Sie mich los!«
Ich nahm Frau Klabund ebenfalls am Arm, mit einer zarteren Variation, und steuerte sie durch das Treiben bis zu meinem Tisch. Wir sprachen kein Wort unterwegs. Die beiden brachen sofort auf. Auch sie sprachen kein Wort zusammen. Sie sagten auch nicht adieu.
Ich habe beide niemals wiedergesehen. Klabund starb und wurde in seiner Heimatstadt Crossen an der Oder mit allen Ehren, die von der Stadt aufgebracht werden konnten, zu Grabe getragen. Viele Menschen waren aus Berlin gekommen, um Klabund zu Grabe zu geleiten. Darunter sah ich viele bescheidene Gestalten aus der Heimat der Bohème, dem Romanischen Café. Sie hatten ihre Groschen zusammengesucht, um Klabund die letzte Ehre zu erweisen, denn sie liebten ihn nicht nur, sie lasen ihn auch. Die Trauerrede hielt, wie ich schon sagte, der Dichter und Arzt Gottfried Benn. Es war das Schönste, was ich jemals hatte an einem Grabe sprechen hören, das Formvollendetste, das Tiefste, das Höchste und das Feierlichste. In die große Stille des Friedhofes hinein, in dessen Zypressen ein leichter Wind wühlte, ertönte der Klagegesang eines Freundes für einen Freund, eines Dichters für einen Dichter, gehalten in der einfachsten Sprache

eines betrübten Herzens. Und zugleich in der schimmernden Form des Wortes, wie sie nur von einem Dichter so zum Glühen gebracht werden konnte. Niemals, glaube ich, ist eine so herrliche Grabrede gehalten worden.

Am anderen Tag rief ich den Doktor Benn an und bat ihn, mir diese Trauerrede zum Abdruck im BT zu überlassen. Ich merkte sofort, daß er sich gar nicht bewußt war, welch ungeheuren Eindruck diese Rede auf alle gemacht hatte. Er hatte den Entwurf vernichtet. Ich beschwor ihn, die Rede zu rekonstruieren. Er tat es und ich druckte sie ab. Später wurde sie von ihm mit seiner seltsam eintönigen Stimme faszinierend auf eine Schallplatte gesprochen. Diese Platte besaß ich viele Jahre lang und ließ sie wieder und wieder in einsamen Stunden ablaufen. Es ist eine unsterbliche Grabrede.

Carola Neher ist, wie ich nach Jahren las, in Rußland hingerichtet worden. Warum, weiß ich nicht. Es wird ihr in der Ewigkeit angerechnet werden müssen, daß sie Klabund glücklich gemacht hat, solange es ihm und ihr beschieden gewesen ist. Es ist nicht leicht für die Dauer, als Ehefrau einen Dichter glücklich zu machen. In diesem Fall war es für beide nicht leicht. Denn beide wanderten auf einem schmalen Grat.

Palucca, das einfache Mädchen

Für Tänzerinnen hatte ich immer besonderes Interesse. Ich schrieb alle Tanzkritiken im BT. Ich durfte bisweilen auch Kritiken über leichte Theaterstücke schreiben, wenn Fritz Engel oder Alfred Kerr es nicht der Mühe wert erachteten. Ich bin dabei stets hereingefallen. Ich habe dabei stets danebengehauen. Ich konnte die Stücke nicht fachmännisch genug sezieren, ich stellte an diese leichten Dinge zu große dramatische Anforderungen, ich schoß mit Kanonen nach Spatzen. Deshalb gab ich es bald auf. Mit meinen Tanzkritiken hingegen hatte ich Glück. Sie »schlugen ein«. Ich habe mich niemals geniert, Tänzerinnen auch privat kennenzulernen. Ich bin sehr viel mit schönen und minder schönen Tänzerinnen zusammen gewesen. Aus der erhabenen Schule der Mary Wigman kam die Palucca. Sie fand aber bald aus den Stilfesseln der Wigman heraus den eigenen Weg. Und sie ging ihn fortan unbeirrt. Bei den großen Tanzkongressen in München sahen wir uns wieder. Sie hatte nun eine eigene Tanzgruppe, darunter Griechinnen, Schwedinnen, Engländerinnen, Amerikanerinnen, Finninnen – alles auserlesene wunderschöne junge Geschöpfe. Abends nahm sie einige dieser Engel mit in die Bar des Hotels Regina. Dort tanzten wir die ganze Nacht. Das hat aber eine kleine Vorgeschichte, und manchmal ist die Vorgeschichte reizender als die eigentliche Geschichte. Was nun zu beschreiben ist, ist schwer zu beschreiben. Also beschreiben wir es. Es ist mitunter peinlich und unangenehm, mit Tänzerinnen, die den Tanz als Beruf ausüben, Gesellschaftstänze zu tanzen. Nur Dummköpfe oder solche Männer, die nicht besonders gut tanzen, nehmen an, daß Tänzerinnen die idealen Partnerinnen sein würden. Sie sind es ganz und gar nicht. Sie machen einem nur Schwierigkeiten und bringen einen in Verlegenheit. Denn sie sind zu selbständig, zu eigenwillig, zu eigensinnig und zu unnachgiebig. Sie sind gewohnt, ihren eigenen Stil zu tanzen. Sie passen sich in keiner Weise an. Das würde weiter nichts bedeuten, denn beim Gesellschaftstanz führt der Mann und niemals die Frau. Aber Tänzerinnen von Beruf haben nicht nur ihren eigenen Kopf, sondern auch ihre eigenen Beine. Und das bedeutet schon etwas Unangenehmes. Es bedeutet, daß du sie einfach nicht unterkriegst. Sie tanzen ihren eigenen Rhythmus. Höchstens wenn du ein Tänzer bist, der bei den himmlischen Heerscharen tanzen gelernt hat, dann könnte es sein, daß sie sich dir unterordnen. Ich war ein ganz passabler Tänzer, aber ich habe mehr als einmal eine Tänzerin von Beruf schleunigst wieder kaltgestellt, weil sie ihre eigenen Kapriolen machte.

So sagte ich denn, als wir in der Regina-Bar eine Nische gefunden und uns alle hineingequetscht hatten, sagte ich zur Palucca (ihr Vorname ist Gret, aber ich fand es hübscher, sie Palucca zu nennen), so sagte ich denn zur Palucca: »Palucca, hör mir genau zu. Ich hoffe, du kannst zuhören. Ich habe heute auf dem

Kongreß so viel Tänzen zugesehen, daß ich jetzt selber tanzen möchte. Diese ganze Nacht. Und mit dir, ausschließlich mit dir. Deine Schönheitsköniginnen können mit jemand anderem tanzen oder unter sich selber oder mit den Kellnern. Ich tanze mir dir, ausschließlich mit dir. Tu mir also bitte den Gefallen und vergiß ganz und gar, daß du von Beruf Tänzerin bist. Vergiß es. Sei ein braves Mädchen und tanze, wie ich will und nicht wie du willst. Phantasiere dir, solange wir tanzen, nichts zusammen. Laß mich phantasieren. Sei nett und sei ein einfaches Mädchen, ein biederes kleines Mädchen. Vergiß, daß du eine berühmte Tänzerin bist. Ich habe mir vorgenommen, diese ganze Nacht mit dir zu tanzen und nur mit dir. Aber zuerst muß Klarheit zwischen uns herrschen. Könntest du ein einfaches ...«
Sie lachte.
»Oh Gott«, sagte sie, »schone meine Nerven. Ich will ein einfaches Mädchen sein. Dazu muß ich aber gewisse Hemmungen überwinden. Wir müßten deshalb zuerst ein bißchen trinken.«
Das war ein Wort. Wir tranken ein bißchen. Die schönen Mädchen ihrer Tanzgruppe hatten dieser langen Rede völlig verdutzt zugehört und starrten mich wütend an. So wagte jemand mit der Palucca zu sprechen!
Hernach begaben wir uns auf die Tanzfläche. Sie lag um drei Stufen niedriger als der übrige Raum. Rings hinter dem Geländer der Tanzfläche waren die Tische dicht besetzt. Die Kapelle war wunderbar. Diese munteren Burschen waren sich wohl bewußt, daß sie in dieser Nacht anspruchsvolle Tanzpaare zu beflügeln hatten. Es waren Tänzerinnen vom Kongreß da. Also legten sie allen Elan, den sie besaßen, in ihre Instrumente, und man merkte ihnen an, daß sie viel Spaß an uns und sich selber hatten. Sie machten während dieser Nacht kaum einmal Pause. Und sie steigerten sich so heftig und hemmungslos, daß es ein rauschendes Tanzfest wurde. Ich tanzte ebenfalls nahezu ohne Pause mit meinem einfachen Mädchen. Selbstverständlich übertölpelte sie mich gnadenlos. Ich tanzte schließlich, wie sie es wollte. Und merkte es nicht einmal. Ich glitt mit ihr ungezählte Male in rhythmischen Kurzstreckenläufen die Diagonalen der Fläche wild entlang. (Es gab in jenen Jahren noch keine Veitstänze.)

Nachts gegen 3 Uhr verrenkte sich die Palucca den rechten Fuß.
Wir erholten uns eine Weile in unserer Nische. Ihre Schönheitsköniginnen machten Servietten naß, zogen ihr den Strumpf aus und wickelten unter Trostsprüchen in vielen Sprachen Bandagen um den verrenkten Fuß. Sie knisterten vor Zorn über mich. Die Palucca wurde ungeduldig. Sie wollte weitertanzen.
»Es macht mir so viel Spaß«, sagte sie, »war ich nun ein einfaches Mädchen? Oder nicht?«
Ich sagte: »Du warst ein einfaches Mädchen«, und wir begaben uns wieder auf die Tanzfläche. Ich habe in meinem Leben niemals so getanzt. Die munteren Burschen von der Kapelle empfingen uns mit einem Wiener Walzer aus himmelblauer Seide. Sie hatten inzwischen entdeckt, wer das sprühende Mädchen war, mit dem ich tanzte und zwar ausschließlich tanzte, und die Palucca war von diesem Augenblick an ihre Göttin.
Am Morgen betraten wir die Straße. Die Sonne funkelte nach unserer Meinung geradezu ordinär. Nur wenige Menschen waren zu sehen. Die Palucca, einige feuchte Taschentücher um den verrenkten Fuß, hatte nun doch etwas Schmerzen. Sie humpelte zwischen mir und einer ihrer wunderschönen Griechinnen. Sie wollte um keinen Preis ins Hotel gehen, sich schlafen legen und ihren Fuß pflegen. Wir waren uns bald einig, daß wir noch in den Englischen Garten gehen und Boot fahren wollten. Die Schönheitsköniginnen erhoben entrüstet Protest. Die Palucca müsse ins Bett. Die Palucca müsse ihren Fuß schonen. Das war völlig richtig und vernünftig. Aber die Palucca wollte im Englischen Garten Boot fahren und ich auch. So spazierten wir in den Englischen Garten und mieteten uns Boote. Wir sangen andächtig die Loreley. Und dazwischen fuhr mich die Palucca immer wieder an: »Bin ich nun ein einfaches Mädchen oder nicht!« Und ich sang nach der Melodie der Loreley: »Du bist ein ganz einfaches Mädchen ...«
Dann machte die Luft uns Hunger. Es widerstrebte uns jedoch, in ein nüchternes Morgenlokal zu gehen. Ich erinnerte mich, daß ganz in der Nähe der Münchener Korrespondent des BT, der Doktor F., wohnte. Ich hatte ihn persönlich noch nicht kennengelernt. Aber es gibt Stunden, in denen man unverschämt wird. Man ist dann der unerschütterlichen Meinung, daß jeder-

mann vergnügt und bereit sein müsse, zu so früher Morgenstunde eine vergnügte Sippschaft zu empfangen und ihr Kaffee zu kochen. So läutete ich um 7 Uhr des Morgens an der Tür von Dr. F. Zehn Minuten später stand ein völlig unausgeschlafenes, völlig verdutztes und völlig verstörtes Ehepaar vor uns. Es wankte zurück und wir hinterher und wir machten uns auf den Weg zur Küche. Manchmal blieb der Doktor F. sprachlos und wie angenagelt mitten unter uns stehen und betrachtete uns, als ob er träume. Seine Frau hatte die Lage sofort erkannt und tat das Ihrige. Auf der Chaise ausgestreckt, lag die vergnügte Palucca, dicke nasse Handtücher um den Fuß, und schwor unaufhörlich, noch niemals eine so wunderbare Nacht erlebt zu haben. Ich schwor dasselbe.
Später kutschierte ich in zwei Taxis die ganze Revue in ihr Hotel. Die Palucca mußte es natürlich büßen. Sie lag wochenlang im Verband. Sie schrieb, sie sei immer noch entzückt von der Nacht, in der sie ein »einfaches Mädchen« gewesen sei. Ihre Tanzgruppe hingegen, schrieb sie, verfluche mich mit Stumpf und Stiel, mit Haut und Haaren, für Zeit und Ewigkeit.
Hitler wollte die große Tänzerin zunächst nicht mehr tanzen lassen und ließ auch ihre Schule in Dresden verbieten. Dann gestattete er jedoch, daß sie weiterarbeitete. Bei einer Tournee sah ich sie wieder tanzen. Und wie einst beglückte sie die Menschen. Jedoch sprach ich sie nie mehr. Auch wäre mir jede Begegnung nach jener Nacht in der Münchner Regina-Bar, im Englischen Garten und bei dem Dr. F. blaß erschienen. Es gibt Episoden, die man unter keinen Umständen zur Wiederholung zwingen darf oder auch nur in gemeinsamer Erinnerung erwähnen. Die Stille, die über solchen Dingen liegt, ist eine ganz natürliche Stille, die man niemals stören soll.
Jedenfalls kann ich mit Disraeli sagen: »Ich habe damals meinen Platz bei den Engeln gehabt.«
Ich grüße das einfache Mädchen!

Guter Schüler, schlechter Lehrer

Es wäre an der Zeit und auch am Orte, scheint mir, doch einmal eine Probe dessen zu geben, was ich im Feuilleton des BT getan habe. Beinahe alles ist natürlich nicht mehr aufzutreiben. Aber ein Feuilleton ist mir erhalten geblieben. Das war damals, als ich in der Abendausgabe vom 21. 11. 1930 einem Berliner Obertertianer zu Hilfe eilte.

Hier ist, im Auszug, das Feuilleton:

Guter Schüler, schlechter Lehrer
In der Obertertia einer gar nicht üblen Berliner höheren Schule stellt der Lehrer, der Deutschlehrer, ein gar nicht übles Thema für einen Klassenaufsatz. Es heißt: »Mein Lieblingsbuch«.
Der vierzehnjährige Obertertianer W. D., der eigentlich in Untertertia sitzen müßte, aber mit 8 Wochen Nachhilfeunterricht ein ganzes Jahr überspringen durfte, dieser also gar nicht üble Schüler schreibt folgenden Klassenaufsatz:
»Oft kommt es vor, daß ich Bücher lese, die auf eine begrenzte Zeitspanne starken Eindruck auf mich machen. Später, wenn sich meine Interessen geändert haben, betrachte ich das betreffende Buch von einem ganz anderen Gesichtspunkt, und somit ist es sehr schwer, ein Werturteil zu fällen. Die sogenannten ›Lieblingsbücher‹ haben mit der Zeit gewechselt. ›Lieblingsbuch‹ werde ich nun das Buch titulieren, das einen unauslöschlichen, immerwährenden Eindruck hinterlassen hat. Dieses Buch, von dem ich spreche, heißt ›Die andere Seite‹ von Alfred Kubin. Trotzdem es mit Recht ein phantastisches Buch genannt werden kann, besitzt es einen Nimbus von Bestimmtheit, Natürlichkeit. In den bizarrsten und verworrensten Begebenheiten tritt plötzlich eine Klarheit und Nüchternheit zutage, die erstaunt. Alles ist nur vage angedeutet und entbehrt jeder Plumpheit, die das wahrhaft Mysteriöse zerstören könnte. Das Buch versucht keineswegs, irgendwelche Stimmungen zu schildern, es ist in einer bestimmten Stimmung geschrieben. Mit einer feinen Nuancierung der Typen sind die Menschen des ›Traumlandes‹ respektive der ›Traumstadt Perle‹ gezeichnet. Die Sätze dieser Schrift

sind die Ideen einer gequälten Phantasie. Schemenhaft auf das Papier geworfen, verdichten sie sich zu einem finsteren Nebelgebilde, in das der Leser eingehüllt wird ...«
Der Obertertianer gibt in demselben gar nicht üblen Stil eine vorzüglich erfaßte Inhaltsangabe des Buches. Die kurze Probe aus seinem Klassenaufsatz erweist eine große Begabung, nicht wahr?

In meinem Feuilleton im BT heißt es nun weiter:

Ein ganz ordentlicher Aufsatz für einen Vierzehnjährigen, denke ich. Ganz logisch gedacht, ganz kerzengerade angepackt. Er begründet sein Lieblingsbuch gewissenhaft und genau, er hat durchaus verstanden, was er gelesen hat, ja, ich möchte sagen, daß hier ein junger, sehr begabter Schriftsteller am Werke gewesen ist.
Der Herr Deutschlehrer ist anderer Meinung. Sein Urteil (Rot ist natürlich die Tinte, damit es geschrieben ist) lautet: »Die Arbeit ist zum großen Teil in einem gewollt schwülstigen Stil geschrieben, dem der Verfasser in keiner Weise gewachsen ist, so daß vieles unverständlich, ja sinnlos ist.«
Die Note für diesen Aufsatz lautet: 4.
Diesem jungen Schriftsteller muß zur Seite gesprungen werden, im blühenden Zeitalter der Dichterakademie, der Zweimarkfünfundachtzig-Bücher, der literarischen Nobelpreise. Dies darf nicht unbeleuchtet vorübergehen.
Hat der Herr Deutschlehrer gestutzt, als er den Namen Kubin las und hat er wohlwollend und neugierig gedacht, was wohl dieser Teufelsjunge W. D. mit Kubin hat? Hat er, der Herr Deutschlehrer, diesen gar nicht unbegabten Aufsatz im ganzen betrachtet und gefunden, sehr ordentlich sei das, ein Thema so anzupacken und so ehrlich und gründlich zu behandeln?
Nein! Ihn scheint der Name Kubin in einer Obertertia bewußtlos vor Schrecken gemacht zu haben. Und Satzbau und Stil ließen nicht nur zunächst, sondern überhaupt, seine Haare zu Berge stehen.
» ... zum großen Teil in einem gewollt schwülstigen Stil ...«
Dieser Stil soll gewollt schwülstig sein?

»... dem der Verfasser in keiner Weise gewachsen ...« Und wenn er ihm gewachsen gewesen wäre, um Gottes willen, was dann? Und was ist denn »unverständlich und sinnlos« in diesem hübschen Aufsatz??? Und dann die schlechte Note 4.

Kollege W. D. Dieser Aufsatz, mit vierzehn Jahren geschrieben, ist vorzüglich. Note 1. Punktum! Kubin würde sich freuen.

Nicht hingegen werden sich freuen die deutschen Schriftsteller, die ihre jungen Nachfolger, Erben, Nachwüchslinge noch anno 1930 in den Händen von Lehrern des Deutschen wissen, die sich anscheinend seit 1880 kaum verändert haben.

Kollege W. D. Nun gerade! Setz ihm möglichst in zwanzig Jahren den literarischen Nobelpreis auf die Nase, damit er tief beschämt eingehe in die Jahre der Pension. –

Dieser historische Klassenaufsatz mit meinem Feuilleton befindet sich heute im Kubin-Archiv in Hamburg.

Die Fahrprüfung

Über dieses mein Feuilleton für einen Obertertianer amüsierte sich ganz besonders mein lieber Freund, der Baron Edgar Üxküll aus einer der weitverzweigten und weithin verstreuten Familie der baltischen Barone. In den Tagen, als Theodor Wolff Drohbriefe bekam, holte Üxküll, kurzweg Üx genannt, den Chefredakteur täglich von seiner Wohnung ab, denn Theodor Wolff ging zu Fuß zur Redaktion. In der Tasche trug Üx einen geladenen belgischen Browning, bereit, jeden niederzuschießen, der sich an TW heranmachen wollte.

Jedoch ärgerte sich Üx auch bisweilen heftig über mich. So hat er sich damals entsetzlich geärgert, als ich den Oberingenieur Bücking, der die Fahrprüfungen abhielt, zu Fall brachte. Meine Fahrprüfung fand vor der Technischen Hochschule in Charlottenburg statt. An diesem Tag war brütende Hitze. Wir waren angetreten zu rund zwei Dutzend Menschen, Männer und Frauen. Sogenannte »Herrenfahrer« mögen es fünf gewesen sein, darunter

eine forsche Dame, die keinerlei Angst zeigte. Wir Männer hatten etwas Angst. Denn damals mußte man den Motor mit seinen unzähligen Kleinigkeiten beschreiben und jegliche Reparatur angeben können. Einer unausrottbaren militärischen Gewohnheit zufolge hatte ich mich mit meiner Länge von 1,85 m an den rechten Flügel gestellt. Ich würde also der erste sein, der dran kam. Es erschien der Oberingenieur Bücking, ein kleines, rundes, selbstgefälliges Männchen in einer Lüsterjacke, mit flinken Beinchen und überheblichem Benehmen. Nun, uns »Herrenfahrern« konnte es egal sein, ob wir jetzt durchfielen. Dann machten wir die Prüfung eben ein halbes Jahr später noch einmal. Aber die Berufsfahrer, die vielleicht morgen schon eine Stellung antreten konnten, wenn sie den Führerschein in der Tasche hatten, und die sich nicht ein halbes Jahr Warten leisten konnten, die Berufsfahrer waren übel dran. Der Oberingenieur Bücking war der gefürchtetste aller Prüfer in Berlin. Und er fing natürlich mit mir an, am rechten Flügel. Und das Ergebnis seiner Fragen faßte er zusammen in dem vernichtenden Satz: »Sie wissen jar nischt.« Schön. Dann war ich eben durchgefallen. (Ich bestand aber doch.) Die Berufsfahrer aber schikanierte er auf eine so brutale und niederträchtige Weise, daß ich mir sagte: »Dir zahle ich es heim.« Und ich zahlte es ihm heim.
Schon in der Abendausgabe des nächsten Tages erschien der Aufsatz »Fahrprüfung«. Und schon mit dem ersten Satz dieses Aufsatzes, der seine Runde in Berlin machte, schon mit diesem ersten Satz war der Herr Oberingenieur Bücking erledigt. Der erste Satz lautete: »Der Motor hat vier Takte. Der Herr Oberingenieur Bücking gar keinen.«
Üx, der überallhin Beziehungen hatte, teilte mir entrüstet mit, daß der Senat der Technischen Hochschule auf Grund meines Aufsatzes Bücking von seinem Posten als Prüfer abberufen und ihn auf ein Büro gesetzt hatte.
Üx sagte: »Wie kannst du nur!«
Ich sagte: »Hauptsache, ich habe es gekonnt.«
Voraussetzung: man muß ein Machtmittel zur Hand haben. Ich hatte das beste Machtmittel zur Hand, das BT, und ich scheute mich niemals, es anzuwenden, wenn es mir richtig erschien.

Tante Sadele

Es gibt niemand, der beweisen könnte, daß Frau Adele Sandrock die fürchterlichen Zurechtweisungen, die entsetzlichen Anpfiffe und die grauenhaften Drohungen, mit denen sie jederzeit rings um sich eine Aura des Schreckens zu verbreiten suchte, ernst meinte. Vielleicht amüsierte sie sich auch über die heitere Angst, deren Ursache sie war. Jedoch ist ganz sicher, daß die meisten ihrer Aussprüche keine Legenden, Märchen oder Sagen sind, sondern wahre Episoden. Insbesondere sind jene Aussprüche wahr, die noch bis in die fernsten Zeiten Zeugnis ablegen von ihrer unerschütterlichen Boshaftigkeit, mit der sie unschuldige Leute überfiel. Sie hielt sich unaufhörlich unter Dampf. Und sie fand jederzeit ein Ventil.

Ich selber geriet unversehens dreimal in ihr schweres Artilleriefeuer. Das erste Mal fing sie mich ab, als ich ahnungslos durch die Filmaufbauten in einem der riesigen Babelsberger Ateliers spazierte. Ich wollte in eine andere Halle, in der eine Szene aus meinem Drehbuch aufgenommen wurde. Ich sah Tante Sadele friedlich zwischen einigen Versatzstücken sitzen. Sie war zur Aufnahme fertig geschminkt und trug ein pompöses Abendkleid aus dem vorigen Jahrhundert. Mit dem Film, in dem sie spielte, hatte ich nicht das mindeste zu tun. Ich kannte nicht einmal seinen Titel, ich wußte nicht, wer der Regisseur war und auch nicht die Namen der Darsteller. Im Vorbeigehen grüßte ich die alte Dame respektvoll, wie sie es von jedermann erwartete. Ich machte jene leichte, höfliche Verbeugung, die ich distinguierten Damen gegenüber schon in frühester Jugend von meiner Großmutter scharf einexerziert bekommen hatte. Ich sah Frau Sandrocks Augen rund werden wie die einer wachsamen Eule, und ich sah ihre schweren Augensäcke sich ruckartig heben. Sie deutete mit dem schweren ringgeschmückten Zeigefinger auf mich. »Auf Sie warte ich, werter Herr«, redete sie mich mit ihrer Kellerstimme mürrisch an.

Ich blieb stehen.

»Gnädige Frau?«

»Ich habe gehörrrt«, sagte sie ungnädig, »daß Sie das Drrrehbuch geschrieben haben, jungerrr Mann. Sie haben mir da einen

Dialog hineingepfuscht. Den kann vielleicht eine Kellnerin sprrrrechen. Ich nicht. Setzen Sie sich hierher, werter Herr. Es ist kein Stuhl da. Holen Sie sich einen. Oder bleiben Sie stehen. Ich will Ihnen . . .«
»Verzeihen Sie, gnädige Frau«, unterbrach ich die alte Dame höflich, »an Ihrem Film habe ich gar nicht mitgearbeitet, ich . . .«
»Um so trauriger, junger Mann«, pfiff sie mich an, »Sie sollten nur in guten Filmen mitarbeiten. Habe die Ehre. Stören Sie mich nicht länger.«
Das zweite Mal traf ich Frau Sandrock ebenfalls in einer der Hallen. Ich unterhielt mich mit einer jungen Schauspielerin. Diese war als Zigeunerin kostümiert und stark braun geschminkt. Sie wartete auf ihre Szene. Frau Sandrock wandelte hoch erhobenen Hauptes langsam vorüber, in einem mausgrauen Kleid und einem verwegenen Loden-Feder-Hütchen. Das junge Mädchen sagte: »Guten Morgen, Frau Sandrock!«, und ich machte meine Verbeugung. Frau Sandrock blieb blitzartig stehen und holte Luft. Dann gab sie ihrem Lodenhütchen einen Stoß nach rückwärts. Dann musterte sie die kleine Zigeunerin eingehend, gründlich und unangenehm. Wir sahen sie verlegen an. Da kam auch schon ihr gefürchteter Baß.
»Zu meiner Zeit, mein liebes Kind, waren wir besser erzogen. Wir redeten Damen mit ›Gnädige Frau‹ an. Außerdem halte ich Ihr Kostüm für ganz falsch. Spanierinnen ziehen sich völlig anders an.«
Der kleinen Schauspielerin neben mir verschlug es die Sprache. Deshalb versuchte ich, sie zu retten. Ich sagte: »Sie spielt keine Spanierin, gnädige Frau, sie spielt eine Zigeunerin.«
Frau Sandrock schoß mich mit einigen Blicken nieder und ging, bis obenhin tiefste Verachtung ausstrahlend, von dannen. Plötzlich drehte sie sich noch einmal um und deutete auf mich und donnerte: »Sie kenne ich, junger Mann! Sie sind der Drehbuchschreiber mit den miserablen Dialogen.« Und dann sah ich ihre Schultern zucken. Ich glaube, die fröhliche Bestie lachte über uns, über sich und über die ganze Welt.
Das dritte und letzte Mal begegnete ich ihr in einer kleinen Nachmittagsgesellschaft. Ich wurde ihr vorgestellt und ich küßte der geliebten, alten Dame die Hand. Sie war stark parfümiert. Als

ich mich aufrichtete, sah sie mich nachdenklich an, dann sagte sie: »Timur liegt begraben unter seinem großen Block aus Nephrit. Sie wissen das hoffentlich. Sie wissen aber nicht, was er sich auf diesen Block eingravieren ließ. Er ließ den Spruch eingraben: ›Wäre ich am Leben, sollten die Menschen zittern.‹ «
Dann riß sie die Augen auf zu runden, übergroßen Goetheaugen, und ihre Kellerstimme begann. Und nun dachte ich, nun kommt es. Und es kam. Aber es kam anders.
»Sie kenne ich, junger Mann«, begann sie, »es freut mich. Sie spielten mit mir in einem Film. In welchem, kann ich nicht mehr sagen. Ich halte Sie für einen ganz ungewöhnlich begabten Schauspieler. Sie spielten damals doch den Ausrufer auf einem Rummelplatz, nicht wahr?«
Bevor ich antworten und sie berichtigen konnte, daß ich niemals Schauspieler gewesen sei, wandte sie sich zu den übrigen und sagte: »Er ist ungewöhnlich begabt. Er hat eine schöne Stimme. Die hat bei weitem nicht jeder Schauspieler. Setzen Sie sich zu mir, Kollege, und erzählen Sie mir, welche Erfolge Sie hatten.«
In diesem Augenblick kamen neue Gäste, und zu meinem Verdruß wurde Frau Sandrock von mir abgelenkt, aber ich hatte den Verdacht, daß sie ganz genau wußte, was sie wußte, und daß sie nicht wußte, wer ich war und wer ich nicht war. Und daß sie solche Spielchen zu ihrer Erheiterung spielte.
Diese wunderbare Erscheinung im deutschen Theater- und Filmleben ist nun längst dahingegangen. Wahrscheinlich schikaniert sie die Engel im Himmel. Sie war eine der erstaunlichsten alten Damen, die mir jemals begegnet sind.
Ich hoffe doch sehr, sie drüben zu treffen.

Mary Wigman und Pater Muckermann

In denselben Tagen des Tanzkongresses in München, von dem hier die Rede war, passierte mir die erheiternde Geschichte mit der Tänzerin Mary Wigman, ihrer Meisterschülerin Vera Skoronell, deren Tanzgruppe und dem Pater Muckermann SJ. Dieser Tanzkongreß hatte es überhaupt in sich. In jener großen Zeit des Tanzes, als er sich vom uniformen, monotonen und gekünstelten Stil des klassischen Balletts befreit hatte, war Mary Wigman die Queen unter den Tänzerinnen. Schülerin ihrer Schule zu sein, glich einem Adelsprädikat. Diese Schule entwickelte sich allmählich zu einer Art tänzerischem Orden. Seine jungen Mädchen wußten, daß sie einer Elite angehörten. Und sie verhielten sich entsprechend vornehm, zurückhaltend und aristokratisch. Eine Anzahl von ihnen wurde natürlich, wie immer bei solchen Entwicklungen, von einer recht albernen Hysterie heimgesucht. Sie bewegten und benahmen sich schließlich so selbstgefällig (und so zwecklos) wie die heiligen Kühe einer indischen Stadt. Sie schritten mit unerbittlichem Ernst fürbaß und hatten den Rhythmus auf Lebenszeit gemietet. Für sie galt etwa die Bewegung des kleinen Fingers während des Tanzes als der bedeutendste Ausdruck einer besonderen Welt- oder Lebensanschauung. So geriet mit der Zeit der ganze Kreis um die Wigman in etwas Leeres, Anmaßendes, Hölzernes, Phrasenhaftes und Erstarrtes. Dafür war die Wigman nicht verantwortlich, sie hatte das niemals herausgefordert. Man könnte ihr höchstens den Vorwurf machen, daß sie, eine kluge Frau, solche Überdrehungen nicht mit Hohn und Spott vernichtete.

Diese Entwicklung aber erfolgte erst nach jenem berühmten Münchner Kongreß. In München steckte in der Wigman und ihrer gesamten Gruppe noch ein Wetterleuchten von Jugend. Der Anteil der Wigmangruppe am Kongreß bestand in der Uraufführung einer außerordentlich eindrucksvollen Sache – einem Tanzspiel, dem »Totenmal«. Die Aufführung fand in einem kleinen Theater statt. Den Namen jenes Schweizers, der die fabelhafte Musik dazu komponiert hatte, habe ich vergessen. Eine reiche Dame hatte die billige (äußerlich billige) Angelegenheit finanziert. Das Ganze wimmelt in meiner Erinnerung als ein unendliches Trauergewoge, grau in grau, trostlos wie eine qualvolle Nacht, schwarz verhüllte Gestalten, deren Frauen- und Mädchenschönheit man unter dieser schrecklichen Verhüllung nicht einmal ahnen konnte. Das wunderbare Orchester hingegen empfinde ich heute noch wie einen Blitz, von Ingres gemalt, – Blitz und Donner immerfort. Dieses Orchester bestand nur und ausschließlich aus Schlagzeug: großen und kleinen Trommeln, kleinen Kesselpauken, Tamburinen, Triangeln, Xylophonen, Schellenbäumen, Kastagnetten, aus silberschimmernden Klangröhren aller Sorten, tönenden hellen und dunklen Metallen. Großartig und hinreißend. Ich saß in der ersten Reihe, und ich weiß noch genau, daß ich unwillkürlich, als dieses gewaltige Gamelanorchester mit einem vieltönigen Hieb einsetzte, daß ich, ob ich wollte oder nicht, von meinem Sitz hochfuhr. Niemals hatte ich so etwas gehört und niemals habe ich es wieder gehört, und niemals werde ich es noch einmal vernehmen, es seien denn die Posaunen des Jüngsten Gerichtes. Das hatte ich noch niemals erlebt: diesen ungeheuren rhythmischen Donner, diesen Wolkenbruch an Klängen, diesen Orkan an Lauten, diesen Tornado an Tönen. Ich war kein Neger (beinahe hätte ich gesagt leider), und dieses satanische Orchester aus Schlagzeug spielte wahrlich keine Negermusik. Aber ich begriff für mein ganzes Leben, warum Neger in ihrem gesündesten und unverdorbensten Zustand, also im Urwald, beim Ertönen ihrer Trommeln hysterisch und beinahe wahnsinnig werden können. Auch ich wurde um ein Haar hysterisch, so schmetterte dieser Blizzard aus Geräuschen in mein für Klang und Rhythmus so empfindliches Gemüt.

Am Nachmittag hatte im Kongreßsaal ein ungewöhnlicher Redner ungewöhnlich gesprochen. Ich hatte seinen Namen auf dem Programm mit großer Verwunderung gelesen. Was hatte dieser Mann wohl auf einem Tanzkongreß zu sagen? Der Redner hieß Muckermann und war Jesuitenpater. Ein Ordensgeistlicher also, nicht in seiner Soutane, sondern in einem hochgeschlossenen Gehrock. Tiefe Stille im ganzen Saal, während er sprach, frei sprach, auf dem Podium hin- und herging und seine Rede mit weitausholenden, eleganten Gesten begleitete. Dieser Pater hatte etwas zu sagen. Seine Rede wurde zum größten Erfolg des ganzen Kongresses. Wir versengten uns geradezu an seinen Worten. Viele von uns entdeckten sich in der seltsamen inneren Lage, daß sie abgestimmt wurden für solche Gedanken wie eine Saite für plötzliche Griffe. Hier begegneten wir einem Charakter von größter Leuchtkraft. Der Pater Muckermann redete über das äußere und innere Wesen des Kunsttanzes. Er sagte, daß dieser Kunsttanz, von dem wir nun so viele Proben gesehen hätten, kaum etwas anderes sei, wenn man ihn von der Seele und aus dem Geiste her näher betrachte, als ein überaus anmutiger Ausdruck der Hinneigung zum Überirdischen. Und er sagte, dieser Ausdruck der Hinneigung sei doch wiederum und wahrlich nichts anderes, als das fromme Streben, von der Schwere der Erde und des Leibes loszukommen. Und dieses fromme Streben sei doch wiederum nichts anderes, als sich dem Himmlischen, dem Göttlichen, dem Unsagbaren und Geheimnisvollen zu nähern. Mit der schönsten Sprache der ganzen Menschheit, der Musik. Bei diesen einfachen Worten mag auch dem Ungebildetsten eine vage Ahnung aufgegangen sein, warum schon in grauer Vorzeit mit dem Tanz etwas Priesterliches und Göttliches verbunden gewesen ist.

Der Pater Muckermann fing alle unsere Seelen ein. Er war etwas beleibt, aber seine Bewegungen waren anmutig, federleicht und schwebend. Seine Stimme, die sich hob und senkte, hatte eine eigenartige Faszination. Und sogar jene seltsamen Strecken seiner Rede, auf denen er bisweilen in die pathetische Monotonie einer liturgischen Partitur geriet, auch diese blieben von außergewöhnlichem Zauber und glichen dem immer wiederkehrenden Thema einer Fuge in Dur. –

Während seiner Ansprache saß ich zwischen Mary Wigman und einer ihrer begabtesten Meisterschülerinnen, der Vera Skoronell. Die Wigman saß völlig zusammengesunken und lauschte. Die temperamentvolle Skoronell fuhr manchmal entzückt hoch und flüsterte vor sich hin, flüsterte atemlos beglückt vor sich hin.

In der Pause standen wir beklommen zusammen. Es hatte uns etwas angerührt, mit dem wir nicht gleich fertig wurden. Da sagte die kleine Skoronell zu mir: »Hören Sie mal, können wir ihn nicht zum Abendessen mit uns einladen?«

Die Wigman lächelte mich an und nickte. Ich sagte verwegen: »Warum nicht? Er wird sich zwar nicht einladen lassen. Von euch Mädchen schon gar nicht, von mir auch nicht. Aber essen wird er vielleicht mit uns. Er kann höchstens nein sagen.«

Ich machte mich sofort auf die Suche nach dem Priester, bevor ihn uns irgend jemand wegschnappte. Er stand in einem kleinen Kreis illustrer Leute. Als Journalist (und ich glaube auch so) kümmerte ich mich niemals um illustre Leute. Ich durchbrach den vornehmen Kreis, der sich halblaut unterhielt. Ich habe zeit meines Lebens etwas dagegen gehabt, mich mit einem vornehmen Kreis halblaut zu unterhalten. So sagte ich denn vernehmlich: »Hochwürden, Mary Wigman und ich wollen so unverschämt sein, Sie zu bitten, mit uns irgendwo zu Abend zu essen, wenn Sie keine andere Verabredung haben. Und wenn es Ihnen Vergnügen machen würde.«

Der vornehme Kreis verstummte sofort. Pater Muckermann sah mich prüfend an, und ich sah in seinen klugen, ruhigen Augen den Schalk aufblitzen. Er sagte: »Nun, das wäre eine sehr hübsche Unverschämtheit. Ich würde mich gerne mit Frau Wigman unterhalten. Ich habe nichts vor, und beim Essen kann man sich immer gut unterhalten. Wann und wo?«

Wir machten eine Abendstunde und ein kleines Lokal aus. Ich ging zu der Wigman zurück und sagte: »Ich habe ihn. Er kommt.« Die Skoronell hüpfte ausgelassen auf und ab. Einige Schülerinnen der Wigman-Gruppe hatten zugehört. Sie bestanden darauf, mitkommen zu dürfen. Mir war es recht. Es waren sehr schöne Mädchen. Aber die Wigman bewies, daß sie eine strenge Äbtissin sein konnte. Sie bestimmte fünf, die mitkommen durften. Es waren die Schönsten unter den Schönen. Mir war es recht. Die anderen wurden kategorisch zurückgewiesen, und keine muckste. Wir trafen uns also in dem winzigen Lokal. Es war ein Weinlokal, und ich hatte eine der Nischen bestellt. Es mag nicht alle Tage vorgekommen sein, daß in dieser kleinen Weinstube eine Runde auserlesen schöner Mädchen mit einem Ordenspriester in der Mitte zu Abend aß. Der Pater saß zwischen der Skoronell und einem der Mädchen. Die Wigman und ich saßen ihm gegenüber.

Und das Thema unserer Gespräche war durchaus nicht immer der Tanz, sondern vieles, was uns bewegte. Zum Beispiel bewegte uns der Verlust der angeborenen Anmut, die dem Menschen im Paradies gegeben worden war, die er dann im Laufe der Zeiten verlor und sie den Tieren, besonders den Raubtieren, überlassen hatte.

Es wurden auch fröhliche Gespräche geführt. Pater Muckermann war ein Mann von Welt. Sein unergründlicher Humor versetzte uns allmählich auf eine geistige Ebene, die wir niemals in uns vermutet hätten. Wir dachten und empfanden unversehens mühelos in Gedanken, die uns sonst unerreichbar waren. Ich habe immer einen mystischen Respekt vor katholischen Priestern gehabt. Ich habe immer gedacht, daß sie insonderheit für die Schwachen unter den Menschen eingesetzt waren, die so unvernünftig waren, ausgefallene Wünsche an das Schicksal oder an ihren Gott zu richten. Ich habe auch immer die Priesterweihe als ein großes unerklärbares Geheimnis betrachtet. Ich habe besonders den von der katholischen Kirche vertretenen Lehrsatz, der besagt, daß jemand, der die Priesterweihe empfangen hatte, stets und für immer Priester bleibe, geweihter Priester, möge er in seinem Dasein auch dem Namen nach kein Priester mehr sein – ich habe diesen Satz stets als ein bewunderungswürdiges Mysterium angesehen.

An des Pater Muckermanns Lippen hingen in diesen Stunden die andächtigen Seelen einiger Mädchen, die vielleicht sonst nicht so andächtig waren. Sie erschienen mir alle in diesen Augenblicken als Engel. Aber dann, als der Wein sie munterer machte, kehrten sie zu ihrer Urnatur zurück und wurden zu leibhaftigen Versuchungen und Verführungen. Sie begannen tatsächlich, vor allem die schwarze, schöne Katze Skoronell, vor meinen erheiterten Augen den Versuch, mit dem Priester zu flirten. Die Skoronell, eine außergewöhnlich gescheite Person, handhabte ihr gewandtes Mundwerk plötzlich zurückhaltender. Sie wurde träumerisch. Das ist bei solchen Naturen bedrohlich. Das wunderschöne schwedische Mädchen auf der anderen Seite des Geistlichen wurde ebenfalls stiller. Und beide hatten wahrhaftigen Gottes ihre Köpfe ganz leicht an die Schulter des Priesters gelehnt. Er schien es nicht zu bemerken. Er sprach mit der Wigman. Er war soeben dabei, ihr für ihre Tanzschule das klösterliche Prinzip auseinanderzusetzen: unübersteigbare Mauern gegen die Zuchtlosigkeit und das Ungestüm der Welt, und Hingabe an den Gedanken. Ich betrachtete mir die Szene genau. Ich fand, es sei die klassische Szene der Versuchung des heiligen Antonius. Die Skoronell mit ihren kurzen, rabenschwarzen, glänzenden Haaren, ihren schwarzen, funkelnden, nassen Kirschenaugen, ihren langfingrigen Händen, ihren federnden Bewegungen, ihrem Marmorteint, ihren tadellosen Zähnen, ihren purpurroten Lippen, ihrer leise girrenden Stimme und ihrem Ausschnitt, der ihre Brüste

beinahe zur Hälfte sehen ließ, sie war schon eine starke Verführung. Und wenn ich mir die üppige Schwedin ansah, die einem Bild des schwedischen Malers Anders Zorn glich mit ihrem weizenblonden, silberschimmernden Haarknoten, ihren grünen Meeraugen, den Grübchen in den Wangen und ebenfalls mit einem tiefen Ausschnitt, so hatte ich den ungezählte Male gemalten Anblick der oft geschilderten Gegensätze zwischen dunkel und hell, also das klassische Bild, das man in vielen Exemplaren in allen Museen der Welt sehen konnte. Ich sah dieses Bild in Wirklichkeit. Es wäre eine Inspiration für Maupassant, für Lawrence und ein Vorwand für ein Gedicht von Verlaine gewesen.
Ich weiß nicht, ob die Wigman bemerkte, wie sich die Dinge entwickelten. Da sagte die unverschämte Skoronell: »Wäre ich eigentlich Ihr Typ, Hochwürden?«
Pater Muckermann lachte. Er sagte: »Mein Typ ist der Madonnentyp.«
Die Skoronell: »Gibt es nicht auch schwarzhaarige Madonnen?«
»O ja gewiß«, antwortete der Pater, »aber sie haben etwas, was Sie nicht haben.«
Die Gespräche rund um den Tisch verstummten.
Der Priester sagte lächelnd: »Sie tragen alle ein Kind auf dem Arm.«
Ich atmete erleichtert auf. Dieser Ordensgeistliche war allen Versuchungen gewachsen. Wieso auch nicht – dachte ich weiter – Menschenskind, er lebt in einer geistigen Welt und wandelt ungestraft und unbelästigt unter allen Bäumen der Erkenntnis.
Die Skoronell und die Schwedin nahmen vorsichtig ihre hübschen Köpfe von der Schulter des Paters weg und tranken hastig ihr Glas aus. Die Wigman blickte die beiden Mädchen ungehalten an.
Der Jesuitenpater begann mit der Erzählung von einem römischen Waisenhaus, in dem er vor kurzem gewesen war. Und dann wickelte er die Skoronell und die Schwedin und die Wigman und mich und die anderen Genossinnen mit Fragen nach ihren Plänen wie in Schleier oder Netze ein, aus denen es kein Entrinnen zu irdischen Problemen mehr geben konnte. Er sagte zum Beispiel unerwartete Dinge über Maß und Übermaß der Mimik im

Tanz, über Wert und Unwert von Kostümen, über Notwendigkeit und Überflüssigkeit von Musik für den Tanz; er redete davon, ob eine Tänzerin schön sein müsse oder nicht. »Am besten ist es«, sagte er, »wenn sie das erquickende glückselige Nichtwissen besitzt.«
Die Wigman sprang beinahe auf. »Das haben Sie wunderbar formuliert, Hochwürden. Es ist genau das, was ich meinen Schülerinnen beizubringen versuche.«
»Es ist nicht von mir formuliert«, sagte der Pater Muckermann. »Es ist von Paul Claudel.«
Nun vergaß ich zu sagen, daß der Pater in das kleine Eßlokal nicht in seiner Priesterkleidung gekommen war. Er trug einen dunklen Anzug mit einer schwarzen Krawatte. Denn nur so ist es verständlich, daß die Skoronell der Teufel ritt und sie sagte: »Wollen Sie uns einmal tanzen sehen? Wie wir unter uns tanzen? Ich kenne hier ein meistens leeres Kabarett. Es hat aber eine herrliche Kapelle. Dort könnten wir tanzen, nur für Sie. Wollen Sie mitkommen?«
Man hätte in diesem Augenblick mit einem Schmiedehammer einen Pflasterstein auf meinem Kopf zerschlagen können, ich hätte nichts gefühlt, so erstarrt war ich. Und dann wurde ich verlegen. Ich sah die Wigman an. Sie saß regungslos. Sie wartete. Aber mich deuchte, daß dies zu viel war und eine grobe Geschmacklosigkeit bedeutete. Einen Ordenspriester in ein Kabarett schleppen zu wollen!
Der Pater Muckermann lächelte still vor sich hin, nahm einen Schluck aus seinem Glas, das mit einem Drittel Mosel und zwei Dritteln Selters gefüllt war. Und der Pater Muckermann sagte: »Darüber ließe sich reden.«
Ich dachte, ich höre nicht recht. Die Skoronell hängte sich sofort bei ihm ein, und das schwedische Mädchen lehnte seinen weizenblonden Kopf wieder vertraulich an seine breite Schulter.
Diese Hexen schaffen es, dachte ich, sie schaffen es. Und ich überlegte schon krampfhaft, ob ich nicht lieber nach Hause gehen sollte oder dem heiligen Antonius beistehen, diese grausame Versuchung zu überstehen. Ich sah, daß die Skoronell jetzt ihre schlanke Hand lächelnd auf seinen Arm legte, und ich sah auch, wie der Pater die Hand lächelnd auf den Tisch zurückschob. Wir bezahl-

ten. Niemand wagte, den Pater als Gast zu betrachten. Er bezahlte, wie wir alle, seine Zeche selber.
Dann spazierten wir die Straße entlang. Die Wigman-Mädchen waren in ausgelassener Laune. Welch ein Triumph! Welch ein Geniestreich der Skoronell. Das gab es nicht alle Tage: einen katholischen Ordensgeistlichen in ein Kabarett zu lotsen! Auch ich steckte bis an den Hals in Bewunderung für eine solche Verwegenheit. Und ich war jetzt nervös vor Spannung, wie sich Pater Muckermann im Kabarett ausmachen würde.
Als wir um die nächste Ecke bogen, war Pater Muckermann verschwunden. Spurlos verschwunden. Wie vom berühmten Erdboden verschluckt. Nirgends zu sehen. Straßauf, straßab kein dunkler Anzug. Eben noch, vor kaum fünf Sekunden, hatte ich noch dicht neben mir sein tiefes, leises Lachen gehört.
Wir starrten uns an. Wir erwachten aus einem Traum. Wir fühlten in diesem Augenblick, wer und was er war und was wir gewesen waren.
Die Wigman brach in ein hemmungsloses Gelächter aus. Ich sagte vergnügt: »Das kommt davon, daß ihr euch vorchristlich benommen habt, heidnisch und hunnisch habt ihr euch benommen. Und das Jüngste Gericht wird euch vornehmen.«
Die Skoronell stand deprimiert. Sie sagte niedergeschlagen: »Was für wundervolle Dinge er uns beigebracht hat. Natürlich habe ich mich miserabel benommen. Ich benehme mich immer miserabel. Ich kann mich immer nur miserabel benehmen. Ich bin so. Ich benehme mich allen Leuten gegenüber miserabel.«
»Du meine Güte«, fuhr ich sie gereizt an, »dein Wortschatz ist aber armselig. Kennst du kein anderes Wort als miserabel?«
»Du bist miserabel«, antwortete die kleine Bestie.
»Hört auf«, sagte die Wigman, »erweckt Reue und Leid und geht schlafen.«
Damit ließen sie mich stehen. Und jetzt erst, als ich so gottverlassen in der Nacht stand, fiel mir auf, daß keines der Mädchen versucht hatte, mit mir zu flirten. Das bedrückte mich plötzlich. Mensch, sagte ich schließlich laut zu mir, du bist eben eine Null! Nach dieser Erkenntnis schlich ich mich in mein Hotel. Ich ging natürlich noch in die Regina-Bar. Einige winterharte Gesellen, die ich kannte, saßen noch an der Theke.

»Ein Drittel Mosel«, bestellte ich, »und zwei Drittel Selters.«
Meine Bekannten sahen mich mitleidig an. »Seit wann trinkst
du ein so miserables Gemisch?« fragte einer, und bei dem Wort
»miserabel« fuhr ich zusammen.
»Wer hat dir diese grauenhafte Mischung empfohlen?« fragte
ein anderer.
»Ein frommer, unschlagbarer katholischer Priester«, antwortete
ich, trank aus, sagte nicht adieu und ging auf mein Zimmer.
Und betete ein Nachtgebet. Zum heiligen Antonius.

Zwei Generale und ein Revuestar

Was Soldaten betrifft, so bin ich selber einer gewesen, anno dazumal. Und was Generale betrifft, so hatte ich bisher aus nächster Nähe nur einen kleinen Mann mit roten Hosenstreifen gesehen, der in der Mitte jener Straße stand, die schnurgerade auf den Kirchturm von Langemarck zuführte. Es war am 22. Oktober 1914 gewesen. Starker Nebel lag auf der düsteren Landschaft. Und der General, der später in Rußland gefallen ist, dieser General schrie: »Punkt 10 Uhr wird angegriffen.«
Es war der erste Tag jener dreitägigen Infanteriestürme auf Langemarck, die unter grausigen Opfern ohne Resultat blieben. Jetzt traf ich zwei berühmte Generale, wenige Jahre nach dem Kriege in einer großen Gesellschaft, die der österreichische Bankier Hugo von Lustig in seinem Hause in der Hohenzollernstraße gab. Er war großen Stil gewohnt. Er mietete an solchen Abenden irgendein Operettentheater nur für sich und seine Gäste, ließ die Operette aufführen und nahm dann alles mit sich nach Hause, auch die Darsteller. Es war lange nach Mitternacht. Ich kam vom Sechstagerennen. Der Wirbel dort und einige außer Rand und Band geratene Freunde hatten mich aufgehalten. Aber ich konnte wenigstens gleich aus dem Sportpalast in die Hohenzollernstraße gehen und brauchte mich nicht umzuziehen, Denn in den piekfeinen Logen beim Sechstagerennen trug »man« den Frack.

Ich suchte den Hausherrn, der Junggeselle war, begrüßte ihn und eilte zur riesigen, für diesen Abend aufgebauten Bar, um mich aufzumöbeln, bevor ich mich auf das Schlachtfeld begab. Hinter dem Bartisch bedienten die besten und vornehmsten Mixer der besten und vornehmsten Berliner Hotels, die sie ausgeliehen hatten.

Ich bestellte einen Ohio. Kenner wissen, wie ein Ohio beschaffen sein muß. Es war jener Cocktail, der auf der Grundlage von Vermouth eine ganz bestimmte Variante roter Farbe und als Krönung eine hellrote (keine dunkelrote) Kirsche obenauf schwimmend (nicht auf dem Grunde liegend) zeigen muß. Damals hatte man noch solche furchtbaren Sorgen. Nun, der Mixer verstand seinen Kram. Ich pflanzte mich auf den Barstuhl und betrachtete die Menschen neben mir. Aber erst nach einem starken Schluck. Die Menschen machen dann einen besseren Eindruck. Ich sah mich um. Es war alles da. Was in Berlin einen Namen hatte oder glaubte, einen Namen zu besitzen, ihn noch vor sich oder schon hinter sich hatte, es war alles da. Theater, Film und Presse ausgiebig. Mein freundlicher Blick verweilte auf den beiden Herren neben mir. Ich erkannte sie gleich. Es waren von Seeckt und Hoffmann. Ich kannte auch ihre Karriere. Der General von Seeckt hatte, wie ältere Generalstabsoffiziere und Offiziersanwärter heute noch wissen werden, im ersten Krieg immer nur eine Stellung als Generalstabschef irgendeines Heerführers wie Mackensen und von Gallwitz gehabt. Das »immer nur« will besagen, daß er niemals zu selbständiger Führung gekommen ist, eine der heimlichen Melancholien seines ganzen Lebens. Das mag ihn verbittert haben, und die kühle Verschlossenheit und die Eiseskälte, die um ihn wehte, war sicher dadurch vertieft worden. Daß er nach dem Kriege die Reichswehr führte, hatte ihm sicher einen Ersatz für das bedeutet, was ihm entgangen war, für den Ruhm des Feldherren, aber es war ein Ersatz, so mager wie er selber.

Ich bestellte mir noch einen Ohio. Und dachte über Generale nach. Ich habe immer verstanden, daß ein Mann blindlings befehlen kann, aber ich habe niemals verstanden, daß ein Mann auch blindlings gehorchen konnte. Die Generale, die aus Soldatenfamilien kamen, kannten das Leben nicht. Keiner von ihnen. Sie kamen als Kinder ins Kadettenkorps, und von da ab kannten sie das eigentliche wahre Kampflied des Lebens nur noch innerhalb ihrer Karriere. Daß sie sich bisweilen auch für andere Dinge als ihre Karriere stark interessierten, hat nichts zu sagen. Es war ihr Hobby, weiter nichts. Dennoch liebte ich die Generale. Ich liebte sie als alter Soldat, und ich liebte sie in ihrer äußeren Pracht und Herrlichkeit. Als Soldat liebte ich sie, weil sie so wundervoll befehlen konnten und weil diese ihre Befehle (meistens) von anderen Männern, die wundervoll gehorchen konnten, strikt ausgeführt wurden. »Zu meiner Jugendzeit« war ein achtzehnjähriger Leutnant schon ein Gott. Er durfte befehlen und er mußte gehorchen. Dazwischen lag sein Dasein. Ein oft stures Dasein.

Nun, das führte an diesem schönen Abend zu weit. Ich bestellte mir noch einen Ohio und besah mir den anderen General. Aber zuerst dachte ich, daß der überschlanke General von Seeckt schließlich über einen Dreck gestürzt worden war. Über eine Kleinigkeit, und die Republik war es, die ihn nach Hause schickte, mit einer anständigen Pension natürlich. Die Sache war zum Lachen. Bei einem Reichswehrmanöver hatte der Kommandeur einer größeren Einheit einen Sohn des Kronprinzen im Stab als Zuschauer eingeladen. Der Fauxpas lag nur darin, daß er erlaubte, der junge Mann dürfe dabei Uniform tragen, obwohl er der Reichswehr nicht angehörte. Die Journalisten der demokratischen Presse erhoben sich wie ein Mann und legten los. Der Generaloberst nahm mit unbewegtem Gesicht, darin das riesige Einglas nicht eine Sekunde bebte, seinen Abschied.

Nun zu dem anderen General. Hoffmann hieß er und war ein hochtalentierter bürgerlicher Generalstabsoffizier. Er war im Stab von Hindenburg. Es ging die Sage, daß er Ludendorff haßte. Und wenn sehr hohe Militärs sich hassen, muß der eine oder andere vom Schauplatz verschwinden, das war immer so.

Ich bestellte mir noch einen Ohio. Ich gab es auf, über Generale nachzudenken. Ich schickte mich an, ihre äußeren Erscheinungen genau zu betrachten. Seeckt machte sich im Frack vorzüglich. Zum Frack gehört, um elegant in ihm auszusehen, eine schlanke Taille, unbedingt. Ein dicker Mann im Frack ist eine Sünde wider den Geschmack. Meine Blicke verweilten auf dem sehr schön aussehenden Orden pour le mérite, den der General unter der weißen

Binde trug. Ein golden gezacktes Kreuz mit Adlern und in der Mitte blau. Ich habe für schöne Orden immer eine Schwäche gehabt. Ich selber besitze keine schönen Orden, ich habe nur bescheidene, aus dem Krieg.

Der General Hoffmann war keineswegs elegant. Er klebte breit hingegossen auf seinem Hocker. Er war ein stämmiger Riese mit rotblondem Haar, und die Stimme, mit der er ununterbrochen auf den schweigenden Kameraden einredete, klang laut, robust und unbekümmert. Dabei griffen seine Hände ebenso ununterbrochen nach dem Kognakglas. Plötzlich verstummte er. Er beschaute grollend sein Glas, und Seeckt drehte zerstreut seinen Whisky zwischen den langen gepflegten Fingern. Da drehte sich der General Hoffmann unerwartet zu mir, zog seine buschigen roten Augenbrauen in die Höhe und sagte: »Das verstehen Sie nicht.«

Ich sah getrost in sein rotes erhitztes Gesicht mit den entzündeten Augen. Ich dachte an das goldene Wort Bernard Shaws: »Hüte dich vor den Menschen, die nicht zurückschlagen.« Zu denen gedachte ich nicht zu gehören. Ich sagte: »Es lohnt sich nicht, Ihnen zuzuhören.«

Sein Gesicht verklärte sich, er sagte: »Bravo, mein Junge, ich wollte nicht unhöflich zu Ihnen sein.«

Ich sagte: »Ich nehme an, es war eine Kognak-Bemerkung.«

Er strahlte: »Genau das, mein Junge!« rief er. »Aber Sie hätten es auch nicht verstanden, wenn Sie zugehört hätten. Sie waren nie Soldat.«

Hinter Hoffmann hob nun Seeckt sein Glas und trank mir mit einem Lächeln, das etwas von dem Geist verriet, der ihn immer beseelt hatte, zu. Also schwieg ich. Ich stand auf. Ich hatte Generale satt.

Ich vergaß sie sofort alle miteinander, ich vergaß den Krieg, ich vergaß Langemarck, ich vergaß Seeckt und die Schlacht bei Tannenberg. Ich wühlte mich durch den Tanzsaal.

Unter der Tür stand der Hausherr, Rittmeister a. D. eines k. und k. österreichischen Kavallerieregiments mit anderen Offizieren, die allesamt ebenfalls a. D. waren. Herr von Lustig nahm mich am Arm.

»Hören Sie mal«, sagte er aufgeregt. »Sie müssen meine neueste Attraktion bewundern. Fallen S' alsdann bitt' schön auf die Knie und beten Sie sie an.«
»Wo ist sie?«
»Sie muß gleich vorbeitanzen. Eine spanische Tänzerin! Sie werden sehen.«
Spanische Tänzerinnen waren an diesem Abend nach den preußischen Generalen ganz mein Fall.
»Da ist sie!« schrie mein Gastgeber entzückt und warf Kußhändchen in den Saal. Kußhändchen werfen hatte ich meiner Lebtag nicht vertragen können, und wenn die spanische Tänzerin eine Dame war, würde sie auf Kußhändchen nicht reagieren.
Sie reagierte. Sie ließ ihren Tänzer stehen und wehte herbei. Sie war blutjung, wunderschön und im Näherkommen, was heißt Näherkommen, im Näherwehen dachte ich, sie gliche Artemis, der Mondgöttin, der jungfräulichen Jägerin, deren Pfeile Krankheit und Tod bedeuten. Aber als sie vor uns stand, sah ich, daß dem nicht so war. Ich rief erfreut: »Henny!« Und sie fiel mir für einen Moment um den Hals und küßte mich.
Herr von Lustig stand wie eine Salzsäule. Die spanische Tänzerin war Henny Hiebel, ein Frankfurter Mädchen, das ich als junger Mensch schon gekannt hatte. Eine gute Freundin von mir hatte ihr Unterricht in klassischer Gymnastik und im modernen Tanz gegeben.
Sie hieß La Jana.
Und sie war die schönste Revuetänzerin Berlins. Daß sie nicht besonders gut tanzen konnte, machte gar nichts. Sie war so edel gewachsen und so wunderbar gebaut, daß nur die Experten sahen, über wie wenige armselige Attitüden sie verfügte. Sie trat stets nahezu nackt auf. Sie konnte sich das leisten, und niemand hatte etwas dagegen. Das hatte sein Geheimnis. Sie war nämlich von beschränktem Verstand. Dafür war sie gutmütig und hilfsbereit und besaß nicht die geringste Arroganz. Und eben dieser beschränkte Verstand beraubte sie unwillkürlich einer außergewöhnlichen sinnlichen Wirkung. Sie wirkte keusch. Man wird einwenden, daß es manche Mädchen und Frauen mit beschränktem Verstand gibt, die trotzdem eine sehr starke erotische Wirkung ausüben. Aber solche Frauen haben eine sinnliche Intelligenz,

einen erotischen Verstand. Und den besaß La Jana nicht. Und weil sie dazu noch blutjung war, übte sie dennoch einen kühlen, unsinnlichen Zauber aus auf alle. –
Der Gastgeber, der erwartet hatte, ich würde über seine »neue Attraktion«, die »spanische Tänzerin« außer Rand und Band geraten, stand aus allen Himmeln gefallen, mit allen Wassern begossen und wie vor den Kopf geschlagen. Schließlich, nachdem er, ein Mann von Welt, sich wieder gefaßt hatte, lachte er über sich selber.
Diese kindliche La Jana tat niemand etwas zuleide. Sie stand niemand im Weg und hatte keinerlei Ehrgeiz. Sie intrigierte niemals und gegen niemanden, sie war nicht neidisch und nicht egoistisch. Sie nahm harmlos von dem Glück, das ihr beschieden war, alles hin, was sie bekam. Noch die grimmigsten Spießer und die unbarmherzigsten Moralisten betrachteten sie mit Wohlgefallen, und sogar die Heuchler kamen nicht dazu, an ihr etwas auszusetzen. Die Revuedirektoren, hartgesottene, abgebrühte Geschäftsleute, wußten das genau. Deshalb ließen sie La Jana, der sie Riesengagen bezahlten, auch niemals in großen Tanznummern auftreten. Sie ließen sie auf der Bühne herumspazieren, herumgehen, herumstehen oder sie ließen sie, meistens von tiefschwarzen Negern, in einer goldenen Muschel herumtragen, natürlich entkleidet bis zum Möglichsten des Unmöglichen. Die winzigen Sächelchen, die sie trug, waren ganz unnötig. La Jana hätte völlig nackt auftreten können und niemandem wären dabei sündhafte Gedanken gekommen.
Dieses junge Mädchen, Henny Hiebel aus Frankfurt am schönen Main, mit ihrem runden, harmlosen Kindergesicht, ihrem kichernden und zwitschernden Lachen und ihrem vollendeten Körper ernährte ihre sämtlichen Angehörigen. Selbstverständlich war eine ganze Heeresgruppe junger, älterer und besonders alter Männer hinter ihr her, die sich den Besitz eines solchen Wesens etwas kosten lassen konnten. La Jana hätte sie alle haben können, Fürsten, Prinzen, Grafen, Lords, Millionäre. Sie hätte sich, wenn sie gewollt hätte, ihr Leben mit massivem Gold auslegen können. Nichts von all dem. Diese gefeierte junge Diva war ein warmherziges, sentimentales Geschöpf, das nur und allein der Stimme seines Herzens gefolgt ist. Sie besaß im Laufe ihres kurzen Er-

denlebens die leidenschaftliche Liebe einiger Männer, die nacheinander in ihren Gesichtskreis traten und die ihr lagen. Und keiner dieser Männer war ein Krösus. »Ach Gott«, sagte sie, »Geld! Geld verdiene ich genug. Ich brauch' kein Geld, ich brauch' jemand, den ich liebhaben kann.«
Ich glaube annehmen zu dürfen, daß ihre letzte große Liebe der Kammersänger Michael Bohnen gewesen ist, ein untersetzter, massiger, gescheiter Bariton. Und hier ist wohl ihr Herz entzweigegangen, denn da war noch jemand, ein Mann aus der allerhöchsten Aristokratie, dessen elegante Erscheinung und dessen burschikose Liebenswürdigkeit sie bezauberte.
Natürlich wurde sie auch vom Film erwischt. Sie bekam ganz schöne Rollen. Aber auch in den Filmateliers wußte man, was ihr zugemutet werden konnte, und was nicht. Auch hier war sie weniger zum Tanzen engagiert als zum Ansehen.
»Großer Gott, Henny«, rief ich ihr in Babelsberg im Vorbeigehen zu, »großer Gott, was bist du schön!«
»Nicht wahr?« sagte sie erfreut.
Es wäre nicht auszudenken gewesen, was dieses Mädchen alles angerichtet hätte, wenn es zu seiner vollkommenen Schönheit auch noch eine sinnliche Aura gehabt hätte.
Sie behielt bis zu ihrem ganz unerwarteten frühen Tod die herzliche Zuneigung aller, die sie kannten, und die Liebe jener, die sie näher kannten. Sie starb während einer Grippe-Epidemie in Berlin an einer Lungenentzündung.

Presseball mit RM 1,30

Wolfgang Staudte ist heute ein berühmter Filmregisseur. Sein Name klingt auch im Ausland gut. Seine Begabung und filmische Klugheit steht weit über der Pfuscherei jener, die noch in unseren Tagen stumpfsinnig dort weiterarbeiten, wo sie als Hoffnungen begonnen haben.

In jenen längst verschollenen Zeiten, da ich ihn kannte und gerne mochte, er sich recht und schlecht als kleiner Schauspieler durchschlug und ich seine Gescheitheit aus Zwischentönen ahnte, setzte er mir unzählige Male auseinander, wie er sich seine zukünftigen Filme dachte. Ich war damals nicht mehr am BT. Ich hatte keinen Einfluß mehr, auf niemand und nichts, und so war es eine herrliche Freundschaft. An einem unserer geschwätzigen Abende war er wieder bei mir. Am gleichen Abend fand »in sämtlichen Räumen des Zoos« der berühmte Berliner Presseball statt. Jedermann, der prominent war oder dachte, er sei es oder wäre es gewesen oder würde es werden, ließ sich dort sehen. Die Reichsregierung und die gesamte Diplomatie hatten ihre gewohnten Parterrelogen an der Längsseite des unteren Saales. Vor ihnen staute sich die Menge der Gaffer.
Staudte und ich wären auch gerne dabei gewesen. Aber wir hatten kein Geld. Wir fanden es nicht besonders tragisch. Wir klopften kluge Sprüche. Ich sagte: »Die erste aller Pflichten auf dieser Welt ist, nicht arm zu sein. Das hat Shaw gesagt.« Ich riß meine Blicke von dem lodernden Kaminfeuer los und fuhr hoch. »Mensch, ich habe doch zwei Freikarten für zwei Personen.«
Aber kein Geld!
»Wir gehen auf den Presseball«, sagte ich, »wieviel Geld haben wir zusammen?« Wir hatten zusammen so viel, daß es für die Fahrt mit der Elektrischen zum Zoo, für die Garderobe und schließlich für ein Taxi zur Rückfahrt langte.
Ich sagte wild entschlossen: »Staudte, wir gehen. Ich habe noch zwei Flaschen Sekt. Die nehmen wir mit. Und wir werden uns fürstlich amüsieren.«
»Königlich«, sagte Staudte. Wir verabredeten uns in einer Stunde am Bahnhof Zoo. Im Frack, denn ohne Frack durfte niemand erscheinen. Staudte stob davon. Ich zog mich um. Glücklicherweise hatte der Geldmangel meinen Frack noch nicht erreicht. Und auch nicht sein Zubehör. Und der Frack war immer noch von Hoffmann, dem besten Herrenschneider von Berlin. Ach, wie reich war ich damals. Immer noch lagen, ordentlich geschichtet, die schneeweißen Pikee-Frackwesten im Schrank. Immer noch standen auf dem niedrigen Gestell einige Lackschuhe zur Aus-

wahl. Immer noch hingen eingehüllt die Frackbinden zu Dutzenden an der Schranktür. Immer noch lagen im Fach die dünnen, schwarzen Seidenstrümpfe. Immer noch fand ich, im Samtetui gebettet, die Perlen für das Frackhemd und die Manschetten. Und immer noch, die Hauptsache, saß der Frack wie angegossen. Gegen 1 Uhr nachts trafen wir uns. Meine beiden Sektflaschen trug ich in den Innentaschen meines Frackmantels, den ich aber an der Garderobe abgeben mußte. Jedoch liefen Leute herum, die an der Tombola Sekt gewonnen hatten, und so fielen wir mit dem unseren nicht auf. Wir flanierten aufgekratzt durch den Trubel. Da entdeckte ich die große Treppe, die zum ersten Stock führte. Staudte verschaffte sich ein Tischtuch. Damit setzten wir uns auf eine Treppenstufe und ließen die Brandung der Festgenossen an uns vorüberrauschen. Gläser waren organisiert. Wir winkten unseren unzähligen Bekannten fröhlich zu. Und bald war unsere Treppe voll besetzt mit dem munteren Künstlervölkchen von Theater, Film, Revue und Kabarett. Und es dauerte nicht lange, da tobte unsere Treppe vor Ausgelassenheit. Und mehr als einmal vernahmen wir die Stimmen gelangweilter Damen, die da zu ihren Begleitern also sagten: »Sieh mal, die da amüsieren sich wirklich. Gehen wir rauf.« Sogar leibhaftige Offiziere in Gesellschaftsuniform wurden gedrängt, zu uns zu kommen. Und darunter war ein General. Ich kam nicht dazu, wieder über Generale nachzudenken, denn er bestellte unverzüglich Sekt für alle. Staudte und ich spielten die Hausherren. »Ich bin hier zu Hause«, sagten wir, »ich heiße Sie herzlich willkommen. Bitte, nehmen Sie Platz.«

Wir blieben bis zum Morgen. Wir nahmen zum guten Ende eine Auslese unserer lieben Gäste mit nach Hause. Wir nahmen auch den General mit und freuten uns, ihn mitgenommen zu haben. Goethe: »Die größten Möglichkeiten im Leben und in der Gesellschaft hat der gebildete Soldat.«

Ausgaben: Elektrische 30 Pfennige, Garderobe 1 Mark, zusammen 1,30 Mark. Einnahmen: etwa rund neun neue, aber wetterfeste Freundschaften und etwa rund vier neue, aber nicht winterharte Liebschaften.

Der Reiter auf dem Araber

Von der Seligkeit, die der gute Reiter auf dem Rücken des Pferdes empfindet, hatte ich so viel gelesen und so viel gehört, daß ich es als eines jener Erlebnisse betrachten mußte, die man unter keinen Umständen versäumen durfte ... so man es sich leisten konnte. Als ich dachte, ich könnte es mir leisten, lernte ich reiten. Ich lernte es mühsam. Mein Reitlehrer, Herr Krause, gehörte nicht zu den geduldigen Lehrern. Er brachte während seines Unterrichtes sämtliche niederschmetternden Berliner Ausdrücke zur Geltung, und oft war ich sehr verzagt. Und wie es bei aussichtslosen und schwierigen Unternehmungen häufig zu gehen pflegt, eines Tages, von einer Minute zur anderen kapierte ich es. Ich saß fest im Sattel. Ich kapierte das Gleichgewicht, die Verteilung dieses Gewichts, und ich hatte es plötzlich heraus, mit dem Pferd umzugehen. Nächst dem Hund ist das Pferd der kostbarste Gefährte, den sich die Menschen von der Natur ausgeliehen haben.

Ich ritt also täglich in aller Frühe eine Stunde durch den Grunewald. Das Pferd, das ich mir vom Tattersall gemietet hatte, hieß Bismarck. Es war ein braves Pferd und brachte mich nicht oft in Verlegenheit. Ich erlebte die Seligkeit eines endlosen Galopps in der geraden Schneise, die vom Grunewald zur Havel führt. Und als ich sagen konnte, ich wäre ein ganz passabler Reiter geworden, passierte die Geschichte mit dem Araber. Ich betrat den Hof des Stalles. Ich erblickte sofort den Traum jedes Reiters: einen schneeweißen, wunderbaren Araberhengst, fertig gesattelt. Ich ging um ihn herum und alle orientalischen Märchen von Hauff wachten wieder in mir auf. Da stand ein Märchenpferd mit seinem edlen Kopf, den es ungeduldig hochwarf, mit den sehnigen Beinen und der langen Mähne und dem langen tanzenden Schweif, ein arabisches Vollblut auserlesener Zucht. Aber neben diesem Märchenpferd stand eine kleine Holztreppe. Ich fühlte mich als echter Reitersmann und ärgerte mich. Denn dieses Treppchen bedeutete nichts anderes, als daß der Glückliche, der dieses Traumwesen ritt, sich nicht aus dem Bügel in den Sattel schwingen konnte. Er brauchte eine Treppe. Welch ein

Dilettant mußte das sein. Was für ein bequemer Bursche! Ein solches Pferd mit einer Treppe zu besteigen, fand ich ein Verbrechen, denn ich war ein echter alter Reitersmann.
Der Stallmeister ging vorbei. Ich fragte wütend: »Was soll das?« Er sagte: »Nicht wahr? Das schönste Pferd, das jemals bei mir im Stall stand, nicht wahr?«
Ich sagte: »Ich meine dieses idiotische Treppchen.«
Herr Krause sah mich an und kniff die Augen zusammen. »Reiten Sie hinter dem Mann her!«
Und ging in den Stall. Inzwischen hatte der Stallbursche meinen Bismarck gesattelt und führte ihn her. Gleichzeitig trat aus dem Haus ein fetter Wanst. Ein dicker Mann, hochelegant angezogen mit dem teuersten Cord-Reitanzug, den ich jemals sah. Natürlich: genauso hatte ich ihn mir vorgestellt. Er würdigte mich keines Blickes aus seinem dunkelbraunen Gesicht, der Stallbursche rückte das Treppchen zurecht, und der Parvenü kletterte schwer atmend hinauf, legte einen seiner unförmigen Schenkel über den Sattel und saß. Und ritt langsam davon. Ich schwang mich auf mein braves Roß, wartete etwas und ritt dann hinter diesem Schurken her, der nichts weniger verdiente, als ein arabisches Vollblut zu reiten. In etwa 50 Meter Abstand hielt ich mich hinter ihm. Er saß wie in einem Lehnstuhl. Wir überquerten die Straße, umritten das Schlößchen Grunewald, überquerten wieder die Straße, ritten durch die Unterführung der Avus, und jetzt kam die gerade Schneise, die man im Galopp bis zur Havel fegte. Das Wunderbare eines Galopps zu erklären, ist mir unmöglich. Ich setzte mich zurecht. Als ich wieder aufblickte, war der fette Bursche schon einige hundert Meter vor mir. Wie ein weißer Pfeil schossen sie dahin, Mann und Roß. Ich riß die Augen auf und jagte hinterher. Ich traute meinen Blicken nicht. Die beiden da vorne waren aus einem Guß, wie verwachsen miteinander. Und sie entschwanden bald meinen Blicken. Sie müssen mit unwahrscheinlicher Schnelligkeit dahingebraust sein. Ich hole sie nicht mehr ein. Was war denn da los? Wie war so etwas möglich? Wie konnte ein Anfänger ein solches Pferd meistern? Nach einer Stunde ritt ich langsam »in Langen ein«. Ich triefte vor Anstrengung, und auch Bismarck schien etwas erschöpft. Als er im Stall stand, kreuzte Herr Krause meinen Weg.

»Herr Krause«, fragte ich, noch atemlos von dem scharfen Ritt, »wer ist der Reiter auf dem Araber?«
Herr Krause grinste. »Er ist Ihnen aus den Augen gekommen?«
»Nun sagen Sie schon!«
»Das ist«, antwortete der Stallmeister langsam und genießerisch, »das ist der ägyptische Gesandte, Pascha, Exzellenz Sowieso. Und er reitet sein eigenes Pferd.«
Herr Krause lachte und ließ mich stehen. Ich glaube, daß ich brennend rot wurde vor Verlegenheit. Dieser Reiter also war seit ungezählten Generationen ein Reiter. Seine Ahnen und Urahnen hatten auf Vollblutpferden die Wüste durchjagt. Sie waren auf dem Rücken der Pferde zu Hause. Ihre Pferde waren ihr teuerster Besitz und gehörten zur Familie wie Frau und Kinder. Für sie waren seit Jahrhunderten Pferde, die sie liebten und hätschelten, wie Wesen mit einer Seele. Pferde hatten seit endlosen Zeiten ihr Leben begleitet und waren ein Stück ihrer selbst. Ich stand begossen. Wieder einmal hatten mich ein voreiliger Eindruck und ein vorzeitiger Schluß zur Strecke gebracht.
Ich schlich bescheiden von dannen. Was bedeutete es nun, daß ich wußte, wer der Mann war; was in aller Welt wollte es besagen, daß er eine Treppe benutzte, um in den Sattel zu kommen? Saß er erst im Sattel, war er zu Hause. Ich war sehr blamiert vor mir selber.
Monate später bekam ich mit anderen Journalisten eine Einladung zu einem Abend in der ägyptischen Gesandtschaft. Und da sah ich meinen dicken Dilettanten, meinen Anfänger, meinen Parvenü wieder in seiner mit Gold überladenen Uniform. Pascha, Exzellenz Sowieso. Er zog mich wie jeden anderen in ein kurzes höfliches Gespräch. Bei mir verweilte er etwas länger. Wahrscheinlich, weil er sich der französischen Sprache bedienen konnte. Und da faßte ich mir ein Herz. Ich erzählte ihm die ganze Geschichte vom Tattersall im Grunewald, von seinem Araber und von meinem Eindruck. Zuerst schien er nicht zu verstehen, dann lachte er schallend auf und setzte mich auf ein Brokatsofa. Und dann holte er seine Frau und zwei seiner Töchter, jede eine Kleopatra. Und dann bat er mich, die Geschichte noch einmal zu erzählen. Ich wurde oft von stürmischem Gelächter unterbrochen. Dann tranken wir zusammen Champagner.

Mein Freund Kleinschmidt und der hohe Adel

Da wir gerade von exklusiven Leuten reden. Eines Nachmittags saß bei mir im Grunewald eine sehr junge, sehr hübsche und sehr anziehende Filmschauspielerin. Sie hatte eine kleine Rolle in dem Drehbuch, an dem ich gerade für die Ufa arbeitete. Und sie war darauf aus, daß ich die kleine Rolle etwas größer für sie machte. Nun, ich war bestechlich. Es tat niemandem weh, wenn die junge Dame einige Sätze mehr bekam als vorgesehen war. Sie war reizend. Sie war entzückend angezogen. Im Gegensatz zu vielen anderen Filmmädchen war sie verhalten, still, witzig und gescheit.

Das Telefon klingelte. Mein lieber Freund Kleinschmidt aus Frankfurt war am Apparat. Ich kann über die ganze Sache jetzt reden, weil Kleinschmidt längst tot ist.

Mein lieber Freund Kleinschmidt stammte aus sehr gutem wohlhabendem Hause. Er hatte einst bei den Hanauer Ulanen gedient, und er hatte den Adelsfimmel. Das heißt, schon das Wörtchen »von« vor einem Namen imponierte ihm mehr als es notwendig war. Er telefonierte wie immer vom Anhalter Bahnhof. Er wohnte, wenn er in Berlin war, bei mir. Er sagte, er sei in 20 Minuten mit einem Taxi bei mir. Ich hänge ein. Und nachdenklich ruhten meine Blicke auf der hübschen aristokratischen Erscheinung des Filmmädchens. Da kam mir der Einfall.

»Hören Sie zu, Natascha«, sagte ich, »es betritt jetzt mein Freund Kleinschmidt die Szene. Ich möchte ihn reinlegen. Sie spielen eine leibhaftige Prinzessin – sagen wir, die Prinzessin Croy. Ältester Adel, verwandt mit allen hohen und höchsten Häusern Europas. Ich rede Sie mit Durchlaucht an. Und wenn Sie nicht imstande sind, diese Rolle blendend zu spielen, sind Sie keine gute Schauspielerin, und ich werde Ihre Rolle nicht erweitern. Haben Sie verstanden, was ich vorhabe?«

»Ganz genau«, sagte sie entzückt, »ganz genau. Sie dürfen mich nur nicht versehentlich mit Fräulein Peschke ansprechen.«

Es klingelte von unten. Ich ging durch den Hof zur Pforte. Der Chauffeur holte eben die Koffer aus dem Wagen. Ich nahm meinen lieben Freund Kleinschmidt auf die Seite und sagte: »Bitte,

Kleinschmidt, hör mal zu! Oben bei mir sitzt eine richtige Prinzessin, eine Prinzessin aus dem alten schlesischen Geschlecht der Croy. Laß also deine Kasinoredensarten und benimm dich. Zeig deine besten Manieren, ja bitte?«
Kleinschmidts Augen funkelten erfreut. »Mensch, eine richtige Prinzessin!«
Ich brachte ihn hinauf. Er schoß in das Badezimmer, wusch seine Hände, rückte seine Krawatte zurecht und betrachtete eingehend sein Äußeres. Er war so groß wie ich. Er war blond. Er war klug. Er war witzig. Er war angenehm. Er war selbstsicher. Er war elegant. Er hatte nur den Adelsfimmel.
Als wir in das Zimmer traten, saß die Prinzessin Croy mit kühlen Augen in der Polsterecke. Kleinschmidt näherte sich elegant, und ich sagte: »Durchlaucht, darf ich Ihnen meinen Freund Kleinschmidt vorstellen? Ihre Durchlaucht, die Prinzessin Croy!«
Mein Kleinschmidt zeigte seine formvollendetsten Manieren. Er beugte sich über die schlanke Hand der Prinzessin, küßte sie und setzte sich. Er begann sofort eine sublime Unterhaltung, bei welcher er bisweilen ins Flotte geriet, sich aber rasch auffing. Ich entdeckte in diesen Momenten an ihm Züge des Ritters von der Mancha. Die Prinzessin zeigte sich als großartige Schauspielerin. Ich hatte ihr carte blanche gegeben und unterstützte sie in keiner Weise. Nicht einmal entglitt ihr die vornehme kühle Haltung einer jungen Dame aus der großen Welt. Nur bisweilen blitzten ihre braunen Augen zu mir herüber wie Blendlaternen, die man schnell auf- und zuklappt. Mein Freund Kleinschmidt kam allmählich in Fahrt. Und ich dachte im stillen: Hoffentlich bin ich nicht dabei, wenn du überschnappst. Die Prinzessin sprach mit kalter, kleiner Silberstimme. Sie fügte überraschende Bemerkungen in die Unterhaltung ein, die zuerst unwesentlich erschienen, sich dann aber zu farbenprächtigen Gebilden entwickelten wie japanische Teeblumen, die man ins Wasser wirft. Nun, sie sollte viele neue Sätze in ihre kleine Rolle bekommen. denn ich entdeckte, daß sie außergewöhnlich begabt war. Nach einer halben Stunde machte sie das klügste, was sie tun konnte. Sie stand auf. Sie sagte, sie müsse nun leider gehen. Mein Kleinschmidt neigte sich wieder über ihre Hand. Ich begleitete sie hinaus. Ich küßte sie auf den Mund (was ich bisher nicht getan

hatte), bedankte mich, sagte ihr Komplimente, brachte sie hinunter und kehrte erwartungsvoll zurück.
Mein lieber Freund Kleinschmidt spazierte erregt im Raum auf und ab. Er war entzückt.
»Siehst du«, sagte er, »schon in einem so blutjungen Geschöpf zeigt sich die uralte eingeborene Aristokratie. Eine Prinzessin Croy, ich habe ...«
»Nein«, unterbrach ich ihn, denn die Stunde des Triumphes war gekommen.
»Nein, keine Prinzessin Croy, sondern Fräulein Natascha Peschke aus Moabit, eine kleine Filmschauspielerin der Ufa.«
Mein Kleinschmidt blieb erstarrt stehen, als ob man ihm eine mit dem Beil über den Kopf gegeben hätte.
»So«, sagte er langsam, »so, ihr habt mich also beide ...«
»Wir haben dich beide«, antwortete ich zufrieden. Mein Kleinschmidt war schwer angeschlagen. An diesem Tage sprachen wir nicht weiter. –
Monate vergingen.
Ein anderer Freund saß heute bei mir. Mein Freund Killian, Ordinarius für Chirurgie, Direktor einer chirurgischen Universitätsklinik. Und neben ihm saß eine etwa vierzigjährige gut aussehende Dame, die er mitgebracht hatte. Diese Dame war eine Fürstin, eine leibhaftige Fürstin aus einem süddeutschen Hause, und sie trug den echten Titel Königliche Hoheit.
Das Telefon klingelte. Mein Freund Kleinschmidt war am Apparat. Er sagte, er sei auf dem Anhalter Bahnhof und in 20 Minuten bei mir.
»Bong«, sagte ich und hängte ein. Und blieb wie vom Blitz getroffen stehen. Allmächtiger! Die falsche Prinzessin Croy und jetzt die echte Fürstin. Wie ich meinen Kleinschmidt kannte, war eine Katastrophe im Anzug. Sollte ich dem Professor und der Fürstin erzählen ... nein. Ich wurde vom Teufel geritten. Ich wollte erleben, was sich nunmehr tat. Als es unten klingelte, entschuldigte ich mich und ging hinunter. Der Chauffeur lud die Koffer aus. Ich nahm meinen Kleinschmidt auf die Seite.
»Ich muß dir etwas sagen. Nimm's bitte ernst. Oben bei mir sitzt der Professor Killian. Den kennst du. Und neben ihm die Fürstin ...« Kleinschmidt stieß ein überlautes Hohngelächter aus.

»Du bist wohl von einem halbgezähmten Affen gebissen, Mensch! Einmal kannst du das mit mir machen. Aber nochmal ... neee.«
Ich murmelte nur: »Sie ist Königliche Hoheit.«
»Ach nee«, sagte er, bezahlte den Chauffeur, und wir spazierten nach oben. Ich dachte, mach die Augen zu und in drei Satans Namen soll passieren, was will. Kleinschmidt wanderte wie immer ins Badezimmer, wusch sich die Hände, rückte seine Krawatte zurecht und sagte: »Also rin!«
Er betrat festen Schrittes das Gemach. Ich sagte: »Erlauben Sie, Königliche Hoheit, daß ich Ihnen meinen Freund Kleinschmidt vorstelle. Ihre Königliche Hoheit, die Fürstin X.«
Kein Mensch wird es mir glauben, was sich nun ereignete. Der Herr Kleinschmidt neigte sich ohne Zögern respektvoll über die Hand der Fürstin und setzte sich manierlich hin. Die Konversation wurde fortgesetzt. Welches Wunder hatte sich ereignet? Nun, nichts weiter als das Ergebnis einer guten Erziehung, einer gewissen Menschenkenntnis und einer schnell arbeitenden Geistesgegenwart. Nicht umsonst hatte mein Kleinschmidt bei dem vornehmen Kavallerieregiment gedient und war dort Reserveoffizier gewesen. Ich hatte erwartet, daß er der Fürstin arrogant die Hand schüttelte und sagte: »Na du kleine Nulpe, du wohnst wohl in Neukölln?«
Nichts dergleichen. Ehre und Ruhm meinem Kleinschmidt. Sein Instinkt hatte im ersten Augenblick sofort erkannt, daß hier tatsächlich eine echte Dame der großen Welt saß, eine wirkliche Fürstin und kein Fräulein Peschke aus Moabit.
Ich sagte: »Kleinschmidt, darf ich eine Geschichte erzählen?«
Er lachte.
»Königliche Hoheit«, sagte er, »diese Geschichte geht auf meine Kosten. Erzähle.«
Und ich erzählte die Geschichte von Fräulein Natascha Peschke aus Moabit. Der Professor warf sich mehrfach hintenüber vor Entzücken, und die Fürstin war außer sich vor Heiterkeit.
Sie sagte: »Dann hätte es ja passieren können, daß ...« Sie lachte schallend.
Ich sagte: »Ja, das hätte passieren können.«
Kleinschmidt strahlte. Er hatte bewiesen, daß er nicht auf den Kopf gefallen war. Er hatte das Beste gezeigt, was einem Men-

schen mitgegeben werden kann: einen untrüglichen Instinkt in Lagen, wo es darauf ankam, weniger Verstand als einen untrüglichen Instinkt zu besitzen.
Ehre und Ruhm da drüben, mein Kleinschmidt!

Souper mit Nuntius Pacelli

Man könnte meinen, daß ich in der Schlüsselstellung am Berliner Tageblatt die Pflicht gehabt hätte, am hohen Kulturleben der Reichshauptstadt unablässig teilzunehmen, mich umzutun, eine einflußreiche Rolle zu spielen und mich als der berühmte Hans Dampf in allen Gassen herumzutreiben. Das ist nicht der Fall gewesen. Die eigentümliche Arbeitsstruktur des Blattes machte mich zum Journalisten des Tages, zu weiter nichts. Die große Literatur verwaltete Fritz Engel, bei dem auch sämtliche Besprechungsexemplare der Verlage eingingen. Die große Musik verwaltete nach dem Tode von Dr. Schmidt Herr Dr. Einstein, die bildenden Künste lagen in den Händen von Fritz Stahl, die Wissenschaft überwachte Dr. Mamlock.
So blieb mir nur der Alltag übrig, und ich war mit ihm glücklich. Es gab dabei immer einige Probleme, bei deren Lösung ich nützlich sein konnte. So saß ich eines Nachmittags einem großen Berliner Bankier gegenüber und sagte: »Ich brauche einige tausend Mark.«
Der Mann besaß Humor. Er lächelte mich an und sagte: »Mein Gott, sind Sie auf eines meiner furchtbaren Geheimnisse gekommen und wollen mich nun erpressen? Wieviel kostet Ihr Schweigen?«
Ich antwortete: »Ich brauche Geld für den Doktor Sonnenschein.«
Der Bankier hatte in seinem Leben noch nichts von einem Doktor Sonnenschein gehört. Ich sagte: »Das ist der Berliner Studentenpfarrer. Er sorgt für arme Studenten und er hat meistens zu wenig Geld.«

Der Bankier schwieg eine Weile, dann meinte er: »Also es handelt sich um katholische Studenten?«
»Oh nein, es handelt sich um alle Studenten, die in Not sind und die es verdienen, daß man ihnen hilft.«
»Sind so viele Studenten in Not?«
»Ja. Eine ganze Menge. Es sind solche, für die ein bestimmtes Kolleg bei einem berühmten Wissenschaftler an der Berliner Universität unerläßlich erscheint. Und sie werden mit dem teuren Berlin nicht recht fertig.«
Ich verließ den braven Mann mit einem Barscheck über dreitausend Mark. Der Doktor Sonnenschein war beglückt. Diese kleine Angelegenheit brachte mir zu meinem Entzücken ein Abendessen unter vier Augen mit dem Nuntius Pacelli ein. Wir aßen in einem hohen, halbdunklen Raum an einem kleinen, runden Tisch. Er besaß die Gabe, Menschen zum Reden zu bringen. Er ließ sich meine Arbeit beschreiben und interessierte sich lebhaft für die Berliner Bohème, so weit man sie so nennen konnte. Dann fragte er plötzlich: »Sie sind katholisch?«
»Ja, Eminenz.«
Dann ritt mich der Teufel, der mich oft in unangebrachten Situationen geritten hat. Und ich fügte hinzu: »Aber ich brauche die Kirche nicht mehr.«
Er lächelte. Ich wurde verlegen. Ich sah in sein strenges, verschlossenes Gesicht, das nur bisweilen von seinem italienischen Temperament aufgehellt wurde. Er hatte ein wunderbares Mönchsgesicht.
Ich sagte: »Eminenz, es ist kindisch, wenn ich es Ihnen berichte. Aber es ist zu einem Komplex bei mir geworden. Im Lehrerseminar hatten wir einen katholischen Geistlichen als Deutschlehrer. Ich habe stets den besten Aufsatz in der Klasse geschrieben, Eminenz, denn auf den deutschen Aufsatz habe ich ja später mein ganzes Leben und meinen ganzen Beruf aufgebaut. Dieser Lehrer aber gab mir immer nur eine 3.«
Ich schwieg. Plötzlich lachte er, ein wunderschönes Lachen in diesem asketischen Gesicht.
»Ah«, sagte er fröhlich, »ich verstehe.«
Wir sprachen dann über andere Dinge. Beim Abschied hielt er meine Hand fest. Er sagte still: »Ich möchte den Irrtum Ihres

katholischen Lehrers wieder gutmachen. Sie schreiben einen vorzüglichen Aufsatz. Note 1.«
Ich verstand durchaus, warum die Kardinäle später diesen Mann zum Papst gewählt haben. Er verdiente als Persönlichkeit, als Diplomat, als Gelehrter, als Priester und als Mensch die Note 1.

Der feuerrote Schal der Isodora Duncan

Ich glaubte, nicht recht zu hören, als mich, es war in der Mitte der zwanziger Jahre, der Geschäftsführer des Hotels Continental am Bahnhof Friedrichstraße anrief. Er sagte, Mrs. Isodora Duncan bitte mich anderentags um 5 Uhr zum Tee. Ich fragte, ob sie einen Empfang gebe. (Zu Empfängen ging ich nicht.) Nein, ich sei allein geladen. Ich war verblüfft. Wie kam ich zu dieser Einladung? Isodora Duncan war eine weltberühmte Tänzerin, in San Francisco geboren, in Amerika wohnhaft, jetzt auf einer Tournee. Sie war jene Tänzerin, die dem klassischen Ballett zuerst den Hals brach. Sie tanzte barfuß und in beinahe durchsichtigen Gewändern. Sie war jetzt nicht mehr ganz jung, und sie war nicht mehr ganz schlank.
Ja, sie war die erste gewesen, die gegen das klassische Ballett gemeutert hatte. Gegen jenen erstarrten Stil, der bei den Tänzern und Tänzerinnen und Tanzmeistern in allen Opern und Operetten damals noch üblich war, als unüberwindlich galt und der seine Vollendung im kaiserlich russischen Ballett gefunden hatte. Von der Sowjetrepublik war diese Form des Bühnentanzes unverändert und mit derselben Begeisterung übernommen worden. (Heute beherrscht sie wieder die Bühnen.) Aber man vergißt, daß damals die Genies des klassischen Balletts tanzten: Diaghilew hatte die Regie, die großen unvergeßlichen Namen der Tänzerinnen Pawlowa und Karsawijna und des Tänzers Nijinsky standen hinter der Rampe. Sie vermochten dem an sich vermoderten klassischen Ballett noch Leben einzuhauchen.

Also Isodora Duncan. Ihre Schwester Elisabeth hatte 1904 eine Tanzschule nach rebellischen Prinzipien errichtet. Isodora ging auf Tournee, und beide hatten riesige Erfolge. Isodora war die Fanatikerin, die ewig ruhelose, die Idealistin. Sie führte ein völlig ungebundenes Leben, erkannte keine Konvention an. Sie war nahezu haltlos. Sie ging während des ersten Krieges nach Paris. Hernach glaubte sie, bei den Sowjets das Paradies eines noch nie erlebten Ideals gefunden zu haben, wurde enttäuscht und ging wieder auf Reisen. In Berlin hatte sie einen Tanzabend gegeben und rasenden Beifall erhalten. Ich hatte diesen Abend besprochen. Dabei hatte ich mehr ihr menschliches als ihr tänzerisches Problem berührt. Aus Verlegenheit, denn über ihren Tanz war nicht viel zu sagen. Längst hatten ihre Schülerinnen die Meisterin überflügelt. Außerdem war sie eine ziemlich umfangreiche, ältere Dame geworden. Und es war meine Überzeugung, daß man als Tänzerin in sehr leichten Gewändern von einem gewissen Alter und einem gewissen Umfang ab nicht mehr gegen Eintrittsgeld in der Öffentlichkeit auftreten dürfe.
Das ist die Vorgeschichte.
Anderentags spazierte ich etwas beklommen ins Hotel Continental. Es war ein nicht teures Hotel für durchreisende Geschäftsleute. Der Etagenkellner führte mich in ihren Salon. Sie lag, als ich eintrat, in einem langen feuerroten Morgenrock ausgestreckt auf dem Diwan, die rechte Hand auf die vergoldete Lehne gestützt, genau nach dem vertrauten Gemälde von Madame Récamier. Mich störte es nicht. In der Nähe bemerkte ich, wie alt, unkorrigierbar schlaff und müde ihre an sich schönen Gesichtszüge aussahen. Die stark aufgelegte Schminke vermochte nichts zu verbergen. Sie streckte mir erschöpft die Hand entgegen.
Sie sprach etwas Deutsch, und ihre Stimme hatte einen klagenden, leidenden Ton. Ich dachte, sie wolle mir Vorwürfe machen, weil ich auf ihren Tanz in meiner Besprechung nicht näher eingegangen war. Deshalb sagte ich: »Madame, ich fürchte, ich habe Ihr Mißfallen erregt.«
»Noch nicht«, sagte sie leise, und nun wurde ihr Antlitz transparent für jenen Charme, um dessentwillen die Welt sie vergöttert hatte, »noch nicht. Haben Sie Beziehungen nach Indien? Ich möchte nach Indien und dort bleiben. Aber ich habe kein Geld.

Ich kann nicht einmal die Hotelrechnung bezahlen. Ich wollte wissen, ob Sie zu Indien Beziehungen haben.«
»Keine, Madame.«
»Zeigen Sie mir Ihre linke Hand.« Es waren alte Hände, die meine ergriffen. Erfahrene Hände. Vielgeküßte Hände. Grausame Hände.
»Nein«, sagte sie, »Ihre Hand sagt mir nichts. Höchstens, daß Sie Vorahnungen haben. Hoffentlich haben Sie nicht das zweite Gesicht. Ich habe es, und es bedeutet Höllenqualen.«
Wir schwiegen.
Dann brach es wie ein Wolkenbruch über mich herein. Sie war wie verwandelt. Aus der Weltdame wurde eine Furie. Sie zerrte an ihren Haaren, sie rang die Hände, sie wühlte in ihrem Schlafrock. Über mich prasselte der Bericht einer Tragödie, eines überreichen, unerfüllten, ermüdeten und hoffnungslosen Lebens. Sie habe nirgends mehr Erfolg. Sie habe keine Freunde mehr, sie sei einsam und gottverlassen wie noch niemals. Oh Gott, wie war sie schön in diesen unbeherrschten Augenblicken. Ich hätte ihr die brutale Wahrheit sagen können, daß sie nämlich längst überflügelt worden sei, daß sie alt sei und dick und schlaff, und daß das Feuer in ihr zwar noch nicht erloschen, aber am Erlöschen sei. Aber so etwas sagt man nicht. Ich hörte schweigend und tief beklommen zu. Sie hatte die Selbsterkenntnis verloren. Sie hatte ihr ganzes Dasein verschwendet, vergeudet und wahllos verschenkt.
Die Tür zum Zimmer wurde aufgerissen. Ein junger, sehr schöner, etwas blasser schlanker Bursche mit langwehenden Haaren und einem nachlässigen Anzug eilte an uns vorbei ins Nebenzimmer, ohne auf uns auch nur einen Blick zu werfen. Er schlug krachend die Tür hinter sich zu. Das Gesicht der alternden Tänzerin veränderte sich plötzlich erschreckend. Es war tief zerklüftet. Sie richtete sich auf. Sie griff nach dem langen, feuerroten Schal neben sich, schlang ihn um ihren Hals, als ob sie sich erwürgen wollte. Angstvoll saß sie regungslos, mit offenem Mund, und flüsterte vor sich hin. Sie hatte mich völlig vergessen.
»Es ist mein Mann«, sagte sie jetzt heiser. Das war der Augenblick für mich zu gehen. Sie reichte mir verstört die Hand.
Ich wußte, daß sie in Rußland geheiratet hatte, einen viel jüngeren, aber einen berühmten Mann. Es war einer von Rußlands

größten Lyrikern. Ich hatte Gedichte von ihm in deutsch gelesen, sie waren herrlich. Jedoch kann ich seinen Namen in meinem Gedächtnis jetzt nicht finden. Er war einer jener, die von der Entwicklung dort tief enttäuscht worden waren. Er trank. Er vermochte mit Isodora nicht mehr zu leben. Und darin und in nichts sonst beruhte ihre Verzweiflung. Es war die uralte Sache mit dem jüngeren Ehemann. Dazu kam wohl, daß beide äußerst komplizierte Naturen waren. Ich glaube, sie machten sich das Dasein zur Hölle. Aber ich glaube auch, daß sie die Stärkere war und daß er das empfunden hat. Er vermochte sein Leben nicht mehr zu handhaben. Er brachte sich bald darauf um.

Auch auf Isodora Duncan wartete die dunkle Gestalt mit der bereitgehaltenen Sense. In diesem schrecklichen Fall war es keine Sense, sondern ein Schal, der feuerrote, endlos lange Schal, den ich kannte. Die Duncan fuhr in Paris mit ihren beiden Kindern und der Erzieherin auf einer Spazierfahrt die Seine entlang. Das Auto geriet ins Schleudern, durchbrach die Brüstung und stürzte in den Fluß. Aus dem geschlossenen Wagen konnte nur der Chauffeur geborgen werden. Die Tänzerin war vorher für einige Minuten ausgestiegen, um eine Besorgung zu machen.

Aber die dunkle Gestalt wartete weiter – sie hatte Geduld. Sie wartete mit dem feuerroten langen Schal. Mit ihm bereitete sie der Tänzerin ein geisterhaftes, furchtbares Ende. Sie fuhr im Fond eines offenen Wagens, um einen Besuch zu machen. Der Morgen war kühl und windig. Die Duncan hatte auch deshalb den feuerroten Schal, der sie stets als Talismann begleitete, fest um den Hals gebunden. Das Ende des Schals flatterte wie ein Wimpel über den Fond zurück. Durch einen Spuk des Schicksals verwickelte sich der Schal in die Speichen eines der Hinterräder. Die rasche Drehung zog den Schal mit einem einzigen Ruck fest. Die Tänzerin wurde erdrosselt.

Presseempfang bei Ernst Rowohlt

Immer habe ich eine starke Zuneigung zu jenen Gestalten gehabt, die lange unbekannt inmitten der Masse lebten und dann plötzlich die Masse hinter sich ließen. Ein halbes Menschenalter ist es her, daß der Verleger Ernst Rowohlt einen kleinen Kreis der Berliner Presse abends in seine Wohnung einlud. Ein Abend zu Preis und Ehren des amerikanischen Dichters Sinclair Lewis, dessen Werke er in deutsch verlegte. Lewis hatte lange in der Masse gelebt. Er hatte lange als »Neger« für andere Schriftsteller geschuftet. Er hatte für einige Dollars zum Beispiel Jack London Storys geliefert, die dieser dann verwandte. Sinclair Lewis wurde weltberühmt durch seinen »Babbit«, den Bericht über den Typ des amerikanischen Spießers. Er entlockte der ganzen Erdkugel ungeheure Heiterkeit und er wurde von den Amerikanern selber gelesen mit einem entzückten und einem wütenden Auge.

An jenem Abend verheddarte ich mich wie bei jeder Einladung mit der Stunde. Ich kam jedesmal zu allen Menschen zu früh und brachte Unordnung in die Vorbereitungen. Ich stand dann verdattert zwischen ärgerlichen Hausfrauen und gereizten Angestellten. Der Hausherr war meistens noch beim Anziehen und meistens brachte er es über sich, den zu frühen Gast aufzufordern, ihm beim Anziehen zuzusehen. Das tat natürlich auch Ernst Rowohlt. Er hatte damals als Verleger seine großen Zeiten. Die berühmten deutschen Größen verlegte S. Fischer. Rowohlt hatte die großen angelsächsischen Götter.

Schriftsteller sehen es gern, wenn Verleger einen Fehltritt begehen, insofern sie nichts damit zu tun haben. So weilte in jenen Jahren zu kurzem Besuch ein indischer Lyriker in Berlin. Ein zarter Mann mit einem gewaltigen Vollbart. Die Gebilde, die er formte, waren für Europäer nicht einmal besonders fremdartig. Sie waren schön, ohne einen in Entzücken zu versetzen. Dieser Mann aus Indien hieß Rabindranath Tagore. Für die deutsche Ausgabe seiner Gedichte hoffte er, von seinen Freunden allzu zuversichtlich herbeigerufen, einen Berliner Verleger zu finden. Der Inder war in seiner Heimat berühmt, in Europa kannte ihn niemand. Am Abend des Tages, an dem S. Fischer ihm seine

Manuskripte zurückgab, setzte sich Rabindranath Tagore in den ersten besten Abendschnellzug, um enttäuscht und halb gebrochen wieder nach Hause zu fahren. Als er in München ausstieg, rasten die paar Inder, die in München wohnten, den Zug auf und ab und brüllten seinen Namen! Ein Telegramm war durch die Welt gegangen: Rabindranath Tagore hatte den literarischen Nobelpreis bekommen. Seine Gedichte waren im gleichen Augenblick Goldbarren wert. Der Münchner Verleger Albert Langen raste ebenfalls den Bahnsteig entlang. Und ihm gelang der große Wurf: er bekam den indischen Lyriker in seinen Verlag und machte eine Zeitlang riesige Geschäfte durch ihn. In Berlin schlich der kleine Sammy Fischer tödlich verlegen durch seine Büros.
Ernst Rowohlt war nicht für Lyrik. Er war für Prosa.
Man bugsierte mich in das Schlafzimmer. Meine erstaunten Blicke verweilten auf einem Mann, der vor dem hohen Spiegel saß. Hinter diesem Mann stand Ernst Rowohlt und frisierte ihn. Der Mann im Stuhl war ein brandroter, baumlanger Bursche mit rotem, nicht jungem, aber stark zerknittertem Gesicht. Rowohlt und er waren soeben dabei, einen künstlichen Vollbart anzukleben. Das heißt, dem Mann im Spiegel, der Sinclair Lewis hieß und der hernach der Berliner Presse vorgestellt werden sollte. Da er sich mit seinem deutschen Verleger, sofern es einen gründlichen Spaß betraf, vorzüglich verstand, hatten die Schurken vor, den Berliner Journalisten einen Spaß zu versetzen. Mr. Sinclair Lewis sollte als Mann mit einem enormen Vollbart auftreten. Mein zu frühes Erscheinen störte die zwei nicht im geringsten. Ich setzte mich auf ein Stühlchen im Hintergrund und betrachtete den Autor, der so plötzlich rasenden Erfolg gehabt hatte und weiter haben würde. Ich war glücklich, ihn unter solchen intimen Umständen beobachten zu können.
Ich glaube, daß zu dieser Zeit Sinclair Lewis einer der glücklichsten Menschen gewesen ist. Ihn umgab eine unwiderstehliche Aura des inneren und äußeren Behagens. Er trug das Stigma des großen Erfolges. Er war damals unsterblich in eine amerikanische Schriftstellerin verliebt. So empfing er die Berliner Presse. Meine Kollegen kannten natürlich sein Foto aus den Illustrierten. Und auch sie waren zu jedem Spaß bereit. Sie waren so witzig, den Vollbart überhaupt nicht zu bemerken, so daß der

gute Rowohlt und der Amerikaner sich zuweilen verdutzt und schwer enttäuscht anblickten. Dann ging es scharf her mit starkem Mosel. Rowohlt war ein Moseltrinker. Und sein stets vorgeführter Standardwitz bestand darin, daß er Gläser fraß. Er zerkaute das Glas und es schien, als ob er es auch verschluckte. Rowohlt ist tot, aber er lebt in seinem Verlag. Sinclair Lewis ist tot, aber er lebt in seinen Büchern.

Begegnung mit Thomas Mann

Es muß Ende der zwanziger Jahre gewesen sein. Er kam aus Stockholm. Dort hatte er aus der Hand des schwedischen Königs die Urkunde zum Nobelpreis erhalten, auf den er so lange gewartet hatte. Es war Thomas Mann. Er wurde in Berlin durch ein offizielles Abendessen gefeiert. Ich kannte ihn nicht näher. Nach dem Essen stand er, höflich und zuvorkommend, wie er stets war, mit mir eine Weile abseits zusammen. Diese Ehre galt dem BT, nicht mir. Das war mir bewußt. Aber wir erheiterten uns bald zusammen.

Wir sprachen vergnügt über ein Theaterstückchen, das damals bei Reinhardt in den Kammerspielen aufgeführt wurde, mit recht wenig Erfolg. Aber: dieses Stückchen war ganz und gar von Kindern berühmter Väter. Es hieß: »Revue zu vieren«. Die Handlung war von Klaus Mann, dem Sohn von Thomas Mann. Die Regie führte und die Hauptrolle spielte Gustaf Gründgens, der Verlobte von Erika Mann, einer Tochter von Thomas. Erika hatte natürlich auch ihre Rolle. Eine andere Rolle spielte mit großer Begabung Pamela Wedekind, die Tochter Frank Wedekinds. Und damit die Sache in den Familien blieb, war die Bühnendekoration von Fräulein Sternheim entworfen, der Tochter des Dichters Karl Sternheim. Wir klugen Berliner Journalisten waren uns klar darüber, daß hier fünf Kinderchen, die damals noch keinen Ruhm aufweisen konnten, den Ruhm ihrer Väter zu plündern gedachten. Nun, sie hatten falsch gerechnet. Das

Berliner Theaterpublikum, das hart im Nehmen war, nahm das Stückchen gutmütig auf, und die Berliner Kritik, die hart im Geben war, ließ in diesem Fall ihre scharfe Zunge ruhen. Niemand tat weder den Kinderchen noch den Väterchen weh.

Über dieses Stückchen unterhielt ich mich mit Thomas Mann. Und siehe, er wurde ganz menschlich. Über seine eigenen Werke sprachen wir nicht. Wozu auch? Ich hätte ihm ja gestehen müssen, daß ich sie nicht besonders schätzte. Mir fehlte die Wärme des Herzens darin.

Thomas Mann gefiel mir menschlich außerordentlich. Er ruhte in sich. Und es kam nicht vom Erfolg, der ihn schon in früher Jugend berühmt gemacht hatte, es kam auch nicht vom Weltruhm, der nun endlich mit dem Nobelpreis gekommen war, nein, es war das Schwergewicht der Ausgeglichenheit eines Mannes von allerhöchstem inneren Rang, auch wenn ich sein Lebenswerk heute noch als Fleißarbeit betrachte. Er war ein großer und überlegener Geist, er besaß einen Wortreichtum ohnegleichen und eine filigranhaft genaue Erzählergabe. Dazu aber besaß er etwas, was mich sofort faszinierte und was ich an Männern hohen Ranges so sehr liebte – er besaß romantische Ironie. Sie erleichtert solchen Menschen jene harte Diktatur, die sie sich auferlegt haben und aus welcher der große Erfolg früher oder später kommen muß. Es fehlte ihm keineswegs an Temperament, was ihm so oft abgesprochen wurde. Und er war von bestrickender natürlicher Höflichkeit. Kurzum, Thomas Mann machte als Persönlichkeit einen tiefen Eindruck auf mich für alle Zeiten. Ich bewunderte seine geniale Gabe, mühelos in wunderbar geformten Sätzen zu sprechen, und ich bewunderte den Selbstspott, der durch diese Sätze leuchtete. Überdies beobachtete ich an ihm eine selten bei einem berühmten Mann erlebte männliche Würde, eine Würde aus sich selbst, die weder aus dem Erfolg noch aus dem Ruhm noch aus Selbstgefälligkeit oder zu hohem Blutdruck kam wie die handelsübliche Art von Würde.

Inzwischen ist die Welt beinahe zugrundegegangen. Sie hat sich verändert. Und auch die Menschen haben sich verändert. Auch Thomas Mann veränderte sich. Der Stumpfsinn und der absolute Mangel an geistigem Niveau hatten diesen Mann aus seinem Vaterlande gescheucht.

Die Lemuren des Dritten Reiches hatten dafür gesorgt, daß dieser deutsche Schriftsteller den Boden unter den Füßen verlor, als er auswandern mußte. Es kam jene bittere Krise zwischen ihm und dem deutschen Volk, dem er mit ganzer Seele angehört hatte, dessen Seele seine Seele war und dessen Sprache er so vollendet gesprochen und geschrieben. Und er rächte sich bitter an uns allen, die zurückgeblieben sind. Er sagte aus weiter Ferne Dinge über uns alle, die uns bedrückten. Viele haben ihm das nicht vergessen und es ihm niemals verziehen. Sie waren der Meinung, daß es leichtfertig sei und nur billige Rache darstelle, aus einem durch Wohlhabenheit behüteten fernen Domizil dem an Händen und Füßen gebundenen und mit einem Knebel im Mund verstummten Volke Vorwürfe zu machen, die ins Leere liefen, und Ratschläge zu erteilen, die nicht befolgt werden konnten.

Meine Meinung ist die, daß er in der Fremde sein Herz gebrochen fühlte wie so viele andere mit ihm. Und wessen Herz gebrochen ist, wandert mühselig und zerbrochen durch eine Hölle der Trübsal und weiß nicht, was er redet.

Nach dem Kriege besuchte Thomas Mann seine Heimat; er kam, um sich mit ihr auszusprechen, und die Heimat kam ihm entgegen. Er erhielt den Goethepreis der Stadt Frankfurt. Und er gab in einer wunderbaren großen Rede (die von einigen erschreckend gefunden wurde) Rechenschaft von dem, was er draußen gesprochen und getan hatte. Diese Rede hielt er in der unglückseligen Frankfurter Paulskirche, die man aus mißverstandener Tradition als Erinnerung an eine der verhängnisvollsten Niederlagen aller Zeiten wieder aufbauen ließ, von niemandem besucht, von niemandem bewundert, von sterilem Ehrgeiz geplant und errichtet zwischen den Trümmern der Stadt.

Thomas Mann ist in der Schweiz gestorben. Er gehört zu unseren Besten.

Die roten Mauern von Lichterfelde

Es mag ein Jahrhundert her sein, daß ich für eine der zahlreichen mittleren Filmproduktionen das Drehbuch für einen ziemlich kuriosen Film schrieb. Der Produzent, der mit mir verhandelte, gestand, daß er für diesen Film bis jetzt nur einen »tollen Titel« und einen großen Schauspieler für die Hauptrolle hatte. Der geheimnisvolle Titel hieß »Hinter den roten Mauern von Lichterfelde«. Der große Schauspieler hieß Albert Bassermann. Er war wirklich groß. Wahrscheinlich brauchte er wie ich Geld, und so war es ihm egal, welche Firma ihn beschäftigte. Sein Name war ohnehin tabu. Meiner nicht, aber das war mir gleich. In jenen märchenhaften Zeiten konnte man zu irgendeiner dieser kleinen oder mittleren Filmfirmen hinaufklettern und lediglich einen Titel auf den Tisch legen. Für diesen Titel bekam man Geld. Und auf diesen Titel hin legte dann die gottverlassene Firma ihren Film an. Ich ließ mir von dem dicken Produzenten erzählen, was er und sein Dramaturg ungefähr für eine Handlung ausgedacht hatten. Ich lachte, als sie es mir begeistert berichteten. »Die roten Mauern von Lichterfelde« waren natürlich die Mauern der ehemaligen Hauptkadettenanstalt; die Handlung sollte ein Mord an einem jungen Mädchen durch einen Kadetten sein. Ich sagte: »Das ist Blödsinn.«

Der Dramaturg, ein kleiner fetter Jüngling, sagte: »Aber wieso denn?« Der Produzent, ein riesiger, fetter Spießer, bemerkte seelenruhig: »Wenn schon. Der Titel zieht. Und Albert Bassermann zieht. Und Uniformen ziehen.«

»Schön«, sagte ich, »lassen wir sie ziehen.« Der Regisseur war Georg Jakoby, von der Branche genannt Tschortschi Tschäkobei. Der Produzent wäre um ein Haar geisteskrank geworden, als Tschäkobei Bassermann für die Hauptrolle verlangt hatte. »Ihre Filmidee ist Quatsch«, sagte der Regisseur, »der Stoff ist Quatsch. Also muß wenigstens etwas da sein, was zieht.«

Und weil die Hauptrolle nur wenige Drehtage erforderte, ließ sich der Produzent die Gage aus der Tasche zerren, mit Tränen in den verquollenen Augen. Mich reizte das Honorar und dann reizte mich Albert Bassermann in einer Rolle, die ihm so fern

lag, wie nur etwas ihm fernliegen konnte. Er sollte einen Kommandierenden General zu Kaisers Zeiten spielen. So konnte die Werbeabteilung der Firma, die aus einer älteren, dürren Dame bestand, mit großen Lettern ankündigen: »... Mit Albert Bassermann...«
Tschäkobei beruhigte den wimmernden Produzenten schließlich mit dem Versprechen eines Ehrenmannes, die hohe Gage des Stars wieder an anderer Stelle einzuholen. Das hieß, daß alle anderen Rollen mit billigen Darstellern besetzt wurden. Tschäkobei machte damals eine Mazdaznan-Kur durch. Sie bestand hauptsächlich aus ununterbrochenem Knoblauchfressen. Die körperliche Nähe Tschäkobeis zu ertragen, forderte Heroismus. Aber Tschäkobei war für kleine und mittlere Filmchen ein erstklassiger Mann. Er hatte ein kleines zusammengeschrumpftes Altweibergesicht, verstand aber seinen Kram vorzüglich, auch in finanziellen Problemen.
So wurden also mit Bassermann die Verhandlungen aufgenommen. Ich wollte noch vorsorglich auf einen gewissen Umstand aufmerksam machen, aber ich ließ es sein und überließ dem Produzenten die sicher zu erwartende Überraschung. Und Tschäkobei übersah es. Die Knoblauchkur hatte den kleinen Mann völlig gelähmt. (Immerhin heiratete er später die unglaublich fleißige und erstklassige Darstellerin Marika Rökk. Wieso gerade er sie bekam, weiß ich nicht.) Der gewisse Umstand trat prompt ein. Und er betrat zu meiner Überraschung nicht das Büro des Produzenten, sondern meine Wohnung. Albert Bassermann rief mich an. Ob er mit seiner Frau am übernächsten Abend zu mir kommen könne. Ich grinste vor mich hin. Ich sagte, ob ich nicht zu ihm kommen könne und ihm die Mühe ersparen. Oh nein, er komme. Er kam mit seiner Gemahlin, Frau Else Bassermann. Ich freute mich zunächst aufrichtig, den berühmten Mann aus der Nähe zu sehen. Ich hielt ihn für einen der größten deutschen Schauspieler, trotz seiner ständig heiseren Stimme und seines unerschütterlichen Mannheimer Dialektes. Als er mir dann gegenüber saß, kam es mir vor, als ob niemals zuvor jemand mit solcher Eleganz in dem tiefen weinroten Sessel gesessen habe. Der Mann war ein Herr in jeder Faser seines Wesens. Ich blickte in das breite, auf den ersten Blick brutal wirkende Gesicht mit

den tief eingeschnittenen scharfen Falten beiderseits des nervös belebten Mundes, und ich sah die querdurchfurchte kluge Stirn. Das schüttere blonde Haar war in der Mitte sorgfältig gescheitelt. Nach dem ersten Schluck schritt er in das Zentrum seines Vorhabens. »Sie haben«, sagte er, die Hände über den Knien verschlungen und leicht zurückgelehnt, »Sie haben die Rolle des Generals etwas zu dünn für mich in Ihrem Drehbuch angelegt. Sie hat zu wenig Schwere. Ich bin ein Schwergewicht. Ich habe da keine Bewegung. Ich kann nicht greifen. Sie verstehen?«
Ich verstand. Das zu ändern, war eine Kleinigkeit.
Ich sagte: »Herr Bassermann, geben Sie mir einige Winke, wie Sie sich die Rolle gedacht haben.« Er sah mich an. Seine Frau sah mich an. Sie taxierten mich ab. Ich finde es wohltuend, wenn Leute mich abtaxieren, ehe sie wichtige Dinge mit mir besprechen. Herr Bassermann sagte: »Ich möchte diesen General aus der kaiserlichen Zeit mit tiefem Ernst spielen. Keine Simplizissimusfigur. Ich möchte ihm sozusagen eine Seele unterlegen. Keine Type, verstehen Sie, eine Seele. Ich habe mir einen Halsorden erbeten. Während ich spreche, kann ich mit diesem Orden spielen. Ich habe dann Bewegung, Sie verstehen, was ich meine?«
Ich verstand, denn der oft unerklärliche Zauber großer Darsteller lag darin, daß im gleichen Moment, in dem sie die Bühne betraten, eine Atmosphäre da war. Mir ist oft aufgefallen, daß diese Großen der Bühne nicht einfach herumstanden oder herumsaßen und sprachen, sondern daß sie die Bühne mit winzigen Nebensächlichkeiten mitspielen ließen. Sie drehten an einer Vase, sie spielten mit einer Stuhllehne, sie besahen sich Bilder, sie rückten Dinge zurecht.
»Herr Bassermann«, sagte ich, »der Dialog für Sie wird völlig verändert. Sie werden nicht einen Kommandierenden General spielen, sondern einen ganz bestimmten, einmaligen originalen General und nur in dieser Form auf der Welt befindlichen. Ohne Mätzchen, ohne sorgfältig erfundene und probierte Varianten. Ich meine, Sie werden nicht ›Albert Bassermann als General‹ spielen, sondern einen General.«
»Genau das meine ich, nicht wahr, Else?« Frau Bassermann, die unter dem Bühnennamen Else Schiff auftrat, nickte wortlos. Ich aber wartete auf den »gewissen Umstand«.

Er kam unverzüglich.

»Und«, fragte der Schauspieler, »wie steht es mit der Rolle für meine Frau?« Da hatten wir's. Denn das war der »gewisse Umstand«. Ich wußte, daß Bassermann niemals einen Vertrag unterschrieb, wenn für seine Frau in dem Stück oder in dem Film, in dem er spielen sollte, keine Rolle vorgesehen war. Frau Bassermann war eine mittelmäßige Darstellerin. Ich wußte aber auch, daß das Drehbuch in seiner bisherigen Fassung keine Frauenrolle aufwies, die auch nur im entferntesten auf Frau Else Schiff zugeschnitten war. Niemals hatte der Produzent daran gedacht, auch Frau Bassermann zu engagieren. Und niemals würde er Bassermann bekommen, wenn Frau Bassermann keine Rolle bekam. Diese eigensinnige Forderung Albert Bassermanns hatte oft den heftigen Unmut der Bühnenleiter, der Regisseure und der Filmproduzenten erregt. Und jedesmal hatten sie nachgeben müssen. Mir selber hatte diese unnachgiebige und auch an sich ungebührliche Forderung stets Vergnügen gemacht. Diese Schauspielerehe gehörte zu den uneinnehmbaren Ehefestungen, was man wahrlich nicht von allen Schauspielerehen sagen kann. Es war eine eheliche Kameradschaft ohnegleichen. Dabei mag Herr Bassermann sich wohl in jedem Fall bewußt gewesen sein, daß seine Frau eine durchschnittliche Darstellerin und daß also seine Forderung in jedem Fall eine Erpressung gewesen ist. Das war ihm egal. Und Else Schiff war eine kluge Frau. Auch sie wußte um den bescheidenen Umfang ihrer Begabung. Und auch sie wußte, daß sie es nur ihrem Mann zu verdanken hatte, wenn sie in bedeutenden Stücken oder wesentlichen Filmen eine Rolle bekam. Und auch ihr war das egal. Sie war zufrieden, wenn sie mit ihrem Mann auf der Bühne stand.

Jedoch hatte ich mich auf diesen unvermeidlichen »Umstand« vorbereitet, obgleich ich dem Produzenten nichts davon gesagt hatte.

Ich machte nicht viel Federlesens.

»Herr Bassermann«, sagte ich, »für Ihre Frau ist in der bisherigen Form des Drehbuches keine Rolle vorgesehen ... Lassen Sie mich bitte ausreden. Ich werde also für Ihre Frau eine Rolle hineinschreiben. Und das einfachste scheint mir zu sein: Wenn Sie einen Kommandierenden General spielen, der ja in der kaiser-

lichen Zeit mindestens ein Generalleutnant war und den Titel Exzellenz führte, so spielt Ihre Frau die Gattin dieser Exzellenz. Das heißt, wenn Sie damit einverstanden sind.«
Das Ehepaar lachte.
»Das Ei des Kolumbus«, krähte Bassermann und schlug sich auf beide Schenkel, und Frau Bassermann sah mich nahezu zärtlich an.
»Sehr gut. Sehr schön. Ganz prächtig!« sagte der Schauspieler, setzte aber etwas besorgt hinzu: »Glauben Sie nicht, daß es eine farblose Rolle sein wird?«
Ich sagte kategorisch: »Ich schreibe keine farblosen Rollen, Herr Bassermann. Ihre Frau wird als Exzellenz nicht Else Schiff sein, sondern die ganz bestimmte, einmalige Gattin eines Kommandierenden Generals.«
»Mit hübschen Szenen. Mit einer netten Handlung. Mit einem sehr hübschen Dialog. Auf den Leib geschrieben.«
Und so geschah es. Der Produzent weinte bitterlich, als ich ihm meine Eigenmächtigkeit mitteilte. Der Dramaturg starrte mich an, als habe ihn eine schwarze Mamba gebissen, und Tschäkobei grinste.
Albert Bassermann in seiner von einem erstklassigen Schneider nach Maß zugeschnittenen Generalsglorie, mit einem großen schimmernden Halsorden aus Gold und Emaille, den breiten leuchtenden Doppelstreifen an den Beinkleidern, den blitzenden Lackschuhen und den silberklingelnden Sporen sah überwältigend aus. Er bewegte sich, sprach und benahm sich wie der Inbegriff eines Kommandierenden Generals urältesten Adels, mit geschliffener Vornehmheit, mit gestraffter Eleganz, mit nur ganz leicht schnarrender Gardestimme: Generaladjutant und Liebling Seiner Majestät, angebetet von seinen Offizieren, vergöttert von seinen Grenadieren, gefürchtet von sämtlichen Stabsoffizieren, der Heros aller Gesellschaften, angehimmelt von sämtlichen großen, mittleren und kleinen Damen der Gesellschaft, unerreichtes, unnachahmliches Vorbild aller Kadetten.
Und Else Schiff! In einer Grande Toilette der achtziger Jahre, behängt mit dem Schmuck aller erhabenen Vorfahren, Grande Dame in jeder Schattierung, mit dem Fächer spielend – auch sie war die Vergötterung einer Exzellenz.

Es geschah aber in diesem idiotischen, denkwürdigen Film noch mehr. In einem Atelier in Tempelhof wurde ein Kadettenball gedreht. Eine Massenaufnahme also. An diesem Tage sah ich zu. Ich ließ mich sonst selten bei Aufnahmen sehen, denn es erhob sich sofort vom Regisseur angefangen bis zum letzten frechen Sperling der Komparserie der Ruf: »Ah – der Dichter!«
Heute aber war ich da. Ich wollte Bassermann als General sehen. Es waren etwa 50 bis 60 nett aussehende junge Männer als Kadetten eingekleidet, und ungefähr ebensoviel hübsche Mädchen waren engagiert worden. Dazu ein halbes Dutzend Statisten, die als Angehörige an den Wänden entlang saßen. Mir fiel sofort auf, daß es ein schlechter Tag war. Man bekommt mit der Zeit einen ganz sicheren Instinkt dafür, ob ein Drehtag klappt oder nicht. Die Ursache dafür, daß an diesem oder jenem Tage einfach nichts klappt, kann niemals ergründet werden. Solche Erscheinungen und Zustände gehören zu den Unberechenbarkeiten, wie sie jedes Theater und jedes Filmatelier kennt und fürchtet. Man kann dem nichts entgegenstellen als Gelassenheit, Geduld und Humor. Und die Krisis mußte vom Regisseur bewältigt werden.
Das Atelier erschien mir wie gelähmt, lustlos, schlecht gelaunt und mürrisch. Es klappte nichts. Jedermann war gereizt. Es wehte eine Art Föhnstimmung. Sogar die Beleuchter, sonst unbeirrbar in ihrer Berliner Souveränität, hockten niedergeschlagen hoch über der Szene an ihren Lampen und fummelten faul an ihnen herum. Der Tonmeister kam alle Augenblicke aus dem Hintergrund von seinem Tonwagen gerannt und schrie, es sei nicht das geringste zu verstehen. Der Kameramann saß lethargisch auf dem Hocker vor seiner Linse und döste.
Und mein Tschortschi Tschäkobei? An ihm lag es, die Sache zu meistern. Aber er lag langausgestreckt in seinem Stuhl mit ausdruckslosem Gesicht und heulte lediglich dann und wann etwas in die Szene.
Dabei sollte natürlich der Kadettenball eine Szene voller Spaß, Übermut, Vergnügen, Ausgelassenheit, bester Laune, voll jugendlichem Überschwang, voller Verliebtheiten – er mußte ein Wirbel von Fröhlichkeit sein. Eine Regimentskapelle spielte lahme Walzer und Rheinländer. Kellner schlichen langsam umher. Ich betrat einen Kirchhof.

Ich kam gerade zu jener Szene zurecht, in der sämtliche Kadetten in Reih und Glied angetreten waren, hinter ihnen die jungen Mädchen. Und vor dieser Parade hatte ein witziger Kadett den Vorbeimarsch aller vor dem Kommandierenden General zu befehligen. Der Kadett war nichts weniger als witzig.
Ich sah dem Trauerspiel eine Weile zu. Dann entschloß ich mich einzugreifen. Ich ließ die Kapelle schweigen. Ich schickte den verlegenen Burschen von der Front zurück. Ich spazierte die Reihen entlang und besah mir die Gesichter. Und da kam mir der Einfall. Ich dachte, vielleicht würde es reizend wirken, wenn anstatt eines jungen Mannes eines der jungen Mädchen den Vorbeimarsch kommandierte. Als ich die Gesichter der Mädchen betrachtete, überfiel mich plötzlich jene Melancholie, die sich über das ganze Atelier wie ein trüber Nebel gesenkt hatte. Ich wurde traurig und niedergeschlagen, müde und lustlos. Die jungen Männer kamen mir vor wie bösartige Faune, die jungen Mädchen wie Gorgonen, deren Anblick einen erstarren läßt. Dies also – dachte ich trübselig, dies also war der Nachwuchs. Jeder dieser jungen Menschen träumte davon, ein Star zu werden. Und in den Gesichtern der Mädchen schien mir dieser Ehrgeiz schärfer ausgeprägt als in den Gesichtern der jungen Männer. So also sahen die Züge jener aus, die nach uns kommen würden. Und wenn ich alt sein würde, hätten einige von ihnen es geschafft, einige wären im Mittelmaß steckengeblieben und einige wären zugrundegegangen und einige lautlos in irgendeiner soliden Ehe ans Ufer gekommen. Von einem Curd Jürgens oder O. W. Fischer oder Liselotte Pulver war noch nichts zu sehen. Sie mögen damals Kinder gewesen sein.
Nun also – die flaue Stimmung hatte auch mich überrumpelt. Aber ich reagierte auf Überrumplungen stets mit Wut.
Ich ging zu Tschäkobei und sagte: »Überlassen Sie mir für zehn Minuten die ganze Sache.«
»Von mir aus«, murmelte er.
Ich sah mir wieder die Mädchen an. Meine Blicke verweilten auf einem vergnügten, nicht besonders schönen, aber reizvollen Gesicht, aus dem mich zwei dunkle Augen spöttisch musterten.
»Kommen Sie her zu mir.« Die zwei vor ihr stehenden Kadetten flogen zur Seite.

Ich sagte: »Sie werden die Parade kommandieren. Es ist ganz einfach. Sie haben ein ausgelassenes Mädchen zu spielen, weiter nichts. Ich sage Ihnen jetzt die Kommandos.«
Dann war es, als ob ein Windstoß durch das Atelier fegte. Der helle Sopran des Mädchens drang bis in den fernsten Winkel der verwunschenen Halle. Sie erwachte. Als ob ein Septimenakkord von Mozart erklungen wäre, sahen sich die Menschen erstaunt, gelöst und beglückt an.
Dieses Mädchen hatte es in sich. Die jungen Leute kehrten zu ihrer natürlichen Fröhlichkeit, ihrer Ausgelassenheit und Unbekümmertheit zurück. Tschäkobei riß die Augen auf. In noch nicht fünf Minuten prasselte die Halle von Lachen, Scherzen, Rufen und Übermut. Das Blut strömte wieder in allen Adern. Das Atelier lebte.
Es war nur eine Probe gewesen. Ich ging zu Tschäkobei. Ich sagte: »Ich glaube, Sie können drehen.«
Zu dem Mädchen sagte ich: »Sie haben Ihre Sache gut gemacht. Wie heißen Sie?«
»Erika Dannhoff.«
Und der Regisseur brüllte: »Aufnahme.«
Albert Bassermann tätschelte seiner Frau vergnügt die Hand, die Scheinwerfer schmetterten ihr blaues Licht grell über die Szene, die Kapelle begann temperamentvoll mit dem Deutschmeistermarsch, der Kameramann klebte entzückt an seinem Objektiv, der Vorbeimarsch bewegte sich heiter vorwärts. Erika Dannhoff hatte ihre Karriere begonnen. Ihr Name ist wohl heute verschwunden wie so viele andere Namen, die damals für uns eine Bedeutung hatten.

Ein liebenswerter Spekulant

Ein nervöses kleines Männchen schießt in mein Redaktionszimmer. Schlecht rasiert, schlecht angezogen. Seine rechte Schulter hängt tief herunter. Das kommt von der schweren Aktentasche, die er ständig mit sich herumschleppt. Sein stoppeliges mageres Gesicht ist verschwitzt. Er ist der Börsenreporter unseres Handelsteiles. Er heißt Blumenfeld. Diesem kleinen Mann, von dem ich nicht weiß, wo er geblieben ist, gehörte eine der großen Zuneigungen meines Lebens.

Während die Inflation uns alle lähmte, jedoch nur oberflächlich lähmte, denn wir gehörten zu jener glückseligen Schicht, die von Finanzen nichts verstand – spekulierte jedermann vom Handelsteil mit Ausnahme seines Chefs, Dr. Pinner, erfolgreich an der Börse.

Und eines Morgens sagte Blumenfeld zu mir: »Warum spekulieren Sie nicht auch ein bißchen?«

Ich sagte nur: »Oh lieber Mann!«

Da sagte er: »Ich werde für Sie spekulieren. Ich setze auf Sie einen gewissen Betrag.«

Ich lachte. Einige Tage später schoß er wieder ins Zimmer und schob mir ein Bündel Banknoten hin. »Hier«, sagte er, »das habe ich für Sie herausgeholt. Unter einer Bedingung. Sie nehmen drei Tage Urlaub und fahren nach Norderney. Dort fahre ich immer hin, wenn ich kann, und ich möchte, daß auch Sie die paar Tage hinfahren. Sie sehen blaß aus. Wann fahren Sie?«

So konnte ich mir drei Tage Norderney leisten.

Herrliche Tage der hohen Wellen und des Sturmes. Tage der weißgekrönten Meeresschäume. Tage der scharfen, gesunden Luft.

Ich vermochte Blumenfelds Herzensgüte nicht wettzumachen. Er verschwand eines Tages, und ich habe ihn niemals wiedergesehen. Aber sein Name soll hier seinen Platz finden.

Tumult in der »Weißen Maus«

Wahrscheinlich weiß kein Mensch mehr, wer Anita Berber gewesen ist. Und es ist auch weiter für diese Welt nicht der Mühe wert, daß man sich an sie erinnert. Sie war eine Nackttänzerin.

Sie trat in einem der drei Nachtlokale auf, die meinem Freund Peter Sachse gehörten. Das eine am Kurfürstendamm mit exklusivem Programm, wie es sich in dieser Gegend geziemte. Das zweite in der Friedrichstraße mit wilderen Darbietungen, wie man es hier erwartete, und das dritte irgendwo mitten in der Kanonierstraße. Hier waren alle Schranken gefallen. Aber die Sache war so, daß in das Etablissement am Kurfürstendamm die biederen Leute aus der Kanonierstraße hinwanderten, um die vornehme Welt zu sehen, und die distinguierten Leute fuhren in die obskure Landschaft der Friedrichstraße und der Kanonierstraße. Peter Sachse war jemand, der die Menschen kannte, sich nach ihnen richtete und dann auch den Inhalt ihrer Brieftaschen in seine Kassen bekam. Er war der Mann, dem sein Freund Karl Vetter eines Abends in einem Lokal des Zeitungsviertels einen Barscheck in Höhe von zehntausend Mark über den Tisch schob. Karl Vetter war Direktor des Berliner Messeamtes, das die großen Ausstellungen in den Hallen am Funkturm veranstaltete. Und Karl Vetter suchte monatelang nach einem Schlagwort, das die Leute nach Berlin locken sollte. Er fragte jeden Menschen. Nichts. Er veröffentlichte Anzeigen. Nichts Brauchbares dabei. Er alarmierte die gesamte Berliner Journalistenschaft. Nichts.
Da legte der Doktor Peter Sachse das Schlagwort auf den Tisch.
»Jeder einmal in Berlin.«
Er bekam unverzüglich den ausgesetzten Preis, und niemand konnte dagegen protestieren, denn dieses Schlagwort war ein Schlagwort ersten Ranges.
Also die »Weiße Maus«. So hieß das Kabarett in der Kanonierstraße. Selbstverständlich saßen alle Journalisten dort und nicht am Kurfürstendamm. Und wir kamen einer wie der andere wegen Anita Berber. Sie war mit ihrer Gruppe als Schönheitstänzerin engagiert. Anita war ein Genie der verderbten Darstellung, der frivolen Attitüde, der obskuren Geste. Ihre Mädchen waren alle totenblaß geschminkt und sahen alle aus wie Tote. Anita war ein ganz solides Mädchen gewesen. Bis ihr ein Gourmand auseinandergesetzt hatte, daß das Verderbte, das Krankhafte, das Obszöne die größte Wirkung habe. In der »Weißen Maus« verpulverten die besseren Handlungsreisenden ihr Gehalt, ihre Ersparnisse und ihre Spesen. Hier erschienen die mun-

teren älteren Herren aus der Provinz mit gefülltem Portemonnaie. Hier saßen echte und unechte Gentlemen.
Hier saßen auch die Gewaltigen der Unterwelt und die unzähligen Damen aus der Friedrichstraße mit ihren kurzfristigen Kavalieren. Ein Mädchen der Gruppe Anita Berber war gewöhnlich zu haben. Nur Anita Berber selber war nicht zu kaufen. Und sie zeigte das. Jedesmal, wenn ich mit Dr. Peter Sachse seine »Weiße Maus« betrat, kamen wir zum Auftritt der perversen Tanzgruppe zurecht. Wir hatten es so eingerichtet. Wir wollten diese gelungenen Imitationen von Leichen sehen. Daß es im Grunde unerträglich war, wußten wir. Aber wahrscheinlich hauste auch in uns der Hang zum Obskuren und sogar zum Obszönen, der bei jedem Manne tief in einem verborgenen Schacht seines Wesens, wohl behütet und streng bewacht bei den meisten, ruht und lauert. Die Gäste waren um diese Zeit nach Mitternacht bereit für den apokalyptischen Anblick einiger hemmungsloser Mänaden jenseits der Rampe.
Anita aber nahm ihre Vorführungen bitterernst. Deshalb nahm sie jede Störung tragisch. Zurufe beantwortete sie mit unanständigen Ausdrücken. Jedoch drehte sie sich währenddessen in ihren durchsichtigen Schleiern weiter feierlich hin und her. Es dauerte nicht lange, und das ganze kleine Lokal versank in einem tosenden Abgrund von Geschrei, Gezeter und Gelächter. Dann sprang Anita in rasender Wut über die Rampe hinweg, griff nach der nächsten Sektflasche und hieb sie dem nächstbesten Gast auf den Kopf. Dabei kippte sie kunstvoll Tische um, warf Stühle zur Seite. Der Geschäftsführer, ein Mittelgewichtsmeister, riß die tobende Tänzerin zurück, die Kellner versuchten, in dem Wirrwarr die Tische und Stühle aufzurichten. Und dann war plötzlich Stille und Ruhe. Jedermann setzte sich wieder, und der Tanz ging weiter bis zum bitteren Ende. Anita war rauschgiftsüchtig. Peter Sachse sagte zu mir: »Weißt du was? Red du ihr mal zu, sie soll den Radau unterlassen. Du bist von der Presse, auf dich hört sie vielleicht. Sag ihr, sie fliegt, wenn es noch einmal so toll zugeht.«
Am nächsten Abend spazierte ich lange vor der Vorstellung in die Garderobe von Anita. Da saß verschüchtert ein blasses, in tiefe Gedanken versunkenes Backfischchen, das mir mit trüben

Blicken entgegensah. Sie warf ihre kleine, mit Brillanten besetzte Armbanduhr lässig auf den Tisch und sagte höflich: »Entschuldigen Sie, ich muß mich umziehen. Sie können dableiben. Sagen Sie mir, was Sie über mich schreiben wollen.«
Sie begann, sich unbefangen zu entkleiden. Ohne Wandschirm. Sie war wunderbar gebaut. Breite schneeweiße Schultern, starre Brüste mit großen dunklen Höfen, die Hüften waren eine wundervolle Rundung, die Schenkel schön gewölbt, die Formen der Beine untadelig. Sie war eine Schönheit, und sie hätte viele Männer außer Rand und Band bringen können. Das tat sie auch, ohne sich etwas daraus zu machen. Ihr Gesicht war noch nicht geschminkt. Sie hatte riesengroße schwarze Augen und rotblond gefärbtes Haar.
So spazierte sie vor mir auf und ab, die verkörperte Sünde. Jedoch betrachtete ich sie gleichgültig. Sie war für mich ohne jeden sinnlichen Zauber. Ich sagte: »Hör mal zu, du entsetzliches Mädchen. Du weißt, wie du wirkst, nicht wahr? Steh drüber. Sieh nicht hin. Und mach dem Peter Sachse das Leben nicht so sauer, verstehst du? Du machst auf die Dauer die Gäste scheu. Mir ist das wurscht. Mir gehört das Lokal nicht. Aber du kannst es dir leisten, gleichmütig zu bleiben. Steh über den Dingen, wenn du weißt, was ich meine.«
»Sie sind ja gar kein Journalist«, sagte sie kindlich, »Sie sind ja ein Psychoanalytiker. Ich weiß genau, was mit mir los ist. Ich bin verkommen. Ich schnupfe Kokain. Ich habe schon entzündete Nasenflügel davon, sehen Sie her.«
»Schnupfe ruhig«, sagte ich, »aber laß es dir die Vorführung nicht verderben.«
»Die Vorführung«, wiederholte sie träumerisch. »Die Vorführung ist mir Ernst. Ich habe das mit den Mädels lange einstudiert. Wir tanzen den Tod, die Krankheit, die Schwangerschaft, die Syphilis, den Wahnsinn, das Sterben, das Siechtum, den Selbstmord, und kein Mensch nimmt uns ernst. Sie glotzen nur auf unsere Schleier, ob sie nicht darunter etwas sehen können, die Schweine.«
Ich war starr. Also diese Nackttänzerin tanzte ein ernstes Programm über die fürchterlichsten Themen ... und verlangte, daß ein Publikum, das sich erotisch amüsieren wollte, das kapiere.

Sie schminkte sich vor dem hohen Spiegel, völlig nackt. Sie war ohne jede Scham. Sie wirkte auf mich wie ein unschuldiges Kind. Plötzlich ließ sie den Farbstift, mit dem sie sich kalkweiß bemalte, in der Luft stehen und sagte: »Wenn du willst, kannst du mit mir schlafen.«
Ich lachte.
Sie sagte: »Du brauchst keine Sorge zu haben. Ich bin kerngesund. Und ich liebe gut.«
Ich sagte: »Ich will nicht mit dir schlafen. Ich glaube dir auch, daß du gut lieben kannst. Aber da steht eine andere Frau im Wege, verstehst du? Oder verstehst du nicht?«
Sie nickte nur und schminkte sich weiter und murmelte: »Dann eben nicht.«
Sie wandte mir ihr geisterhaftes, weißbemaltes Gesicht zu und sagte: »Vor diesen Böcken muß ich tanzen. Diese Leimsieder machen mich rasend.«
Ich sagte: »Du mußt auch in der Wut schön aussehen. Das ist ein antikes Gesetz aus dem alten Griechenland. Aber ich bin gekommen, um dich zu bitten, nicht jeden Abend bei jedem Zwischenruf eines Idioten mit Sektflaschen zuzuschlagen.«
»Schön«, antwortete sie müde. »Und jetzt hau ab.«
Sie drehte sich zu mir. Sie lächelte unter der scheußlichen Maske ein wunderschönes Lächeln. Ich verließ sie, unzufrieden mit mir selber. Ich hatte sie nicht überzeugen können. Sie war das merkwürdigste Wesen, das mir jemals in der Unterwelt der sexuellen Eigentümlichkeiten vorgekommen war.
Eine Stunde später, als der Doktor Peter Sachse in der »Weißen Maus« eintraf, kam es gerade zu einem wilden Handgemenge im Publikum. Anita Berber schlug mit einer halbvollen Sektflasche auf das kahle Haupt eines älteren Kavaliers ein. Von der kleinen Bühne herab feuerten ihre Mädchen die Chefin mit grellen Zurufen an. Es war Anitas letzter Abend. Peter Sachse entließ sie fristlos.
Ich hörte später, sie sei mit einem Partner in Balkan-Lokalen aufgetreten und dann an Tuberkulose gestorben. Schade um dieses Geschöpf.

Der kleine Kronprinz

Zum ersten Male stand ich Gustaf Gründgens gegenüber in der riesenhaften Zeppelinhalle in Staaken. Sie stand damals noch. Und in ihr wurden Szenen aus dem Henny-Porten-Film »Die Königin Luise« gedreht. Carl Froelich hatte die Regie, Henny spielte die Königin (wen denn sonst?) und Gründgens den König. Er war zu jenen Zeiten noch Schauspieler und sonst nichts. »Und sonst nichts« von ihm zu sagen, ist eine Schmähung, denn er war für mich seit langem einer der großen Darsteller. Seine Entwicklung führte ihn dahin, wo sein Name untrennbar von der deutschen Theatergeschichte ist. An jenem Tage standen wir mit Henny Porten und Dr. von Kaufmann, Hennys Mann, zwischen den Aufbauten. Wir warteten nur noch auf den Darsteller des kleinen Kronprinzen. Ich erfreute mich außerordentlich an der blitzschnellen Klugheit, der Ausdruckskraft und an dem Humor von Gründgens. Er hatte eine gelassene Liebenswürdigkeit an sich, die mich ungemein sympathisch berührte. Ich fand ihn großartig. Er gehörte zur Klasse der Sieger, nicht etwa im einfachen Stil von Hans Albers, sondern eben im Stil von Gustaf Gründgens.

Die Rolle des Kronprinzen erforderte einen etwa vierzehnjährigen Burschen. Und schon sahen wir ihn flink durch die Aufbauten näher kommen. Er trug die altpreußische Uniform eines Gardeleutnants. Es war ein sehr hübscher, kerzengerade gewachsener Junge mit großen ausdrucksvollen Augen, einem Teint wie Milch und Blut und Sonne und Wind. Die vollendete Schönheit seiner langen Beine fiel besonders auf, weil die Beinkleider der Uniform nach der Mode der Befreiungsjahre von den Schuhen aufwärts mit unzähligen dicht übereinander sitzenden Metallknöpfen besetzt waren. Sie anzuziehen, mußte große Mühe machen und, sie unbefangen zu tragen, forderte Grazie. Ich kannte den kleinen Burschen. Wir waren entzückt von diesem Bild, und Henny kniff Gründgens in den Arm: »Sieh mal, ist er nicht reizend?« Und Gründgens murmelte mit halbgeschlossenen Augen: »Donnerwetter, der Kleine kann sich sehen lassen.«

Wir lachten. Denn die Sache war die, daß der kleine, hübsche

Bursche ein Mädchen war, Marianne Grauthoff, die vierzehnjährige Tochter des Schriftstellers Dr. Otto Grauthoff. Es war die erste größere Rolle der schon in diesem Alter charmanten Person. Später ist keine große Schauspielerin aus ihr geworden. Jetzt aber war sie der Kronprinz von Preußen. Unbekümmert, unbefangen, strahlend, frisch, bescheiden und höflich begrüßte sie alle. Gründgens vermochte es einfach nicht zu fassen. »Ein Mädchen!« sagte er. »Nein – das ist nicht möglich. Das ist ganz und gar unwirklich! Ein Mädchen!«
Und Henny sagte stolz: »Das ist unser Sohn, mein lieber Gründgens.«
Einige Tage später standen wir alle auf der großen Freitreppe, die, von den Filmarchitekten errichtet, zur Fassade des Schlosses emporführte. Am anderen fernen Ende der gewaltigen Halle lagerte preußische Infanterie vor zusammengesetzten Gewehren. Dicht dabei hielt preußische Kavallerie. In der nächsten Einstellung der Kamera sollte die ganze Halle mit der Freitreppe in der Totalen erfaßt werden. Und ein Kurier sollte in Windeseile zu Pferde in weit ausholendem Bogen heranpreschen und sein Pferd dicht vor dem Königspaar zum Halten bringen, um eine Meldung zu machen. Als diese Szene geprobt wurde, flammten überall die großen Scheinwerfer und die Jupiterlampen auf. Die königliche Familie stellte sich zurecht. Und jetzt kam aus dem fernen Hintergrund der Halle in gestrecktem Galopp, daß der Staub aufwirbelte und der Bretterboden donnerte, der Reiter herangejagt. Sein Pferd wurde jedoch von den grellen Lichtern geblendet, drehte sich und raste geängstigt zurück ... geradewegs auf die lagernde Infanterie zu. Der unglückliche Reiter versuchte vergeblich, das Tier in seine Gewalt zu bekommen. Es rannte in die Infanterie hinein, und es erhob sich ein wildes und entsetztes Gebrüll. Die Infanteristen wälzten sich zur Seite. Wir sahen dem unerwarteten Schauspiel erstarrt zu. Das Pferd, toll geworden, raste jetzt zu unserem Entsetzen auf die geschlossenen Flügeltüren der Halle zu. Wir hörten den dumpfen brechenden Ton, mit dem es sich den Schädel einrannte. Dann brach es zusammen. Der Reiter hatte Glück gehabt, er war rechtzeitig aus dem Sattel geschleudert worden und hatte nur ein paar Schürfwunden und einige schmerzhafte Prellungen davongetragen. Es

stellte sich aber heraus, daß die Infanterie doch, wie auf jedem Schlachtfeld, den teuersten Preis bezahlen mußte. Einige Komparsen waren ziemlich verletzt worden und mußten zur Sanitätsbude getragen werden.

Die zweiunddreißig Zähne der Josephine Baker

Das war vor rund hundert Jahren gewesen, als ich wieder einmal in einer illustren Gesellschaft zu Gast war. In einer Gesellschaft jenes großzügigen Gastgebers, der für den Abend ein Theater mietete und dann alles diesseits und jenseits der Bühne in sein Haus mitnahm, um ein rauschendes Fest zu feiern. An diesem Abend waren wir in der Revue der Josephine Baker gewesen. Sie war mit ihren schönen Tänzerinnen mitgekommen. Sie wurde natürlich der Mittelpunkt, um den alle Sterne kreisten. Diese kaffeebraun getönte, herrlich gewachsene und damals noch sehr junge Mulattin besaß auch im persönlichen Umgang ein unbezähmbares Temperament und einen unerhörten Charme. Wir alle, die Damen aus Potsdam eingeschlossen, waren fasziniert von diesem fremdartigen Wesen. Und wie konnte sie damals singen! Ihre glockenreine, silberne, süße Stimme, die beim Lachen nahezu zwei Oktaven ohne falschen Ton hinaufkletterte, verzauberte uns vollends. Ich nahm mir vor, wenigstens einmal mit ihr zu tanzen, obwohl es von Generaldirektoren, großen Bankiers, großen Bühnenkünstlern wimmelte. Diese braune Göttin mußte ich aus der Nähe, aus der dichtesten Nähe, erlebt haben. Deswegen paßte ich einen Augenblick ab, in dem sie, schnell atmend, abseits stand und sich puderte. Ich bat sie um einen Tanz. Ziemlich gleichgültig sah sie mich an und nickte, steckte ihre goldene, mit Diamanten besetzte Puderdose in das Täschchen, und wir tanzten.

Und wieder einmal war ich jenem rücksichtslosen Lehrer dankbar, der mir mit einer späteren, ebenso rücksichtslosen Lehrerin Französisch eingehämmert hatte. Und ich segnete Paris, wo ich diese Sprache zwar nicht mit ihrer letzten Musik, vielleicht aber mit ihrer vorletzten, erfaßt, begriffen und gesprochen hatte. Es ist gräßlich, beschämend und demütigend, mit Berufstänzerinnen zu tanzen, ich sagte es schon. Sie übernehmen die Führung, und man hat sich anzupassen. Aber diese wunderschöne Exotin richtete sich nach ihrem Tänzer. Ich hatte jetzt dieses weltberühmte Gesicht dicht vor mir. Diesen einen zarten Duft ausströmenden, kaffeehellen Teint, diese makellose Haut, diese Glanzlackkappe der blauschwarzen Haare, diese riesengroßen, blitzenden und feucht schimmernden dunklen Augen, darin die schneeweißen Augäpfel übermütig rollten, diesen großen, rotblühenden Mund mit den wunderbar geschwungenen, vollen Lippen und diese Zähne – diese Zähne ...

Ich machte eine verblüffende Entdeckung. Die vollkommene Schönheit, die göttinnenhafte Schönheit einer Frau setzt dich matt. Sie ist unangreifbar. Du sagst nichts. Du kommst gar nicht dazu, etwa sinnliches Verlangen nach ihr zu haben. Sie ist tabu. Du entflammst nicht. Sie bleibt dir weltenfern. Und wenn es sich dazu noch um eine exotische Schönheit handelt, eine barbarische Schönheit, weißt du nichts nach dem Schema mit ihr anzufangen. Du kannst sie nur betrachten, ohne Wünsche, ohne Gier, ohne Lüsternheit, ohne sinnliche Phantasie. So flog sie mit geöffnetem Mund mit mir dahin, ein dunkelhäutiger Kolibri, und ich betrachtete unwillkürlich immer wieder ihre Zähne. Sie waren Emaille von blitzendem, grellem Weiß, sie standen dicht zusammen, sie waren regelmäßig, und in ihrem Schmelz spiegelten sich die Lichter aller Kronleuchter und aller Kerzen.

Wir sprachen wenig zusammen. Ich war einfallslos. Aber als die Kapelle mit einem letzten Saxophonschrei verstummte, griff sie mit ihren überlangen, wunderbaren Händen nach meinem Frackaufschlag und rief: »Monsieur! Das war unvergleichlich! Wir tanzen wieder zusammen!«

Ich stand starr vor Entzücken. Ich hatte das größte Kompliment bekommen, das ich jemals in einer Tanzgesellschaft gehört hatte. Ich hatte nicht mehr und nicht weniger als die Ehrenlegion des Walzers verliehen bekommen. Ich brachte sie an die Bar. Hier wurde sie mir von einem Rudel Fräcken entrissen. Ich genehmigte mir zu meinen Ehren einen Ohio, dann einen zu Ehren von Josephine Baker und dann einen zu Ehren des ganzen Abends. Und dann machte ich mich auf den Weg, um eine verwandte Seele zu suchen, mit der ich mein Glück besprechen, kommentieren und vor der ich protzen konnte. Sie lief mir auf der Treppe in die Arme: Üx, und ich klammerte mich an ihn. Denn wenn es in diesem Hause eine verwandte Seele gab, so war es Üx. Daß er die verwandte Seele aller war, die ihn näher kannten, störte mich nicht. Er frühstückte an jedem Mittag im Hotel Esplanade mit einer verwandten Seele. Sein ganzes Dasein bestand aus Frühstücken mit verwandten Seelen.

»Üx«, sagte ich. »Ich habe mit ihr getanzt. Tanze mal mit ihr. Du mußt sie unbedingt aus der Nähe betrachten. Betrachte ihre Zähne. Mensch, diese Zähne . . .« Er unterbrach mich: »Entschuldige, mit wem hast du getanzt und welche Zähne soll ich mir betrachten?«

»Josephine Baker«, sagte ich, »sieh dir ihre Zähne . . .«

Er sah mich aus seinen runden Kugelaugen forschend an: »Du redest wie ein Dentist mit mir, Mann. Trink einen. Hat sie ein teures Gebiß im Mund?«

Ich starrte ihn sprachlos an. Er schleppte mich treppauf an einen Tisch und beruhigte mich mit einem Glas Sekt. Ich murmelte empört: »Ein Gebiß? Bist du wahnsinnig geworden? Zweiunddreißig Perlen hat sie, zweiunddreißig der herrlichsten Perlen, schneeweiß, eine so groß wie die andere, hinter Lippen aus Korallen . . .«

Üx lachte hellauf. »Nun paß mal auf«, sagte er mitleidig, »jetzt will ich mit dir reden wie mit einem Dentisten. Erstens kannst du nicht wissen, ob es nicht tatsächlich ein Gebiß ist, vielleicht ein amerikanisches – die amerikanischen Zahnärzte machen das am besten. Zweitens könnten sie zum Teil echt sein. Drittens ist es eine ganz große Seltenheit, daß jemand wirklich zweiunddreißig echte, tadellose, gesunde und vollkommene Zähne hat. Viertens ist es eine Übertreibung, wenn du sagst, ein Zahn sei so groß wie der andere. Daraus sehe ich zu meiner Befriedigung, daß du doch kein Dentist bist. Und fünftens ist es doch absurd, daß du mir von den Zähnen deiner Tänzerin sprichst. Hat sie denn sonst nichts Betörendes aufzuweisen?«

»Oh Gott«, sagte ich, »hör auf. Eine ganze Menge.«

Er lachte. Er sagte: »Sag mal, was hat dich eigentlich so außer Rand und Band gebracht?«
»Sie«, sagte ich.
Er lachte wieder. »Sieh mal an! Diese Negerin!«
»Eine Kreolin, Mensch! Von reinstem Wasser oder vielmehr von reinstem Kaffee. Eine Kreolin aus hellbraunem Kaffee!«
»Gut. Also eine Kreolin. Das sahen wir ja auf der Bühne. Jedenfalls hat's dich, wie ich sehe. Und es schadet dir gar nichts, daß es dich einmal hat. Aber hör zu: bevor du ihre Zähne nicht gezählt hast und die Zahl zweiunddreißig herausbekommst, glaube ich dir kein Wort. Komm, essen wir etwas.«
»Gut, gehen wir etwas essen. Ich wollte mich ja nur aussprechen.«
Ich aß etwas, dann stob ich davon. Ich erwischte Josephine Baker. Sie war umgeben von einem Gebüsch von Damen und Herren. Sie lachte, als sie mich sah, zwitscherte einige Bemerkungen, hängte sich bei mir ein, schleppte mich zur Kapelle, bestellte den Wiener Walzer von vorhin, und wir tanzten. Dann wurde sie von dem Gastgeber weggeholt, und ich begab mich wieder auf die Suche nach meinem Freund Üx, um mich mit einer verwandten Seele auszusprechen. Ich fand ihn am Kamin im Gespräch mit einem Berliner Bankier, den ich nicht leiden konnte.
»Üx, hast du ein paar Minuten Zeit?«
»Entschuldigen Sie«, sagte Üx zu dem Bankier, »ich muß einige Worte mit diesem Dentisten reden.«
Wir spazierten durch die Räume, und er fragte: »Nun? Zweiunddreißig? Alle echt? Keine Goldbrücken? Keine Jacketkronen?«
Ich trieb ihn vor mir her an die Bar. »Sie hat nicht den mindesten Respekt«, sagte ich, »vor nichts und niemandem. Ich zeigte ihr vorhin den Hohenzollernprinzen. Sie hat nur gelacht. Sie sagt, ein Prinz müsse aussehen wie der Dieb von Bagdad, sonst mache sie sich nichts aus Prinzen.«
Das fuhr dem Baron Edgar Üxküll in die Adelskrone. »So«, sagte er grimmig, »du kannst ihr von mir ausrichten, daß mir eine Prinzessin mit einem Fettansatz und nicht ganz geraden Beinen lieber ist als eine Negerin, die für Geld tanzt, beinahe nackt herumhüpft und ihren Hintern wackeln läßt.«

Ich bestellte meiner wütenden verwandten Seele und mir einen Ohio, und danach beruhigte sich Üx. »Ich rege mich tatsächlich auf«, gestand er, »aber wie ist es denn nun wirklich mit ihren zweiunddreißig Zähnen?«

Jetzt hatte ich genug von diesen Zähnen. Ich stand auf und sagte: »Ich werde jetzt ihre Zähne zählen. Und du kannst zusehen. Zählen werde ich sie.«

Wir fanden die Tänzerin an der Bar. Ich drückte einige Herren zur Seite. Ich schwang mich neben den Hocker von der Baker. Ich nahm ihre Hand, küßte die Fingerspitzen und sagte feierlich: »Josephine, il faut – es ist unbedingt nötig, pardon, meine kaffeebraune Kaffeeprinzessin, es ist unbedingt nötig, daß ich Ihre Zähne zähle. Ich muß jeden einzelnen sehen.«

Der Verein ringsum verstummte vor Entsetzen. Josephine kam nicht im geringsten aus der Fassung. Sie sah mich pfiffig an und kniff ihre geschlitzten Augen zusammen.

»Que voulez-vous?« fragte sie sanft.

Dann neigte sie das Gesicht zu mir. Ich erbat vom Mixer einen goldenen Crayon. Mit den Fingern hob ich ihr Kinn leicht hoch und sie öffnete weit den Mund. Ich begann zu zählen. Die Runde wurde totenstill. Ich sagte jede Zahl laut vor mich hin. Neben mir stand Üx und zählte mit. Der süße Hauch ihres Mundes umwehte mich. Und ich zählte zweiunddreißig echte, schneeweiße, makellose Zähne. Josephine schnappte nach Luft, als ich fertig war.

»Madame«, sagte ich, »zweiunddreißig.«

Plötzlich begriff die Tänzerin, was mit ihr vorgegangen war. Sie wandte sich an Üx. »Baron! Er hat meine Zähne gezählt! Mit einem Crayon statt mit einer Blume! Machen Sie ein Duell mit diesem Schurken!«

Ich starrte die beiden an. »Üx!« rief ich empört, »du kennst sie ja schon! Du kennst sie persönlich!«

Üx griff gelassen nach seinem Glas. »Natürlich kenne ich sie«, sagte er, »ich habe gestern mit ihr im Esplanade gefrühstückt.«

Das schönste Schlaflied

Ich komme sehr spät zu einem Atelierfest.
Was heißt »Fest«? In allen Ateliers der Berliner Bohème wird Abend um Abend ein »Fest« gefeiert. Man trifft da immer Stammgäste aus dem Romanischen Café, arme Schlucker und arme Schluckerinnen. Sie sind Maler, Bildhauer, Studenten, Schriftsteller und Dichter, nach denen bisher kein Hahn krähte. Manchmal haben sie nur so viel Geld, daß es für eine Tasse Kaffee reicht, aber zu mehr nicht. Das regt niemanden auf, nicht einmal die Kellner. An dieser Tasse Kaffee sitzen die Gäste sehr oft den ganzen Abend, der für sie um 17 Uhr beginnt und ungefähr um Mitternacht aufhört. Dann wandern sie zu irgendeinem Atelier. Es sind großartige Menschen. Es sind auch Schnorrer dabei, aber auch sie regen niemand auf. Da ist der bleiche Maler Höxter. Schlampig angezogen, die riesige Hakennase witternd erhoben, geht er von Tisch zu Tisch. Er hat es nicht mehr nötig, etwas zu sagen. Man schiebt ihm einige Münzen hin. Er steckt sie wortlos ein und geht weiter. Da sind die müden Mädchen, von denen man nicht weiß, was sie darstellen. Sie sind stark geschminkt. Sie sind keine Huren. Sie sind einfach dem soliden Leben, ihren Eltern und ihrem Beruf abhanden gekommen. Jede von ihnen ist zu haben oder beinahe jede. Die jüngeren sind noch hübsch und frisch, die älteren sehen erschöpft und hoffnungslos aus. Aber sie haben alle jenen vagen Charme, der uns immer wieder ins »Romanische« zieht. Die jüngeren Männer sind durchweg Begabungen, die es nicht weit gebracht haben oder es aus Müdigkeit nicht weiter bringen wollen. Das »Romanische« ist ihre Zitadelle, von der aus sie in die Lande hinausträumen und auf das Wunderbare warten. Im Romanischen wird geredet, geredet, geredet.
Wir alle vom Bau, wir Journalisten, sind in das Romanische vernarrt. Hier finden wir den menschlichen Dschungel, durch den wir uns beglückt fühlen. Wir reden Unbekannte an und werden von Unbekannten angesprochen. Wir schließen Freundschaften fürs Leben. Wir finden wunderschöne Mädchen dort, die mit uns schlafen gehen und am anderen Abend mit einem anderen weggehen. Den Begriff Treue gibt es im Romanischen kaum.

Von solchen Menschen treffe ich auch an diesem Abend viele. Aber der junge, fette Mensch, der in der Ecke sitzt und säuft, stört mich. Er hat ein rosiges, aufgeschwemmtes Gesicht, eine Zahnlücke vorne und einen Bauch. Er ist gut angezogen. Nach Mitternacht greift er plötzlich zur Laute, die neben ihm liegt. Er legt sie zärtlich zurecht. Er beginnt zu spielen und zu singen. Und ich bin starr. Er hat Gedichte auf seltsame zauberhafte Weise vertont, er greift ungewohnte Akkorde, und er singt mit guter Stimme.
Ich klemme mich in seine Nähe. Und ich höre zum ersten Mal das berühmte Schlaflied von Richard Beer-Hofmann als Lied. Und mich ergreift sozusagen wildes Weh. Der Lautenspieler hat erfaßt, was dem Dichter vorschwebte. Er hat es ganz und gar erfaßt. Dieses »Schlaflied für Mirjam« kennt heute kaum ein Mensch mehr, obwohl es unsterblich ist. Deshalb setze ich es hierher, und wer es liest, wird von rätselhafter Traurigkeit erfaßt werden, wenn er eine Seele im Leibe hat.
Es lautet:

>Schlaf, mein Kind, schlaf, es ist spät!
>Sieh, wie die Sonne zur Ruhe dort geht,
>Hinter den Bergen stirbt sie im Rot –
>Du, du weißt nichts von Sonne und Tod,
>Wendest die Augen zum Licht und zum Schein,
>Schlaf, es sind so viel Sonnen noch dein,
>Schlaf, mein Kind, mein Kind, schlaf ein.

>Schlaf, mein Kind, der Abendwind weht,
>Weiß man, woher er kommt, wohin er geht?
>Dunkel verborgen die Wege hier sind
>Dir und auch mir und uns allen, mein Kind.
>Blinde, so geh'n wir und gehen allein,
>Keiner kann keinem Gefährte hier sein,
>Schlaf, mein Kind, schlaf ein.

>Schlaf, mein Kind und horch nicht auf mich.
>Sinn hat's für mich und Schall ist's für dich,
>Schall nur wie Windesweh'n, Wassergerinn,

> Worte, vielleicht eines Lebens Gewinn.
> Was ich gewonnen, gräbt mit mir man ein,
> Keiner kann keinem ein Erbe hier sein –
> Schlaf, mein Kind, mein Kind, schlaf ein.
>
> Schläfst du, Mirjam, Mirjam, mein Kind?
> Ufer nur sind wir, und tief in uns rinnt
> Blut von Gewes'nem, zu Kommendem rollt's,
> Blut uns'rer Väter, voll Unruh und Stolz.
> In uns sind alle, wer fühlt sich allein?
> Du bist ihr Leben, ihr Leben ist dein –
> Mirjam, mein Leben, mein Kind, schlaf ein.

Das Atelier ist still geworden. Niemand spricht mehr. In sich versunken lauschen alle, einer wie der andere, diesem nie gehörten Lied. Mich hat die ganze Trostlosigkeit, Mutlosigkeit und Hoffnungslosigkeit des Lebens erfaßt.
Ich stehe auf. Ich frage jemand, wer der fette Bursche mit der Laute ist. Das sei der Dr. Peter Bach, der reiche Sohn eines reichen Augenarztes auf dem Kurfürstendamm. Ein Faulenzer.
»Ein Faulenzer?« wiederhole ich, »ein Genie.«
Ich setze mich zu Peter Bach. Ich sage kein Wort über das Lied, das uns alle so verzaubert hat.
Ich bin in jenen Tagen voll dunkler Unruhe und düsterer Hast gewesen. Ohne Anlaß, einfach so. Mich packte eine alttestamentarische Regung. Ich sagte: »Peter, du wirst mich überallhin begleiten an allen Abenden, wohin ich auch gehe. Machst du das?«
»Natürlich«, antwortete er langsam und träumerisch, »ich weiß, wer du bist. Ich werde dein Mann mit der Harfe sein und singen, wenn du traurig bist.« Das war eine alttestamentarische Antwort. Obwohl ich mit Gott nicht gut stand – diesen jungen Menschen hatte mir Gott geschickt.
Von da ab waren wir ein unzertrennliches Paar. Ich nahm ihn überall hin mit, wo ich eingeladen war, wo ich nicht eingeladen war und wo er natürlich nie eingeladen war, weil ihn niemand kannte. Niemals kam er ohne seine Laute, und der gewaltige Resonanzboden, der durch seine füllige Gestalt und seinen Bauch gebildet wurde, gab seinem Vortrag unerwartete Wirkung.

Dann, wie es in Berlin ist, verloren wir uns aus den Augen. Aber eines Abends rief mich ein Freund an: »Kümmere dich um Peter Bach«, sagte er kurzerhand, »er verkommt.«
Und er sagte mir einige Dinge, die mich veranlaßten, unverzüglich zu handeln.
Eine halbe Stunde später stehe ich vor seiner kleinen Wohnung im Parterre eines Junggesellenhauses. Lärm, Lachen, Gegröle, überlautes Grammophon. Ich klingle. Eine junge Dame macht auf, sie hat eine Zigarette in der Hand und sagt mit heiserer Stimme: »Komm rein, alter Knabe, wir haben genug zu saufen.« Wortlos trete ich ein. Das kleine Zimmer ist gefüllt mit Männern und Frauen gewissen Kalibers, die ich getrost Huren und Zuhälter nennen kann. Ich sehe ein Büfett aufgebaut mit den teuersten kalten Speisen. Ich sehe ein halbes Dutzend Sektflaschen in Kühlern. Alles tanzt und schwatzt, schreit und lacht.
Peter Bach liegt mit einem fremden Ausdruck höchster Selbstgefälligkeit ausgestreckt auf einer Couch und zupft lächelnd an seiner Laute.
»Was wird hier gespielt, Peter?«
Er zuckt die breiten Schultern. Da steht dicht neben mir eine Rot-Kreuz-Schwester. »Sie sind sein Freund?« flüstert sie. »Dann schaffen Sie die hier hinaus – sofort! Ich bin zur Pflege hier. Ihr Freund ist krank, nervenkrank, verstehen Sie? Er müßte in eine Anstalt. Wahrscheinlich jugendliches Irresein (dementia praecox).« »Seit wann sind Sie hier?«
»Seit heute mittag. Der Arzt schickte mich her.«
»Und wer bezahlt das alles hier?«
»Ja, wissen Sie denn das nicht? Sein Vater starb vor kurzem. Er hat ihm mehr als hunderttausend Mark hinterlassen.«
»Und warum ließen Sie diese Leute hier herein?«
»Er wollte es absolut. Es seien seine Freunde.«
Wir unterhalten uns dicht vor dem Kranken. Er beachtet uns gar nicht. Er sieht aus verklärten Augen, in denen Lichter aufblitzen und wieder erlöschen, auf die makabre Szene. Auch die Gäste kümmern sich nicht um uns. Also handeln. Ich gehe zum Grammophon, packe es und werfe es an die Wand. Stille. Sie starren mich wütend an.»Was soll das?« rempelt mich einer der jungen Männer an, einer mit verlebtem Gesicht. Ich erinnere

mich, wo der Punkt sitzt, und schlage zu. Er sinkt zusammen. Die Frauen kreischen. Es ist eine Szene wie in einem Kriminalfilm. Ich gehe zur Tür und öffne sie.

»In zwei Minuten sind Sie alle verduftet«, sage ich leise. Peter lächelt milde. Er zupft an seiner Laute und summt vor sich hin. Er bekommt nichts von dem mit, was sich ereignet.

»Los«, sage ich, »raus!«

Merkwürdigerweise gehen sie. Sie helfen dem Burschen vom Boden auf. Sie nehmen ihre Täschchen, ihre Hüte, sie gehen.

Die Tür bleibt offen stehen.

»Wann kommt der Arzt wieder?«

»Er muß jeden Moment hier sein. Ich habe ihn angerufen.«

Ich setze mich zu Peter. Er sieht an mir vorbei. Ich sage: »Mein guter Peter ... Verdient hast du es nicht – aber das Leben ist kurios.«

Ich warte. Dann kommt der Arzt. Ich stelle mich vor. Er hat einen Krankenwagen mitgebracht. Peter wird hineingetragen, mit seiner Laute. Die Schwester und ich packen einige Sachen.

Ich habe Peter Bach nie mehr wiedergesehen. Erkundigungen liefen ins Leere. Leb wohl, Peter.

Wochenend bei Hans Albers

Hans Albers und ich kannten uns nicht persönlich. Wir begegneten uns dann und wann auf Gesellschaften oder in den Hallen von Babelsberg, grüßten uns obenhin, und damit hatte es sich. Jedoch liebte ich ihn. Denn ich hatte ihn noch als Revuetänzer gesehen. Er hatte im Frack neben irgendeinem berückenden Wesen getanzt. Er war mir durch seine unglaubliche Gewandtheit aufgefallen, die gelockerte Art, mit der er sich bewegte, wie sich nur Männer bewegen konnten, die von Natur aus außerordentlich kraftvoll waren. Singen wie die anderen konnte er nicht, denn er besaß ein heiseres Organ.

Dann suchte Reinhardt den Darsteller für die Rolle des Windhundes in Molnars köstlichem Stück »Liliom«. Er versuchte es mit Albers. Und über Nacht wurde Albers ein berühmter Schauspieler. Er brauchte nicht mehr auf einer Revuebühne umherzuhüpfen. Er bekam wundervolle Rollen, im Theater und im Film. Seine einfache, menschliche Art, durch die immer ein empfängliches, gutmütiges Herz blickte, gewann ihm alle Herzen. Und weil er diese Art auch ganz und gar im Leben hatte, brauchte er immer nur sich selber zu spielen. Das ist aller echten, wahren Komödianten offenes Geheimnis ihres Erfolges.
Ich hatte mit Hans Albers auch niemals beruflich zu tun gehabt. Ich hatte niemals ein Drehbuch geschrieben, in dem er eine Rolle spielte. Wir hatten auch beide niemals den Versuch gemacht, uns näher kennenzulernen. Eines Mittags jedoch ...
Eines Mittags – es war ein Samstag, tippte uns seine Majestät der Zufall leicht auf die Schulter. Albers und ich spazierten langsam auf unsere Wagen am Parkplatz zu. Wir waren beide allein. Was mich betrifft, so bin ich immer gerne allein gewesen. Die Einsamkeit war eines jener kostbaren Geschenke, die mir die gute Fee in die Wiege gelegt hatte, jene Einsamkeit, die keine Verlassenheit ist, sondern ein wunderbarer Zustand. Und so oft ich mich daran machte, diese Einsamkeit gewalttätig zu durchbrechen, ist es mir schlecht bekommen, meistens schlecht, einige Male gut.
Das Auto von Hans Albers und meines standen nebeneinander. Ich saß schon hinter dem Steuer, da redete mich Albers an. Seine unwahrscheinlich blauen Augen verweilten nachdenklich und forschend auf mir. Er besaß Augen von einem so durchdringend hellen Blau, daß man sich von ihrem Blick wie versengt fühlte. Er sagte halblaut: »Haben Sie heute etwas vor?«
Ich hielt das für eine oberflächliche Höflichkeit und sagte: »Oh ja, arbeiten, essen und schlafen.«
Er schwieg unschlüssig. Dann sagte er zu meiner Verblüffung: »Wissen Sie was? Lassen Sie das Arbeiten mal. Essen und schlafen können Sie auch bei mir. Wollen Sie übers Wochenende zu mir nach Gatow kommen? Ich möchte gerne mal mit einem vernünftigen Mann über alles reden, was mir einfällt und was Ihnen einfällt. Keine Weiber. Wenig Alkohol. Heute nachmittag so gegen vier, ja?«

Ich war so sehr überrascht, daß ich zunächst gar keine Antwort gab. Dann dachte ich unwillkürlich: Gott ist mit den Langsamen, und ich überlegte. Ich kannte die Art und Weise, wie Filmleute ihr Wochenende verlebten. Sie kamen dann am Montag als angeschlagene, mürrische, lustlose Gestalten mit einem gewaltigen Kater ins Atelier. Aber ich konnte mir das damals nicht leisten. Ich mußte unter allen Umständen am Montag einen völlig klaren Kopf haben. Denn an diesem Montag erwartete mich in der Redaktion eine ziemlich unangenehme Auseinandersetzung mit einem ziemlich unangenehmen auswärtigen Korrespondenten. Der war viel älter als ich, der war viel gerissener als ich, und er war schließlich über ein Jahrzehnt länger am BT als ich.

Wenn ich am Montag nicht ausgeschlafen war, nicht fit war, nicht geistesgegenwärtig war, dann würde der unangenehme Mann mich schon in der ersten Runde an der Kinnspitze erwischen. Aber ein Wochenende mit Hans Albers an der schönen Havel, ohne Frauen und mit wenig Alkohol, das konnte eigentlich ganz hübsch werden.

»Herr Albers«, sagte ich, »ich bin gegen halb fünf bei Ihnen. Wenn ich außer Ihrer Frau Mutter eine Frau oder ein Mädchen sehe und wenn auf dem Tisch Kognakflaschen stehen, kehre ich sofort um.«

Er lachte.

Und in seiner unnachahmlichen rauhbeinigen, burschikosen Art sagte er: »Mensch – Sie kommen mir vor wie ein Erzbischof. Also um halb fünf. Ade.«

Unterwegs dachte ich über ihn nach. Er bekam enorme Gagen und brachte sie bei jedem Film ohne Ausnahme vervielfacht dem Produzenten wieder ein. Es gab keinen Albersfilm, der geschäftlich ein Mißerfolg war. Künstlerische Mißerfolge hatte er nach den Stimmen der Kritik einige hinter sich. Es machte nichts aus. Er war das garantierte Geschäft. Deshalb war er auch ohne Pause beschäftigt. Deshalb konnte er beim Drehbuch mitreden und seine Partner und besonders seine Partnerinnen aussuchen. Ich wußte, daß er, obwohl er immer nur sich selber spielte, ein großer Arbeiter war und von strengem Fleiß. Er schüttelte seine Rollen nicht aus dem Ärmel, wie es aussah. Das Lernen seiner Rollentexte bedeutete ihm Grauen, Verzweiflung und Entsetzen, denn er hatte kein Gedächtnis. Oft mußten ihm schwierige Textstellen groß auf eine Tafel geschrieben werden, die außerhalb der Dekoration stand und von der er ablesen konnte, ohne daß es auffiel. Daß er immer der »Sieger« sein mußte, war die Grundlage seines Erfolges im Publikum. Dabei wurden meistens ziemlich grobe und große Anstrengungen von ihm verlangt. Und es blieb sein Ehrgeiz, wie Harry Piel niemals ein Double zu nehmen, einen Mann, der Sprünge, Klettereien, Stürze, Rennen und Laufen in seiner Maske für ihn erledigt hätte. Er machte das selber. Also auf nach Gatow.

Albers bewohnte ein großes, schönes Haus an einem Abhang, der in Terrassen zur Havel hinunterfiel. Oben auf der großen Terrasse war der Kaffeetisch gedeckt. Keine Frauen, keine Mädchen, keine Kognakflaschen. Sehr schön. Nach dem Kaffee gingen wir zur zweiten Terrasse hinunter. Hier stand ein Pavillon mit einem Ping-Pong-Tisch. Während wir Kaffee tranken, unterhielten wir uns nur wenig. Wir schauten zu den Booten hinunter, die vorüberschwebten. Berlin war umgeben von herrlichen Seen. Berlin war die schönste Stadt der Welt für unsereinen. Albers stammte aus Hamburg, ich aus Stuttgart. Keiner von uns wollte jemals wieder von Berlin weggehen. Keiner von uns und niemand sah die Heeresgruppen düsterer Gestalten, die in der weiten Ferne einer apokalyptischen Zukunft bereitstanden, uns zu vertreiben. Wir waren glücklich in Berlin. Albers war der Sohn eines Hamburger Metzgers. Es war eine der Seligkeiten seines Lebens, daß er seine Mutter bei sich haben konnte, daß sie sah, was aus ihm geworden war, und daß er seine gesamte Verwandtschaft großzügig leben lassen konnte.

Wir hetzten uns um die Bälle, bis wir trieften. Im Abendsonnenschein glitten dann die stillen Segelboote langsam vorbei. Aus Paddel- und Ruderbooten schrien und winkten braungebrannte Jungen und Mädchen wild herauf, wenn sie das berühmte Gesicht entdeckten.

Der Abend blieb warm. Wir aßen im Freien. Ich betrachtete eingehend sein Gesicht. Kein Wunder, daß er immer der »Sieger« war. Seine Züge waren kühn geschnitten. Die scharf gebogene Nase. Das trotzige Kinn. Der stürmische Mund. Es war das Gesicht eines Seeräubers. Und vor allem seine blauen Augen. Ich ver-

stand, daß der Blick aus diesen Augen betörend, betäubend und erpresserisch sein konnte. Du lieber Gott, dachte ich, was sollen die jungen Mädchen und die Frauen machen, wenn sich diese Blicke in die ihren versenkten. Nun, heute war keine von ihnen da, und das war gut so. Wir kletterten zum Haus hinauf. Wir badeten und zogen uns um. Ich hatte ein reizendes blaues Zimmer mit Blick auf die Havel hinaus, und ich freute mich, daß ich gekommen war. Das Tischtennisspiel hatte uns einen so wütenden Hunger verschafft, daß wir erst nach dem Essen uns etwas zurechtmachten. Dann verwilderten wir am Abendbrottisch in Gesprächen aller Sorten und aller Kaliber. Vom Film, Theater oder von der Zeitung wurde nicht gesprochen. Wir kippten die Welt um. Wir bekamen auch Streit. Albers überlegte, was es mit dem Fortleben nach dem Tode auf sich habe. Ich sagte: »Für Sie hat es gar nichts auf sich. Sie kommen niemals wieder auf die Welt. Sie haben es hier so gut gehabt, daß Buddha verzichten wird, Sie wieder in einer anderen Form einem so angenehmen Leben auszusetzen. Sie hatten genug. Seien Sie zufrieden und bescheiden.«
»Mensch, ick gloobe ... ick komme wieder ... ick will wiederkommen und jenau als Filmmann will ick wiederkommen. Und Sie Mann, als was werden Sie wiederkommen?«
»Entweder als Pudel oder als General«, sagte ich, »als Pudel deshalb, weil ich gerne einmal bedingungslos und gedankenlos für jemand da sein möchte, ohne Berechnung, ohne Hintertürchen, ohne Absichten, einfach als ein völlig ganz und gar unschuldiges Wesen.«
»Und warum General?«
Ich lachte. »Das weiß ich selber nicht. Vielleicht wegen der Uniform. Vielleicht das Leben unter Männern. Vielleicht die Gefahr ... «
»Als General fressen Sie sich in der Etappe voll«, sagte er, »nischt von Jefahr.«
Jetzt war ich in die verteufelte Lage versetzt, die Generale verteidigen zu müssen. Und da bekamen wir Streit. Und da bekamen wir Durst. Und da holte Albers Sekt und Pilsener. Das war unser beider Lieblingsgesöff. Und da tranken wir, obwohl wir es nicht und nimmer vorgehabt hatten.

Ich kannte mich. Sooft ich von einem guten Vorsatz desertierte, empfand ich das als einen jener beängstigenden Augenblicke, in denen das Schicksal zur Seite tritt und den Menschen sich selber überläßt. Nun, dieser Abend mit dem Schauspieler schien mir nicht weiter beängstigend zu sein. Wir legten unsere Ellenbogen neben die Gläser, lagen weit über den Tisch und renkten die Welt ein, die nach unserer Ansicht ausgerenkt war. Natürlich waren wir längst per du. Daß unsere Welt später wirklich einmal ausgerenkt werden würde, ahnten wir nicht. Das Dritte Reich war noch nicht einmal mit Wetterleuchten in Sicht, und Albers war noch nicht zwangsweise »Staatsschauspieler«. (Übrigens ging er durch die Jahre der Diktatur mit ironisch schweigender Verachtung. Und sie wußten, daß er sie verachtete. Aber sie taten ihm nichts. Sie machten ihm nur schwache Schwierigkeiten. Sie wagten es nicht, ihn schlecht zu behandeln. Dafür war seine Volkstümlichkeit zu unantastbar und seine Beliebtheit im Volk zu tief eingegraben.)
»Ick wollte, wir hätten eene Zijeunerkapelle da«, sagte er, »eene Zijeunerkapelle legt mir jlatt um.«
Eine Zigeunerkapelle! Wahrhaftig! Mir war Zigeunermusik immer die unwiderstehlichste aller menschlichen Versuchungen: Zigeunermusik bedeutete für mich den Spiegel aller gescheiterten Pläne, aller Versäumnisse, aller Verfehlungen und aller unerfüllten Träume.
Erst lange nach Mitternacht überredeten wir uns mühselig gegenseitig, schlafen zu gehen. Albers brachte mich in mein Zimmer. Ich bin dann sofort eingeschlafen.
In der Nacht, es mochte gegen vier Uhr sein, erwachte ich durch ein quälendes Durstgefühl. Der Morgen stand schon vor den Fenstern. Ich war wütend über mich. Ich stand auf und ging an den Waschtisch. Ich ließ das Wasser laufen, trank einige Gläser und setzte mich dann tief verstimmt auf den Bettrand. Nun hatte ich also doch getrunken, scharf getrunken. Und nun hatte ich einen Kater. Ich ging zum Fenster und überblickte den kleinen Park, der keinen Kater hatte, und hörte das Morgenjubilieren der Vögel, die am Abend zuvor keinen Alkohol getrunken hatten. Ich hörte die kleinsten von ihnen unermüdlich ihr Messerchen wetzen, die Kreatur beschämte mich auf das tiefste. Ich überlegte, wie der

kommende Tag bei Albers aussehen würde. Albers und ich, in der Technik des Trinkens wohlerfahren und im Handhaben eines Katers trainiert, würden eben den uralten Trick anwenden, um den geschwollenen Schädel zu beruhigen: Wir würden weitertrinken.
Ich gab mir einen Ruck. So weit es auf mich ankam, würde heute kein Tropfen getrunken werden. Denn ich würde nicht mehr da sein. Es mußte also gehandelt werden. Ich entschloß mich, sofort das Haus zu verlassen. Ich kleidete mich an. Dann schlich ich durchs Haus. Der Hausschlüssel steckte innen. Ich durchquerte den Hof, um zum Tor hinauszukommen. Das Tor war abgeschlossen. Kein Schlüssel. Ich wanderte lautlos um die Villa herum. Ich wollte unter allen Umständen weg. Mein Wagen stand draußen auf der Straße, ich war zu bequem gewesen, ihn hereinzufahren. Ich ging über den Rasen rechts vom Haus. Ich nahm einen Anlauf und sprang. Ich kam nicht hinauf. Ein zweiter Anlauf. Auch er gelang nicht. In meinen Gliedern dampfte zu viel Alkohol. Ich nahm jetzt einen langen Anlauf und gelangte mit etwas zerschundenen Händen und angekratzten Knien hinüber, sank hinter das Steuer, startete, – erster Gang – zweiter Gang – dritter Gang und stob davon. Erleichtert fegte ich durch das dämmerige Gatow, hinaus auf die Chaussee, Richtung Berlin. Mein Kopf wurde freier. Ich versuchte, wieder durchzuatmen. Und dann überfiel mich ein dummes Gefühl. Ich wurde bedrückt. Es war recht schäbig, so abzuhauen, es war eine grobe Unhöflichkeit gegen den Mann, der so reizend zu mir gewesen war. Nein, dachte ich beklommen, so geht es nicht. So durfte man sich nicht benehmen.
An der nächsten Kreuzung wendete ich und fuhr zurück. Ich parkte vor dem Hause den Wagen, dort an der Mauer. Das Zurückklettern war einfach. Ein Schotterhaufen brauchte nur bestiegen zu werden, dann konnte ich mühelos über die Mauer zurück. Ich lief wieder über den Rasen, ging in das Haus zurück in mein Zimmer, entkleidete mich und schlief sofort traumlos und tief. Sicher deshalb, weil ich mich nun keinerlei schlechter Manieren gegen Albers schuldig gemacht hatte.
Gegen Mittag wurde ich wachgerüttelt. Im Schlafanzug, mit grauem Gesicht und mit seltsam verzweifeltem Gehabe stand Albers vor mir. Ich setzte mich auf.

»Mensch«, flüsterte er, »mit mir ist es aus. Fertig. Schluß. Vorhang runter.« Ich wurde aufmerksam. Seine heisere Stimme klang trostlos. Ein zerbrochener Mensch stand da mit zerklüftetem Gesicht, das Blau in seinen Augen schien erloschen.
»Was ist los?«
Er setzte sich zu mir auf die Bettkante. Dann fuhr er sich müde durch seine schütteren blonden Haare.
»Mit mir ist es so weit«, murmelte er.
»Schon wieder einen genehmigt?«
»Ich muß zum Arzt gehen«, sagte er leise. »Es hat mich erwischt. Es ist so weit. Hör zu, was mir heute nacht passiert ist. Ich wache auf. Ich habe Durst. Draußen ist schon heller Tag. Hör zu, Mensch, heller Tag. Ich geh' an die Wasserleitung im Bad. Und wie ich am Fenster vorbeigehe, sehe ich, hör genau zu, sehe ich einen Mann über den Rasen laufen. Einmal, zweimal, dreimal. Dann klettert er über die Mauer, verstehst du genau? Er klettert über die Mauer.«
Er schwieg und starrte mich hilflos an. Ich sagte nichts.
»Dann«, berichtete er weiter, »dann geh' ich also ins Bad und trinke ein paar Glas Wasser. Hör zu, – wie ich auf dem Rückweg wieder am Fenster vorbeikomme, sehe ich wieder einen Mann. Er klettert über die Mauer und geht über den Rasen.«
Er schwieg wieder und starrte mich an.
Ich sagte nichts.
»Weißt du, was das bedeutet?«
Ich schüttelte den Kopf.
»Das ist der Beginn von Delirium tremens«, flüsterte er. »Ich habe es immer gefürchtet. Ick saufe zu ville. Ick habe Halluzinationen, vastehste? Ick muß gleich am Montag zum Nervendoktor gehen. Ick muß wat tun für mich. Ick saufe zu ville. Ick habe Erscheinungen, vastehste? Ick denke, vielleicht is es een Einbrecher. Aber am hellen Tag, Mensch! Ick will es jenau wissen, denke ick und jehe durchs janze Haus. Ick ha ooch bei dir reinjeschaut. Du hast jepennt wie ne Ratte. Nischt im janzen Haus. Niemand. Ooch Muttern pennt janz ruhig. Det Mädchen Rosa pennt janz ruhig. Nischt. Ick jeh in den Garten. Nischt. Ick jeh an die Mauer. Ick klettere rauf. Nischt. Niemand. Deine Karre steht da. Keene Seele weit und breit.«

Er starrte mich wieder an. Ich sagte nichts.

Er murmelte: »Nischt zu machen. Et is so weit mit mir. Ick saufe zu ville. Viel zu ville.«

Er stand auf und wanderte im Zimmer hin und her, ein erledigter Mann.

»Hör mir mal zu ...« sagte ich jetzt, aber er unterbrach mich sofort: »Jetzt noch eenen kleenen Schritt weiter und ick sehe weiße Mäuse.«

Und wieder flüsterte er vor sich hin, fassungslos und entgeistert: »Delirium tremens im Anfangsstadium!«

Jetzt riß die Kandare, an der ich mich bisher gezügelt hatte. Ich warf mich im Bett zurück, ich strampelte mit den Beinen und brüllte vor Entzücken. Er stand zu Stein erstarrt und ein Funkeln glomm in seinen Seeräuberaugen auf: »Wat lachste denn so dämlich, Mensch?«

Ich schüttelte mich vor hemmungsloser Heiterkeit. Albers packte mich an der Schulter.

»Du hast wohl nicht alle beisammen? Ick erzähle dir, daß es der Anfang ist von Delirium tremens ...«

Ich schrie: »Das war nicht Delirium tremens! Hör auf mit Delirium tremens. Das war ich!«

Er setzte sich abrupt auf die Bettkante.

»Wat denn ... wat denn ...«

Ich konnte jetzt ruhiger mit ihm sprechen. Ich sagte: »Der Mann, den du zweimal gesehen hast, der war ich. Du hast keine Halluzinationen gehabt. Du hast keine Erscheinung gehabt. Und du hast nicht Delirium tremens. Hör zu.«

Ich erzählte die ganze Sache genauso, wie sie abgelaufen war – wie ich aufgewacht war mit einem Kater, wie ich mich und ihn, Herrn Hans Albers, und seine verdammte Gastfreundschaft und dieses Wochenende verflucht hatte, wie ich ausgerissen war und wie ich wiedergekommen war. Ich erzählte es haargenau mit allen Einzelheiten.

Er saß sprachlos. Er kaute sich die Zunge. Er starrte mich mißtrauisch an. Dann schüttelte er den zerwühlten Kopf.

»Ne«, sagte er ruhig und gefaßt, »du willst mich nur beruhigen. Quatsch, Mensch! Du willst mir doch nicht erzählen, daß du einfach abhaust, am frühen Morgen abhaust, ohne Abschied, daß

du über die Mauer kletterst, dann unterwegs einen Moralischen bekommst und wieder hierher fährst und wieder über die Mauer kletterst...« Er tippte mit dem Zeigefinger an meine Stirn.
Ein schwerer Fall.
Eine ganz und gar komplizierte Sache.
»Woran glaubst du?« fragte ich.
»An dich nicht«, sagte er, »und schwöre nicht bei Gott, Mann!«
Jetzt zeigte ich ihm meine zerschundenen Hände und meine verschrammten Knie.
»Woher soll ich das haben, du Dussel?« sagte ich. »Vom Tischtennis? Vom Kaffeetrinken? Vom Saufen?«
Er untersuchte alle Stellen genau. »Tatsächlich«, murmelte er, »es ist ganz frisch.«
Ich fragte ihn: »Weißt du, was das Kostbarste unter allem für einen Menschen ist? Das Augenlicht. Ich schwöre dir bei meinem Augenlicht, daß alles so gewesen ist, wie ich dir erzählt habe.«
Er glaubte mir jetzt, aber er war nicht beruhigt. Der Schock, den ich ihm unbewußt und ungewollt versetzt hatte, würde ihn lange beschäftigen. Vielleicht war das gut.
An diesem Sonntag tranken wir keinen Tropfen mehr. Spät nachmittags fuhr ich weg. Wir haben uns von da ab wieder nur flüchtig gesehen. Wir redeten uns dann mit Sie an. Aber unser Gruß bestand darin, daß jeder von uns sich leicht an die Stirn tippte. Der Generaldirektor der Ufa sah das eines Tages und sagte zu mir etwas geschraubt: »Sie werden doch dem guten Albers kein Leid zufügen, indem Sie ihn ...«
Ich unterbrach ihn: »Wissen Sie, was Delirium tremens ist?«
»Natürlich«, antwortete er verblüfft.
Ich sagte: »Na also«, stieg in meinen Wagen und brauste ab.
Ich sah ihn stehen und mir nachblicken.

Vom Pensionat nach »Metropolis«

Eines Sonntags nachmittags, etwa vor einem Jahrhundert, war ich bei dem Filmehepaar Fritz Lang und Thea von Harbou zum Tee eingeladen. Sie hatten damals eine unzerbrechliche und unzertrennliche Arbeitsgemeinschaft. Frau von Harbou schrieb sämtliche Drehbücher für ihren Mann, der Regisseur war. Diese Drehbücher waren alle etwas zu pompös, etwas zu bombastisch, etwas zu pathetisch und etwas zu sentimental. Insbesondere ließen einem bisweilen die Dialoge den Hut hochgehen. (Man trug zu jenen Zeiten noch Hüte.) Es war Papierdeutsch. Jedoch wurde die Magerkeit des gedanklichen Inhalts und die Affektiertheit der Dialoge wundervoll überrannt und zugedeckt und kaschiert von der Regie Fritz Langs, der vor allem Massenszenen grandios zu handhaben vermochte.

An jenem Nachmittag sollten mir die beiden Idee und Plan ihres großen Filmes »Metropolis« erzählen. Seine Fabel erschien mir etwas primitiv und zu billig auf schwarz-weiß gestellt. Inhalt: In einer ungeheuren Industriestadt arbeiten unterirdisch in weiträumigen technischen Katakomben Armeen von Arbeitern. Sie sind gleichgekleidet und besitzen alle einen Kahlkopf. Es sollte das Symbol des versklavten Arbeiters sein. Ich erlebte später den Andrang von Männern aller Alter, die sich als Komparsen in Babelsberg für diesen Film meldeten. Gebraucht wurden zweihundert, und zweitausend meldeten sich bei den Aufnahmeleitern. Und jene, denen die Natur einen völligen Kahlkopf versagt hatte, ließen sich die Haare millimeterkurz schneiden und stellten sich vor.

Weiter im Inhalt: Während diese Arbeiter unterirdisch lebten, wohnten ihre Arbeitgeber, die Kapitalisten, die Manager und Aktionäre, hoch über ihnen in luxuriösen Palästen, und diese Magnaten besaßen alles, was die Erde ihnen an äußeren Dingen zu bieten hatte. Und das fleischige Gesicht Fritz Langs mit dem übergroßen Einglas wurde nun doch etwas verlegen, als er weiterberichtete, es verliebe sich natürlich ein Sohn der Oberwelt in ein Mädchen der Unterwelt. Er lernt hier soziales Mitgefühl. Sein Vater mobilisiert sein Geld: Er läßt durch einen Alchimisten das einfache treuherzige Mädchen aus dem Volk durch einen phantasievollen chemischen Prozeß (der grandios gezeigt wird) zu einer Art moderner Hexe umformen mit der Seele einer Teufelin. Aufstand der Unterwelt, Untergang der Maschinerie, Rettung des Mädchens, Versöhnung zwischen Ober- und Unterwelt oder, wie Frau von Harbou es poetisch sagte, »zwischen Hirn und Hand«.

Ich dachte, der Teufel soll diesen Schmarren holen. Ich war aber neugierig auf die Besetzung. Nun, sie war gut. Den reichen Sohn spielte Gustav Fröhlich, den Führer der Arbeiter Heinrich George. Für die schwierigste Rolle, die des einfachen Mädchens, das vorübergehend zu einer Mänade wird, hatte das Ehepaar eine völlig Unbekannte hergeholt. Aus der Provinz, blutjung, begabt und schön und blond. Sie hieß Brigitte Helm. Frau von Harbou hatte die Kleine aus einem Mädchenpensionat weggenommen, und niemals wieder machte ein junges Ding direkt aus dem Pensionat den Hechtsprung zum Weltruhm.

Alle Filme von Fritz Lang versetzten die Auftraggeber in Entsetzen. Jeder Film kostete viele Millionen. Und niemals hielt sich der Regisseur an den Voranschlag. Er überschritt ihn unbekümmert, und seine Frau, Typ Potsdamer Dame mit einem Schuß Bohème, nahm schon im Drehbuch keinerlei Rücksicht auf etwas, was Voranschlag hieß (nachdem sie geschieden waren, nahm sich Frau von Harbou der Inder an, die in Berlin waren, aber das wäre eine andere Geschichte, und sie wäre des Erzählens kaum wert.)

An jenem Nachmittag traf ich Brigitte Helm zum ersten Mal. Sie wohnte bei den Langs und wurde hier für ihre Rolle erzogen, trainiert und zurechtgefeilt. Ihre Eltern hatten nichts davon gewußt, daß ihre Tochter an die Langs geschrieben hatte. Bis eines Tages die Langs in einem Maybach vorfuhren und goldene Berge versprachen. Das Ehepaar hat dieses Versprechen gehalten. Ich sah Brigitte Helm in braver Haltung dasitzen, in einem blauen Röckchen und einer Matrosenbluse mit weißem Kragen, ich vermute, daß es noch ihre Pensionatskleidung war. Sie war still, bescheiden und höchst anmutig, sie hatte den sehr hellen makellosen Teint der sehr blonden Mädchen, und nichts an, über oder unter ihr verriet irgendwelche Begabung.

»Wird sie es können?« fragte ich unwillkürlich.

»Nur sie und sonst keine«, sagte Fritz Lang, und er mußte es wissen.

Dann erlebte ich sie im Atelier in jenen höllischen Szenen, in denen sie eine von Grund auf bösartige, durch und durch schlechte, niederträchtige Person darzustellen hatte. Ich sah eine furiose, besessene Schauspielerin von genialer Begabung. Niemals hätte ich das für möglich gehalten. Sie war fix und fertig, vollkommen und unbefangen, und sie hielt George stand, dieser Urwaldbestie. Und wenn Heinrich George schon bei Rollen, die ihm lagen, außer Rand und Band geriet, so feuerte ihn hier Brigitte Helm zu einer seiner höchsten Leistungen an. Sie riß ihn mit. Sie riß auch die kahlköpfigen Massen mit, und die meuternden Glatzen zerfetzten beinahe das ganze Atelier in ihren Massenszenen. Der Film konnte kein Erfolg werden. Er brachte zwar das investierte Geld ein, aber dann senkte sich Schweigen über diese fade Geschichte. Brigitte Helm aber hatte, wie das beim Film zu gehen pflegt, ihren Stil erhalten. Sie wurde der Vamp des deutschen Films.

Und dann brach unerwartet das Pensionatsmädchen in ihr wieder durch. Nach einigen Gipfeln des Ruhmes, die sie mühelos erstiegen hatte, kehrte sie still und lautlos in die Ebene des Alltäglichen zurück. Sie heiratete. Der Mann, der sie heiratete, war ein sehr reicher Mann und konnte es sich leisten, ihr die Bedingung zu stellen, niemals wieder aufzutreten. Sie besann sich keinen Augenblick. Sie ging auf diese rigorose Bedingung ein. Sie wurde glücklich jenseits allen Ruhmes. Zuweilen sah ich sie bei der Premiere eines Films.

Fritz Lang ging bald nach Ausbruch des Dritten Reiches kurz entschlossen nach Hollywood, wo er auf seine Begabung baute, recht behielt und berühmt wurde – auch dort als Regisseur von teuren Massenfilmen.

»Hingabe«

Zuweilen fuhr ich gerne durch den Norden und Osten Berlins, durch die Mietskasernenviertel der mittleren und kleinen Leute. Hans Albers hatte, als ich bei ihm war, plötzlich in die Unterhaltung geworfen: »Mensch, dann sind wir ja beide armer Leute Kind. Und haben es zu was gebracht.«
Ja, wir waren beide armer Leute Kind.
Bei solchen einsamen Spazierfahrten durch die ärmeren Teile der Stadt fühlte ich mich keineswegs und niemals im Tal der Schatten, sondern unter einer unschlagbar witzigen, unsentimentalen, schlagfertigen und fleißigen Menge. Sie überarbeitete sich niemals, sie vergnügte sich auch aus ganzem Herzen. Sie brauchte niemals unter der scheußlichen Devise zu leben: »Arbeiten und nicht verzweifeln.« Wahrscheinlich auch nicht nach der milden Methode: »Bete und arbeite«. Und am allerwenigsten herrschte dort der Grundsatz: »Schaffe ... schaffe ... schaffe ... «
Seinen Teil an diesem gesunden Zustand trug das einzigartige Berliner Klima bei. Jedermann, der in späteren Jahren von Berlin erzählte, war begeistert von diesem Klima, das den Menschen, der tüchtig arbeitete, auch merkwürdig frisch, munter und lebenslustig hielt. (Auch den natürlich, der weniger arbeitete, denn das Klima erfaßt Gerechte und Ungerechte.)
Auf einer solchen Fahrt fiel mir auf, daß auf viele Häuserwände unten mit Kalkfarbe das Wort »Hingabe« aufgemalt war. Auch auf Zäune, auf Gartenhäuser, auf Lauben, auf Kellereingänge, auf Mauern, auf Bürgersteige. Ich fragte da und dort, was das zu bedeuten habe. »Wees ick nich«, bekam ich regelmäßig zur Antwort, »vielleicht eene Zirkusreklame oder eene Zijarettenmarke.« Als ich auf weiteren Fahrten die gleiche Bemalung vorfand, spazierte ich eines Morgens in die Lokalredaktion des Berliner Tageblattes. Hier regierte als Chef mein Freund Fritz Kirchhofer.
»Fährst du manchmal durch den Osten oder Süden oder Norden?«
»Nein, was soll ich da?«
»Weil du die Lokalredaktion hast, lieber Freund.«
Die Geschichte begann mich zu interessieren. Was sollte das Wort »Hingabe«? Ich bekam es nicht heraus. Niemand konnte

es mir sagen. Kein Mensch. Jetzt erinnerte ich mich an eine bestimmte Sache und rief meinen Freund Paul Graetz, den Schauspieler, an.
»Erinnerst du dich an den Abend beim Ringverein?«
»Jawohl, Herr Jeneral.«
»Kannst du dort irgendwo eine Information für mich herausholen?«
»Kann ick. Wat is es denn?«
Ich erzählte ihm davon.
Vier Tage darauf rief er mich an: »Et hat jeklappt. Fahr nach Neu-Bötzow, Gartenstraße 5. Mehr wees ick nich.«
Wo lag Neu-Bötzow? Nie gehört, nie gesehen. Ich nahm die Karte. Neu-Bötzow lag im Norden bei der S-Bahnstation Gartenfeld. Ich fuhr hin. Nummer 5 Gartenstraße war ein winziges Häuschen. Ich klopfte an.
Es öffnete mir Jesus Christus. Es sei mir fern, ein Sakrileg zu begehen. Aber es öffnete mir Jesus Christus, das heißt, ein älterer Mann, der als Christus zurechtgemacht war. Wallendes graues Gewand bis zu den Füßen, langes, blondes, bis über die Schultern fallendes Haar und ein kurzer, blonder Vollbart.
»Hingabe«, sagte er. Ich war am richtigen Ort, und ich hatte den richtigen Mann.
»Hingabe«, sagte auch ich, und daraufhin gab er die Türe frei. Sein Gesicht war aufrichtig. Ich wollte ihn nicht belügen. Ich sagte: »Ich bin Journalist.«
In seinen Augen glomm ein Licht auf. »Das ist mir aber sehr recht«, antwortete er. Der Raum war winzig. Ein Feldbett. Ein großes Kreuz in der Ecke. Ein Tisch mit Bibeln aller Art.
»Wer malt das Wort ›Hingabe‹ in Berlin an so viele Flecken?«
»Ich«, antwortete er leise und mit angenehmer Baritonstimme, »ich allein. In der Nacht. Mit dem da.«
Er zeigte auf einen schwarzen Eimer, der Kalkfarbe enthielt, und auf einen schwarzen Pinsel.
»Und Sie sind nie erwischt worden?«
Er lächelte. Er hatte sehr schöne Zähne und sehr schöne Hände.
»Ich bin nie erwischt worden«, sagte er, »ich zieh' mich dunkel an.«

»Und nun«, sagte ich, »und nun die Hauptsache. Was bedeutet das Wort ›Hingabe‹? Gehören Sie zu einer Sekte?«
»Oh ja«, antwortete er, »zur Sekte ›Hingabe‹. Die Sekte besteht aus einem einzigen Menschen. Aus mir und sonst niemand.«
»Und was bedeutet ›Hingabe‹?«
»Es bedeutet Hingabe. Weiter nichts. Finden Sie nicht, daß es den Menschen an Hingabe mangelt?«
»Man könnte es so nennen«, sagte ich unsicher.
»Nun sehen Sie«, sagte er ernst, »deshalb erinnere ich sie daran. Und deshalb genügt auch dieses eine Wort. Oder finden Sie nicht?«
»Und wie sind Sie darauf gekommen?«
Er zuckte die Schultern. »Ja, wie kommt man zu so etwas? Christus weckte mich in einer Gewitternacht auf und sagte mir, ich solle es tun. Und dann tat ich es eben.«
»Und warum kostümieren Sie sich als Christus?«
Er nahm mir die Bezeichnung nicht im geringsten übel. »Ich bin so meiner sicherer«, sagte er zögernd.
»Und wovon leben Sie, wenn ich das fragen darf?«
»Von Frauen«, sagte er, »von Frauen. Sie bringen mir das Essen, sie kaufen mir den Kalk und sie geben mir etwas Geld.«
»Was für Frauen sind das?« fragte ich jetzt etwas enttäuscht.
Wieder zuckte er die Schultern. »Frauen«, antwortete er, »eben Frauen.«
Dann richtete er sich auf.
»Ich lebe keusch wie Jesus«, sagte er, »Frauen bedeuten mir nichts.«
»Und warum sagten Sie, es sei Ihnen sehr recht, daß ich Journalist bin?« Jetzt trat er so dicht an mich heran, daß ich unwillkürlich zurückwich. Seine hellen Augen funkelten. Sein Gesicht war verzerrt. »Ich befehle Ihnen im Namen Gottes, des Vaters und des Heiligen Geistes und im Namen Jesu Christi: Bringen Sie in jeder Nummer Ihres Blattes täglich an der Spitze das Wort ›Hingabe‹. Sonst treffe Sie sein Fluch.«
Ich versprach es. Er segnete mich. Ich ging. Der Mann war geisteskrank. Einige Wochen später wurde er verhaftet, als er in seinem Christusgewand und mit hoch erhobenem Kreuz vor dem Polizeipräsidium am Alexanderplatz mitten auf der Straße stand

und das Gebäude und alle, die in ihm waren, verfluchte. Ich rief den Polizeipräsidenten an und bat, den Mann schonend zu behandeln, schließlich sei er harmlos, was er auch getan haben sollte. »Natürlich ist er harmlos«, antwortete der Beamte, »aber ebenso natürlich können wir ihn nicht frei herumlaufen lassen. Er ist in einer Heilanstalt. Sie können ihn besuchen, wenn Sie wollen. Er ist in Buch.«
Am anderen Morgen stürmte mein Freund Fritz Kirchhofer, der Chef der Lokalredaktion, ins Zimmer. »Du hast doch deine Nase überall. Hast du vielleicht mal das Wort ›Hingabe‹ gehört?«
»Du wohl nicht?«
»Nein. Niemals. Weißt du etwas davon?«
Ich sagte: »Ich würde an deiner Stelle nicht so viel auf dem Redaktionsbüro sitzen. Ich würde an deiner Stelle manchmal ein bißchen in der Stadt herumfahren. Ohne Ziel, verstehst du? Nur die Augen aufmachen und vielleicht da und dort mit Leuten sprechen. Ich weiß alles von dem Wort ›Hingabe‹.«
Er setzte sich sofort. Er war sprachlos.
»Kannst du mir das schreiben?« fragte er, als ich fertig war und er Mund und Nase aufsperrte.
»Nee«, sagte ich, »etwas müßt ihr auch tun.«
Von dem Mann »Hingabe« habe ich nie wieder etwas gehört. Ich besuchte ihn auch nicht. Wozu? Er lebte in seiner Welt, die für mich unzugänglich war.
Wieso unzugänglich, fragte ich mich aber. Dieser Mann, der sich als Jesus Christus zurechtmachte, war er mir nicht überlegen? Hatte er nicht vielleicht mit einem einzigen Wort, das er an Mauern und Häuserwände schrieb, den Mittelpunkt aller Dinge getroffen? Geisteskrank? Daß ich nicht lache oder weine!
Ich erinnerte mich an jene Japaner, die sich gegenseitig bei persönlichen Anlässen nichts schenken können und die dafür Listen von Geschenken anfertigen und sie dem anderen überreichen; Geschenke, die sie ihm geben würden, wenn sie in der Lage dazu wären. Welch eine innere Anmut! Wer von uns Schwachköpfen, halbleeren Herzen und dumpfen Gemütern wäre imstande, so viel Charme aufzubringen?
Der Mann, der sich als Christus zurechtmachte, hat mich ganz hübsch durcheinandergebracht.

»Hingabe« schreibt er an die Hecken und Zäune. Geisteskrank?
Daß ich nicht lache oder weine.
Wenn ich aber lachen oder weinen würde, so wäre es jenes Lachen, das man erst dann lachen kann, wenn man alle Tränen geweint hat.
»Hingabe«.

Valeska Gert, die skandalöse Tänzerin

Sie, die jetzt Vergessene, aber noch sehr Lebendige, war in den zwanziger und dreißiger Jahren die einzige wirkliche sogenannte Grotesktänzerin, oft kopiert, nie erreicht. Sie hieß Valeska Gert. Ich habe über dieses dämonische Wesen ein ganzes Buch geschrieben. Auch dieses Buch ist vergessen und wahrscheinlich nur noch lebendig in zwei Exemplaren. Das eine habe ich, das andere die Gert.
Nach dem Kriege traf ich sie für eine Stunde wieder. Was ihr Äußeres betraf, so war es noch fragwürdiger geworden. Aber in ihren rauhen Gesichtszügen wetterleuchtete es immer noch von Einfällen, Plänen, Entwürfen und einer geradezu zudringlichen Lebensfreude, nicht den Menschen, sondern ihrem Schicksal gegenüber. Dieses Gesicht war unschön, aber so auffallend, daß es eine Aura brutaler Schönheit um sich verbreitete, der sich niemand entziehen konnte, der eine Antenne für eigensinnige, eigenwillige und originelle Persönlichkeiten besaß. Sie war auch, wenn man es so ausdrücken darf, barbarisch schön gebaut, nicht üppig, aber festen Fleisches, mit harten Muskeln, und sie strahlte heftige Sinnlichkeit aus.
Vor diesem starken Fluidum haben viele Männer die Flucht ergriffen, und das war richtig. Die Gert hätte, wenn sie gewollt hätte, alles links und rechts verschlungen. Die Sache war aber die, daß sie ihren bestimmten Typ von Mann liebte, und von diesem Typ ging sie niemals ab. In ihrer unglaublichen Aufrichtigkeit und trockenen Unbefangenheit sagte sie zu mir, als ich ihr

von dem Plan, ein Buch über sie zu schreiben, sprach: »Etwas muß ganz klar sein. Ich liebe nur etwas dicke Männer, die gleichzeitig sehr bleich sind.« Und ihr Freund war tatsächlich lange Jahre hindurch ein etwas korpulenter, sehr blasser Schauspieler, der einen scharfen Verstand besaß. Und als ich sie in ihrer Wohnung besuchte, sagte sie: »Ich mache Sie mit meinem Mann bekannt.« Sie führte mich einen endlosen halbdunklen Gang entlang und öffnete eine Tür. In dem Raum saß ein Mann, der ruhig aufsah. Rings um ihn waren Bücherwände. Das Gesicht dieses Mannes kann ich nicht beschreiben, denn die Verblüffung über das, was die Gert jetzt sagte, war zu überwältigend, und bevor ich etwas sagen konnte, waren wir schon wieder in dem dunklen Flur. »Das ist mein Mann«, hatte die Gert kurz angebunden gesagt. »Professor Krause, er ist Sanskritforscher.« Und obwohl sie ihr eigenes Leben lebte, war sie diesem schweigsamen Mann tief ergeben.

Also Valeska Gert nach dem zweiten Krieg. Sie hatte auswandern müssen, denn die spießigen Kumpane des Dritten Reiches waren moralisch den unkeuschen Darbietungen der Gert nicht gewachsen. Sie ging nach New York. Als Tänzerin, das sah sie sofort, war hier nichts zu erobern; hier regierten die strengen, unnachsichtigen Frauenvereine, unter deren Brillen sich rings in den Staaten Rekorde von Unsittlichkeiten ereigneten. Die Gert eröffnete eine Keller-Bar, die Beggarbar.

»Ich dachte es mir herrlich«, sagte sie. »Ich dachte mir, ich engagiere allerhöchstens eine Negersängerin oder irgendeine hochblonde Ziege mit guter Stimmlage. Das übrige wollte ich von meinen Gästen machen lassen. Ich gedachte, meine Gäste aufzufordern, ungeniert auf die kleine Bühne zu kommen und irgend etwas zum besten zu geben. Und es klappte eigentlich immer großartig. Wenn jemand völlig unbegabt war, erregte das die tolle Heiterkeit der Besucher. Schließlich wurde meine Bar bekannt. Sehr viele Größen aus Hollywood kamen zu mir, weil der Ruf der Bar bis über ganz USA gedrungen war.«

»Wundervoll«, sagte ich, »und wer besorgte die Küche und allsowas?«

»Ich«, sagte sie einfach, »ich machte das mit einer Hilfskraft, die mir immer wieder davonlief. Ich machte belegte Brote, kochte

Kaffee, mixte Getränke und so. Ich machte sogar auf dem kleinen elektrischen Herd Braten. Aber dann ist es schiefgegangen. Ich hatte doch meine Kellerbar absichtlich in einem Gangsterviertel eröffnet. Das erschien mir als der große Reiz. Das Gangsterviertel war ganz in Ordnung. Aber die Gangster verlangten von mir regelmäßig eine Art Rente, damit sie mich in Ruhe ließen. Und da ging ich hoch. Aber auch sie gingen hoch und sie waren mächtiger. Ein Dutzend von ihnen kamen während der Vorstellung die Treppe herunter. Und es waren nicht einmal Hünen, sondern magere Ratten mit bösartigen Gesichtern. Sie warfen meine Gäste hinaus. Und sie demolierten mir das Lokal. Ich rannte natürlich anderentags zur Polizei. Und da fand ich die Hünen, die ich eigentlich bei den Gangstern erwartet hatte. Aber die Polizei liebte mich nicht. Sie betrachtete mein Unternehmen als undurchsichtig und unmoralisch, zweideutig, und sie behandelten mich wie eine Hure. Ich zog die Schultern ein, brachte mein Lokal wieder in Ordnung und spielte weiter. Am vierten Tag kamen sie wieder. Und machten das gleiche. Aber sie bekamen nicht einen Cent von mir. Dann beschwerten sich auf einmal die Hausbewohner, es sei zu laut bei mir. Jetzt ging ich vor Gericht. Der Richter betrachtete mich so, als ob ich ihm auf den ersten Blick schon zum Kotzen sei. Er verdonnerte mich zu 20 Dollar Strafe wegen Ruhestörung. Nun, da mußte ich die Sache aufgeben, nicht wahr? Ich verzog mich irgendwohin an die See in ein winziges Nest und legte mich da in den Sand. Und tat nichts mehr, bis mein Geld alle war. Auch dort habe ich Krach bekommen. Sozusagen mit jedermann. Warum, weiß ich nicht. Krach hat mein ganzes Leben beschattet, und Krach und Unfrieden werden mich immer begleiten. Ich bin so gebaut, ich reize die Leute bis zur Tollwut.«
Ich sagte: »Dann ist das eben Ihr Schicksal.«
Sie antwortete: »Dann reiste ich in die Schweiz, nach Zürich. Dort eröffnete ich wieder eine Keller-Bar. Und auch dort ging es zuerst glatt und dann ging es schief. Ich bekam wieder mit allen Menschen Krach. Auch wieder mit der Polizei. Tja . . .«
In der Tat hatte Skandal ihr ganzes Leben begleitet. Jeder ihrer Tanzabende brachte einen Skandal. Dabei ist sie heute noch nicht eine Person, die »einmal« ihre großen Tage gehabt hat.

Sie hat immer ihre großen Tage, wohin sie auch kommt und was sie auch unternimmt. Als sie noch in Berlin ihre berühmten und berüchtigten Tanzabende gab, kam das Publikum aus der Entrüstung nicht heraus. Und ihre Anhänger, deren es eine fanatische Menge gab, kamen aus ihrem Entzücken nicht heraus. Die Gert tanzte verwegene Themen. Sie tanzte eine Amme und imitierte dabei das Geschrei eines Säuglings und zusätzlich ein beruhigendes Lallen. Sie bewegte sich sehr gerne in langen, schwarzen Strümpfen, die überm Knie gerollt waren und hoch hinauf ein gutes Stück ihrer kräftigen, weißen Schenkel sehen ließen. Die Zuschauer, die über gewisse sittliche Anschauungen nicht hinauskamen, pfiffen und brüllten, und viele standen auf und gingen. Der Gert machte das Spaß. Sie zeigte dann die strammen Formen ihres Körpers um so ungenierter. Aber sie tanzte nicht nur Frivoles und Unzüchtiges (was man so unzüchtig nennen könnte), sie »tanzte« zum Beispiel oft dunkle, düstere und ernste Themen. Sie »tanzte« zum Beispiel den Tod. Das war die äußerste Grenze dessen, was sie wagen konnte, und nur sie konnte es wagen. Sie durfte es. Das Publikum erstarrte. Kein Zwischenruf, kein Geschrei, kein Gebrüll, kein Protest, Stille, niemand stand auf und ging. In Schwarz gehüllt stand eine bleichgeschminkte Gestalt jenseits der Rampe und bewegte sich kaum. Und daran lag es: Sie bewegte sich kaum. Da oben stand der Tod. Ihr weißes Gesicht war versteinert, die Augen weit geöffnet, aber erstorben, die Blicke gingen weit über alle hinweg ins Leere. Dann verschwand sie lautlos hinter der Kulisse und der Vorhang fiel. Niemand wagte zu klatschen.
Irgendwo lebt sie noch. Valeska Gert – Frau Professor Krause. Eine der interessantesten Gestalten aus jener Berliner Epoche. Sie hat ihren Teil dazu beigetragen, Berlin abenteuerlich zu machen.

Die Dollarprinzessin

Theodor Wolff war damit einverstanden.
Ich wollte für drei Wochen nach Venedig an den Lido, ins Hotel Excelsior, wo um diese Zeit sich die große Welt tummelte. Ich verweile gern in großen Hotels. Ich würde dauernd dort wohnen, wenn ich könnte. Ich verstehe, daß General MacArthur seinen ständigen Wohnsitz im Turm des Hotels Waldorf Astoria in New York aufgeschlagen hatte. Ich verstehe durchaus die Leute, die gar kein Haus haben wollen, keinen Landsitz, keine Villa, keinen Bungalow, sondern die ihr Leben in Hotels verbringen. Ich war also allerbester Laune, als mich die elegante Motorbarkasse des Hotels Excelsior in Venedig abholte. Ich war zu jener Zeit ganz und gar unbelastet, innerlich und äußerlich. Vor allen Dingen war ich damals nicht verliebt. Andere können äußere oder innere Nöte zu höchsten Leistungen antreiben. Mich nicht.
Nicht zum ersten Mal war ich im Excelsior. Es ist immer gut, wenn man dieselben Orte besucht, dieselben Geschäfte, dieselben Restaurants, dieselben Hotels.
So empfing mich der Generalfeldmarschall vom Excelsior, der Portier, mit den herzlichen Worten: »Guten Tag. Sie treffen es gut. Es ist alles da.«
Ich wußte, daß alles da war.
Ich installierte mich in meinem hochgelegenen Zimmer und warf erfreute Blicke auf die blaue Adria. Ich zog sofort Badeanzug und Bademantel an. Dann spazierte ich an dem schmalen Privatstrand des Hotels entlang. Und schon ertönte aus einem der Strandkörbe, die dicht an dicht in endloser Reihe im weißen Sand standen, eine mir wohlvertraute Stimme: »Also nee, det vasteh eener! Ick ha doch meine Socken ebend noch in die Hand jehabt. Sieh doch mal nach, schönste aller Frauen!«
Ja, alles war da. Auch mein Freund Paul Graetz war da, mit seiner wundervollen Freundin. Alles in bester Ordnung. Ich brach in das Zelt ein. Cora stand unbekleidet im Halbschatten der Kabine. Paul sah mich und sagte: »Brauchst dir nich zu bedecken, Mädchen. Is nur een kleener Journalist.«

Ich sagte: »Ach ja, Cora, bleiben Sie so.«
»Warum nicht?« antwortete Cora trocken. Sie war eine nüchterne Frau. Und sie blieb so, während sie ihr Haar trocknete. Da ich weiß, was sich gehört, nahm ich mir einen Strohhocker und drehte ihr den Rücken.
»Also«, sagte Paul Graetz, »erzähl mal. Wat macht Berlin?«
»Berlin steht noch. Die Prominenz ist am Lido im Excelsior. Die Menschen sind noch immer schlecht.«
Ich verließ die beiden mit dem heimatlichen Gefühl, keineswegs in der Fremde zu sein. Ich wanderte weiter zu der Kabana, die ich rechtzeitig bestellt hatte. Der Geschäftsführer, der einst in Berlin gearbeitet hatte, ein Schweizer, den ich gut kannte, hatte sie, die letzte in der Reihe, gegen alle Anstürme und alle Bestechungsversuche für mich freigehalten.
Auf dem Wasser, am Rand eines Floßes hängend, mit triefnassen Haaren und tropfenden Gesichtern, sah ich zwei junge Männer, die ich sofort erkannte. Es waren der Prince of Wales und sein Bruder Georg. Daß der eine von den beiden König von England und der Vereinigten Königreiche werden würde, war klar, wenn er nicht vorher starb! Jedoch ahnte niemand, daß es irgendwo auf der Welt eine Amerikanerin Wallis Simpson gab. Die beiden im Wasser schäkerten mit einigen jungen Mädchen, und der frechere von ihnen war nicht Eduard, sondern Georg.
Ich spazierte weiter. Oh ja, was da herumstand, herumsaß und herumlag und herumwandelte, war die große internationale Welt. Sie war des Beachtens wert, aber keinesfalls des Nachdenkens. Ich kam zu meinem Strandkorb, um den so viele gekämpft hatten. Es bestätigte sich wieder die uralte Wahrheit: Niemals sind alle Strandkörbe, alle Logenplätze, alle Stühle, alle Tribünen, alle Tische und alle Plätze vergeben. Es ist immer etwas frei oder es kann immer etwas frei gemacht werden, auch wenn es nicht so aussieht. Man braucht nur den Geschäftsführer zu kennen. Ich dachte oft, es müßte eigentlich auch bei Schwierigkeiten des Daseins so sein, daß immer noch ein Hintertürchen, immer noch ein Hintertreppchen, immer noch eine Hühnerleiter und immer noch ein Ausweg vorhanden sei. Aber leider ist der liebe Gott oder das Schicksal nicht unser Geschäftsführer. – Ich erinnere mich an eine ziemlich dumme Situation im ersten Krieg, bei der

wir im Felde in einer bösen Klemme waren. Da sagte plötzlich ein Biedermann von der Landwehr treuherzig: »Du glaubst tatsächlich, daß es einen Gott gibt? Mensch, das wäre prima!« Ich machte es mir vor meiner Kabana bequem. Der Bademeister stellte mir einen Liegestuhl in den Sand. Liegestühle waren alle vermietet und keiner mehr zu haben. Aber ich kannte den Geschäftsführer.

Ich sah mich um. Welch eine Arena für einen Journalisten! Die blauen Wasser der Adria unter der italienischen Sonne, aufblitzend, wenn braune Arme die Wellen teilten. Dieser exklusive kleine Badestrand mit den farbigen Bademänteln und den freigebigen Badeanzügen, den bewimpelten Strandkörben und dem Gewirr aus allen Sprachen der Welt.

Links von meiner Kabana lag sie. Dicht daneben. Sie war unverkennbar. Ihr Foto hatte ich millionenmal in Illustrierten gesehen. Und es war noch nicht lange her, daß ich sie in Anacapri unter dem Sonnenschirm des Cafés hatte sitzen sehen. Barbara Hutton, die Erbin der Woolworth-Millionen, über deren abenteuerliches, rastloses und sicher unglückliches Leben Legenden ohne Zahl umliefen. Und wenn es Barbara Hutton war, die da lag, dann war der junge Gott neben ihr auf dem anderen Liegestuhl ihr jetziger Mann, der Prinz Mdivani. Er war zwar einer der vielen Balkanprinzen, aber er gehörte zu ihrer Elite, was die Ahnen betraf.

Mach dir jetzt um Himmels willen, dachte ich, keine philosophischen Gedanken, sondern betrachte die beiden genau, damit du sie einst beschreiben kannst und nicht zu faseln brauchst. Erstens: Sie war sehr schön, denn sie war noch relativ jung. Sie war schlank. Sie war wunderbar gewachsen. Sie besaß das, was man bei Frauen elegante Beine nennt. Sie war braungebrannt. Sie lag lässig ausgestreckt, den Kopf auf die Unterarme gebettet. Ihr Gesicht sah ich nicht. Aber ihre ganze Haltung drückte leichte Widerborstigkeit und Eigensinn aus, wenn sie sich gereizt bewegte. Das kam auch deutlich zum Ausdruck in den halblauten, mürrischen Antworten, die sie auf Fragen ihres Mannes gab. Der Prinz, ein wohlgewachsener, aber schon etwas verfetteter, hübscher Bursche, sah zu mir her und runzelte die dunklen Augenbrauen. Ich sah ihm starr in die Augen. Aber da jeder von uns eine Sonnenbrille trug, kamen diese gegenseitigen Blicke nicht zur Wirkung. Sie trug nur am rechten Handgelenk ein breites flirrendes Band aus Diamanten, mit Rubinen durchsetzt. Der verwöhnte Bursche an ihrer Seite gefiel mir ganz gut. Ein stämmiger gesunder, tiefbraun gebrannter junger Mann mit einem breiten, gutherzigen Gesicht, einer kleinen Stupsnase und einem glattgebürsteten Helm dichter, glänzender, schwarzer Haare. Nach einer Weile kam durch den Sand ein breitschultriger Mann in schneeweißer Borduniform, der schon von weitem seine goldbetreßte Seemannsmütze abnahm und sich ehrerbietig dem Paar näherte. Er beugte sich über den Prinzen und machte ihm eine halblaute Mitteilung. Der Prinz streckte ein Bein aus und tippte seine Prinzessin mit der Fußspitze an und murmelte ihr etwas ins Ohr. Ohne sich zu rühren, gab sie mit ungeduldiger Stimme schroff Antwort. Der Seemann entfernte sich auf einen Wink des Ehemannes. Ich sah ihn in ein Boot steigen, hinausrudern und an Bord eines weißen Kutters klettern. Mdivani redete leise auf seine Frau ein. Und jetzt richtete sie sich auf und starrte mich an. Und sie starrte mich böse an. Oh Gott, dachte ich geschmeichelt, du hast den Ärger von Barbara Hutton erregt. Wodurch, wußte ich nicht. Aber ich sollte es erfahren.

Am Abend spazierte ich in die Bar. Hier sah ich sie wieder. In einem hellblauen Abendkleid, und jetzt funkelte und schimmerte es an ihr von Edelsteinen. Und jetzt sah ich auch ihr Gesicht. Es war blaß und schmal. Und es war nicht so, daß ich mir ihretwegen die Beine ausgerissen hätte. Ein ermüdetes Gesicht. Halbverhangene Augen. Ein erschöpftes Gesicht. Sie tanzte gleichgültig. Am gleichgültigsten mit ihrem Mann. Sie hat ihn schon über, dachte ich. Sie tat mir aber nicht leid, nicht im geringsten. Wenn diese weltberühmte Dame mit ihren Millionen nicht glücklich war, so war sie entweder krank oder entnervt oder sie hatte alles bis obenhin oder sie hatte sich hemmungslos ausgelebt. Nun, krank war sie anscheinend nicht. Also sollte sie mit ihrem goldausgelegten Dasein fertig werden, es war ihre Sache. Mich interessierte sie nur als Thema und nicht als Frau. Die beiden saßen am oberen Ende der Bar, ich in der Mitte der langen Theke. Ich konnte mich nicht sattsehen an ihrem Schmuck. Wenn sie das Cocktailglas zum Munde führte, gelangweilt, war

es, als ob ein Bündel winziger Sonnen nach allen Seiten hin farbige Blitze zucken ließ. Niemals hatte ich an einer Frau eine solche Fülle von edelstem Schmuck gesehen. Ich betrachtete mir dieses blasierte Märchenwesen genau. Sie saß nicht auf einem der Barhocker, sie stand daneben, einen Arm auf den Tisch gestützt, mit regungslosen Zügen auf die Tanzfläche starrend. Dort tanzte der Prinz mit einem anderen Märchenwesen. Dort tanzten auch die beiden jungen, vergnügten Männer, der Prinz von Wales und sein Bruder Georg. Noch wußten sie nichts von der Zukunft, in welcher der eine die schwere Krone Großbritanniens niederlegen und der andere sie aufsetzen mußte. Prinz Mdivani streifte dicht neben mir vorbei. Einen Augenblick schien es, als ob er mich ansprechen wollte. Dann ging er weg, hinaus in die Halle. Dann kam der Geschäftsführer. Er kam auf mich zu. Der gute Michelin war recht alt geworden. Ich lächelte ihn an, ich mochte ihn gern.
»Genehmigen wir uns einen zusammen?« fragte ich.
Er war sehr verlegen. Er sagte: »Nein, vielen Dank. Ich habe eine Bitte zu überbringen. Eine Bitte des Prinzen Mdivani. Sie bekommen morgen Besuch von einer befreundeten jungen Dame. Und sie brauchen einen Strandkorb für sie in ihrer Nähe. Der Prinz läßt Sie bitten, ob Sie ihm nicht Ihre Kabana überlassen würden.«
Aha, deshalb hatte er mich schon am Strand forschend angesehen. Die beiden hatten sich also über meine Kabana unterhalten. Die Prinzessin schien allerdings nicht besonders an der Sache interessiert zu sein. Ich zog meine Schlüsse, ich tippte aufs Geratewohl. Ich sagte: »Monsieur Michelin, wenn Sie wollen, werden Sie dem Prinzen von mir bestellen, daß er unhöflich ist. Es wäre höflich gewesen, wenn er sich direkt an mich gewandt hätte. Vielleicht hätte ich dem jungen Mann dann meine Kabana überlassen, so bekommt er sie nicht.«
Monsieur Michelin sah mich bestürzt an. Wahrscheinlich erschien es ihm ungeheuerlich, daß man dem Paar einen leicht zu erfüllenden Wunsch abschlug. Ich wandte mich dem erhebenden Anblick der hunderttausend farbigen Flaschen zu, die auf dem Regal hinter den Mixern aufgestellt waren. Ich muß zugeben, daß ich mich ärgerte.

Ich hörte eine leise angenehme Stimme neben mir. Prinz Mdivani verbeugte sich leicht und sagte etwas auf englisch zu mir. Ich betrachtete mir zuerst wortlos sein rundes, rosiges Babygesicht und den gutmütigen Ausdruck in seinen aufrichtigen Augen, die wie nasse Kastanien schimmerten. Aber er sollte seine Lehre bekommen.

»Bitte, sprechen Sie französisch mit mir. Ich kann nicht englisch.«
Sein Französisch erwies sich als etwas holprig. Er bat mich um meine Kabana für eine »befreundete junge Dame«.

Ich veränderte meine Haltung nicht. Ich blieb mit einem Ellenbogen auf die Theke gestützt. Ich sah zu Barbara Hutton hinüber. Sie sah mir voll in die Augen. Ich sagte langsam: »Prinz, es geht nicht. Ich bin einer der gefälligsten Menschen aller fünf Erdteile. Ich bin Journalist, und Journalisten gehören zu der zuvorkommendsten Klasse aller zuvorkommenden Menschen. Aber es geht nicht. Wenn ich privat hier wäre, wäre es vielleicht gegangen. Aber ich bin für meine Zeitung hier. Ich muß mitten im Trubel sein, wenn Sie verstehen, was ich meine. Ich habe die letzte Kabana bekommen, die noch zu haben war. Wenn ich sie hergebe, bin ich außerhalb des Trubels und matt gesetzt. Ich kann sie Ihnen nicht geben.«

Er sah mich ungläubig an. Er war Absagen wohl nicht gewöhnt. Und er mochte meinem ausdruckslosen Gesicht angesehen haben, daß es nicht zu ändern war. Er machte keinen Versuch, mich zu überreden, vielleicht weil sein Französisch zu schlecht war und vielleicht auch, weil er platt war. Er reichte mir seine weiche Jungenhand, verbeugte sich und setzte sich auf einen Hocker neben seine Frau. Sicherlich berichtete er ihr von seinem erstaunlichen Erfolg.

Und dann wußte ich, daß ich richtige Schlüsse gezogen hatte. Denn Barbara Hutton drehte sich langsam um, führte ihre lange Zigarettenspitze, in der keine Zigarette war, an den stark geschminkten Mund und sah mich forschend an. Und dann lächelte sie mir zu. Bevor die beiden dann an einen Tisch am Rande der Tanzfläche gingen, sagte die Prinzessin dem Chefmixer einige rasche Worte. Er streifte mich mit einem kurzen Blick und kam dann her.

»Die Prinzessin«, sagte er leise, sich weit zu mir über die Theke beugend, »die Prinzessin hat mich gebeten, Ihnen zu sagen, daß sie entzückt darüber ist, wenn Sie Ihre Kabana nicht hergeben. Sie bittet Sie, dabei zu bleiben.«
Ich grinste den Mixer an.
»Sie wissen, was da gespielt wird?«
Er zuckte die Schultern.
»Sie sind Angestellter«, sagte ich, »Sie dürfen nichts wissen. Aber ich weiß es. Und wenn ich recht habe, spendieren Sie mir ein Glas Ihrer Spezialmischung.«
Er nickte.
»Barbara Hutton möchte diese junge Freundin nicht in ihrer Nähe haben. Deshalb war sie zufrieden, als ich dem Prinzen meine Kabana verweigerte.«
Der Mixer begann ein köstliches Getränk zu mixen.
»Auf das Ihrige«, sagte ich.
Barbara Hutton ist längst von ihrem kleinen Prinzen geschieden.
Und das kleine Geheimnis, das wir im Hotel Excelsior am Lido in Venedig einst zusammen hatten, ist verweht.

»La Bohème«

Spät in der Nacht saß ich im »Künstlereck«. Das war ein unterirdisches Lokal in der Nähe des Wittenbergplatzes. Nach der Polizeistunde kam man dort nur mit dem Ausweis als Mitglied des »Klubs« hinein. Wer die turbulenten Abende bei Schwannecke einmal für kurze Zeit über hatte, ging ins Künstlereck. Man wurde von einem uralten Mann in Portiersuniform eingelassen. Er war ebenso unbestechlich wie Jonny bei Schwannecke. Man ging durch das Vorderhaus, durch den Hof und dann einige Treppen hinunter. Auch hier traf man Bekannte. Aber es schien die Bestimmung dieses Nachtrestaurants zu sein, von Menschen in trübseliger Verfassung aufgesucht zu werden. Meistens sah man sie einzeln an einem Tisch sitzen und vor sich hinbrüten. Ein blinder alter

Klavierspieler phantasierte an jedem Abend in den Melodien und Akkorden, die er noch hatte vom Blatt ablesen können, bevor seine Augen erloschen.

Auch ich brütete vor mich hin. Auch ich befand mich in trübseliger Verfassung, in jener Verfassung, die eine Zeitlang unheilbar ist, weil sie keinen greifbaren Grund hat. Ich war traurig ohne jeden Anlaß. Nichts Unangenehmes war mir heute passiert, niemand hatte mich gekränkt, niemand hatte mich angegriffen, ich hatte keine Enttäuschung zu überwinden, kein Übelbefinden zu bejammern

Solche Traurigkeiten sind die tiefsten, die den Menschen heimsuchen. Ich saß allein an einem großen, langen Tisch. Ich versprach mir nicht den geringsten Erfolg davon, mit dem Verstand meiner Melancholie Herr zu werden. Das gelingt nicht. Also gab ich mich meiner Trübseligkeit aus ganzem Herzen, aus meinem ganzen Gemüte und mit allen meinen Kräften hin.

Die Tür öffnete sich: Lärm, Lachen, Gezwitscher und lautes Sprechen. Die neuen Gäste waren in Frack oder Abendkleid und sie sprachen italienisch. Der eine von ihnen musterte mich aus seinen schwarzen Augen, dann fragte er, ob sie bei mir Platz nehmen dürften.

»Von mir aus«, murmelte ich mürrisch. Es war eine unhöfliche Antwort, aber ich war zu Höflichkeit nicht aufgelegt, obwohl Höflichkeit gerade dann den vornehmen Charakter zeigt, wenn man nicht zu Höflichkeit aufgelegt ist. Ich war aber anscheinend kein vornehmer Charakter. Die Italiener, stattliche, elegante Männer in tadellos geschnittenen Fräcken nahmen ihren Damen die Überhänge ab und befreiten sie von den kostbaren riesigen Blumensträußen, die jede im Arm hatte. Dann nahmen sie Platz rings um mich, zwölf Personen. Nachdem sie die obligate Spezialität des Restaurants, Geflügelsuppe, bestellt hatten, schwiegen sie. Sie sahen sich an und schwiegen. Sie sahen sich um und schwiegen. Sie sahen mich an und schwiegen.

Da begann der blinde Klavierspieler die schönste Arie aus der »Bohème«. Die Gesichter der Italiener wurden lebendig. Sie leuchteten auf. Und plötzlich ertönte neben mir die goldene Fanfare eines wunderbaren Tenors. Er sang die Arie mit. Der Klavierspieler lauschte mit zurückgelegtem, weißem Kopf, und nun spielte

er alles, was er aus der »Bohème« spielen konnte. Und die Italiener stimmten ein. Sie sangen mit verteilten Stimmen. Sie gaben dicht neben mir und um mich das herrlichste Konzert, das ich jemals von der vox humana vernommen hatte. Sie sangen besessen. Und als der Klavierspieler wieder von vorne anfing mit jener unsterblichen Arie, sangen die Italiener noch einmal beinahe die ganze Partitur durch.
Der weite Raum war verzaubert. Schön war das Leben und wunderbar die Welt, willkommen waren alle Niederträchtigkeiten und begrüßt alle Schlechtigkeiten und geliebt alle Menschen.
Es war nahezu unerträglich herrlich.
Und um ein Haar hätte ich geheult wie ein kleines Kind.
Oder gebetet oder irgend etwas unternommen zu Ehren des Schöpfers, der solche Musik und solche Stimmen verschenkt hatte.
Die Italiener tranken Sekt. Ich bestellte mir auch eine Flasche. Mit diesen Menschen mußte man feiern, ganz egal, was sie feierten, warum sie feierten und wozu sie feierten.
Der Kellner beugte sich über meine Schulter, als er die Flasche öffnete. Diese Italiener kamen aus der Staatsoper. Sie hatten dort ein Gastspiel mit der »Bohème« gegeben. Und dann waren sie einträchtig vor allen Leuten geflüchtet und hier aufgetaucht. Als die Blumenfrau wie an jedem Abend hereinkam, faßte ich sie ab. Ich erwarb ihren ganzen Korb und streute die Blumen auf den Tisch. Die Italiener sprangen auf, lachend und außer sich vor echtem Entzücken. Die Männer umarmten mich, und die Damen küßten mich zart auf die Wangen. Was sie auf mich einredeten, verstand ich nicht. Ich brauchte es auch nicht zu verstehen, ich verstand jedes Wort.
Wir saßen bis zum Morgengrauen zusammen.
Ich verließ das Künstlereck, lebenstüchtig und gewaltig guter Laune, ich suchte Bäume zum Ausreißen.
Ich fand keine und so riß ich mich selber aus. Aus meiner gesamten Melancholie.

Das Berufsrisiko

Ein Mann in meiner Stellung am Berliner Tageblatt mußte darauf gefaßt sein, daß man ihn gelegentlich reinzulegen versuchte. Aus Spaß, aus Neid, aus Neugier, ob man reinfällt.
So lag ein kurzes kleines Manuskript auf meinem Tisch. Ich habe alle Manuskripte ohne Ausnahme selber gelesen. Meine Mitarbeiter lasen sie dann ebenfalls. Dieses Manuskript beschäftigte mich auf eigentümliche Weise. Es war in einem Stil geschrieben, der ungewohnt, altertümlich und trotzdem äußerst reizvoll wirkte. Hier hatte ein Autor den etwas aufgeregten, oft hysterischen Stil der Zeit durch einen anmutigen, ruhigen, gelassenen Ausdruck zu ersetzen versucht. Die drei Blätter gefielen mir sehr. Als Autor zeichnete jemand, der mir völlig unbekannt war. Also hatte ich sozusagen eine Neuentdeckung vor mir. Ich war scharf hinter neuen Autoren her. Ich übersah bisweilen kleine Holprigkeiten, wenn das Ganze gut gewesen ist. Ich änderte niemals ein Manuskript eigenmächtig. Ich verständigte mich, wenn es nötig war, mit dem Autor. Hier war es ganz und gar nicht nötig. Das Ganze war aus einem Guß. Jeder Satz saß in seiner Einfachheit und seiner Anschaulichkeit und seiner Schönheit.
Der Inhalt war nicht erregend. Er konnte als langweilig gelten. Es handelte sich um einen Kiesweg und eine Frau, die Ottilie hieß. Aber die kleine Geschichte knisterte von einer eindringlichen Atmosphäre. Nur einer meiner gescheiten Mitarbeiter ließ sich wie ich von dem seltsamen transparenten Zauber gefangennehmen. Die anderen zuckten die Schultern. Der älteste und abgebrühteste von ihnen sagte: »Was soll das? Das kommt von einem Dilettanten.« Ich zögerte. Aber diesmal wollte ich meinem Gefühl nachgeben. Ich gab das kleine Manuskript in Satz. Ich wollte es in die Morgenausgabe nehmen. Ich las den Fahnenabzug durch. Der Zauber blieb. Die Sätze besaßen für mich eine große Leuchtkraft. Ich las es wieder und wieder, mit abgestutzten Krallen. Vielleicht war die Sache doch zu belanglos. Mir fiel der Satz von Winckelmann ein: »Die vollkommene Schönheit ist wie klares Wasser, sie hat keinerlei Geschmack.«
Ich sagte: »Wir warten noch. Ich nehme die Blätter mit.«

Ich nahm sie mit nach Hause.
Dann, im Laufe des stillen Abends, deren ich mir sehr viele gönnte, wurde ich nervös. Und plötzlich überfiel mich die unwiderstehliche Erkenntnis, daß mir der Aufsatz bekannt war. Aber woher bekannt? Und wie lange schon bekannt? Und von wem war er, wenn er mir bekannt erschien. Ich wurde unruhig. Schließlich rief ich einen Freund an, der die moderne Literatur bis zu den wehleidigen Feuilletons von Max Jungnickel kannte, den wir eine Zeitlang während des ersten Krieges vergöttert hatten.
Mein Freund sagte, ich solle kommen und die Sache mitbringen. Er wohnte in der nächsten Nähe. Ich reichte ihm die Blätter, er schob seine Brille in die Stirn, warf sich in einen Sessel und begann den Fahnenabzug zu lesen. Er sah mich an und grinste breit.
»Das wolltest du veröffentlichen?«
»Ja, in der Morgenausgabe. Aber ich warte noch.«
»Kennst du den Autor?«
»Keine Ahnung.«
»Wenn du das veröffentlichst, unter dem Namen des Autors, der hier angegeben ist, bist du vor Mittag fristlos entlassen.«
Ich starrte ihn an. »Wieso, Mensch?«
»Ich kenne den Autor«, sagte er, »er heißt Johann Wolfgang von Goethe.«
Ich saß wie eine Salzsäule erstarrt.
»Und das hier«, sagte er, »ist ein Ausschnitt aus den ›Wahlverwandtschaften‹.«
»Du bist verrückt«, murmelte ich.
Er ging an die Bücherreihe zur Wand und suchte einen Band aus Goethes Werken heraus, blätterte lange, dann legte er mir das Buch auf die Knie.
»Hier lies!«
Ich las. Der kleine Aufsatz des unbekannten Autors war wörtlich aus den »Wahlverwandtschaften« abgeschrieben. Ich sank in mich zusammen, und es stieg mir glühend heiß in den Kopf.
»Da hat dich einer reinlegen wollen«, sagte mein Freund lachend. »Und um ein Haar hätte er dich reingelegt. Stell dir vor, was passiert wäre, wenn im Feuilleton des Berliner Tageblattes ein

Auszug aus den ›Wahlverwandtschaften‹ unter einem anderen Autornamen erschienen wäre. Gott der Allmächtige hat dich mich anrufen lassen.«
»Und du hast es sofort gewußt?«
»Nicht sofort. Mir kam nur eine Ahnung. Der Kiesweg und der Name Ottilie brachten mich dann auf meine Vermutung. Mensch, dein Glück ist nicht zu beschreiben.«
Nein, es war nicht zu beschreiben.
»Die Diagnose kostet dich eine Flasche echten Jamaica-Rum, morgen abzuliefern.«
Er bekam zwei Flaschen. Daß er schweigen würde, darauf konnte ich mich verlassen, denn es gab in seinem romantischen Leben manche Episode, in der er sich auf mein Schweigen hatte verlassen können.
Am anderen Morgen fragte ich auf der Redaktion: »Lag Rückporto bei?«
»Nee.«
Ich ließ Manuskripte, denen kein Rückporto beilag, auch wenn ich sie ablehnte, frankiert zurückgehen. Das konnten wir uns leisten.
Ich warf die Blätter auf den Tisch: »Papierkorb. Langweilig.«
Der junge Mitarbeiter, der für das Manuskript gestimmt hatte, fragte: »Papierkorb? Wir schicken doch sonst alles frankiert zurück.«
Ich lachte verdrossen.
»Den Verfasser können wir nicht erreichen, mein Guter. Papierkorb.«
Das ist einer der gröbsten Versuche gewesen, mich hereinzulegen. Aber vielleicht auch einer der raffiniertesten. Denn wer kannte die ›Wahlverwandtschaften‹ so genau, daß er sofort oder bei einigem Nachdenken im Bilde gewesen wäre?
Dicht am Grat, schon auf der jenseitigen Kante der Wächte, wo es in den Abgrund geht, war ich entlanggegangen. Und ich war nicht aus eigener Kraft gerettet worden. Der Aufsatz, dessen unerklärliche Atmosphäre mir jetzt ganz klar wurde, wäre veröffentlicht worden. Und ein Orkan des Gelächters hätte mich hinweggefegt.

Eine wirklich schwere Niederlage, wenn man es so nennen will, brachte mir einer der deutsch-russischen Schriftsteller bei, die in Berlin wohnten. Diese Niederlage strotzte von Komik, wenn auch peinlicher Komik.
Über sie konnte sogar ich selber mitlachen.
Jener deutsch-russische Schriftsteller hatte mir ein Feuilleton eingeschickt. Seinen Inhalt weiß ich nicht mehr. Das Feuilleton war gut. Und als Überschrift trug es ein einziges Wort. Ein russisches Wort. Ein knappes Wort. Es interessierte mich weiter nicht. Wir hatten zwar im Hause eine russische Abteilung, die sich auch mit russischer Literatur beschäftigte, sogar in der Hauptsache mit russischer Literatur. Die besorgte für das Mossehaus und seinen Buchverlag die Übersetzungen ins Deutsche. Warum ich nicht auf den Gedanken kam, diese Abteilung zu bitten, mir das Wort zu verdeutschen, weiß ich nicht mehr. An sich fand ich es eigentlich ganz hübsch, einmal ein fremdländisches Wort als Überschrift zu bringen. Der Aufsatz erschien im Abendblatt. Er erschien an der Spitze des Feuilletons. Mit dem russischen Wort als Überschrift.
Kaum hatten die ersten Exemplare die Rotationsmaschinen verlassen, war der Teufel los.
Mein Telefon klingelte.
Der Leiter der russischen Abteilung war am Apparat.
Er war außer sich.
»Um Himmels willen, lassen Sie die Maschinen anhalten!«
Die Maschinen anhalten, während sie druckten, ist ein unvorstellbarer Eingriff. Es wird einem schlecht, wenn man auch nur von der Möglichkeit träumt.
»Warum soll ich die Maschinen anhalten?« fragte ich. »Ich habe gar kein Recht dazu, die Maschinen anzuhalten. Das kann nur der Chefredakteur und auch er nur im äußersten Notfall. Was ist los?«
»Hören Sie zu«, stammelte der Mann atemlos, »Sie haben ein Feuilleton im Blatt stehen. Mit einer Überschrift. Wir blamieren uns entsetzlich.« Es war jene Zeit, da Berlin von russischen Emigranten überlaufen war, da überall russische Theater, russische Kabaretts, russische Bars und russische Restaurants aus dem Asphalt schossen und alle miteinander große Geschäfte machten.
»Sie haben da ein Wort als Überschrift genommen«, schrie jetzt

der Mann und er schien an allen Gliedern zu zittern, seine Stimme wurde heiser vor Aufregung und Entsetzen.

»Ja und?«

»Von wem stammt dieses Wort?«

»Vom Verfasser natürlich, was . . .«

Er unterbrach mich: »Ich komme sofort runter zu Ihnen.«

Ich nahm das Abendblatt zur Hand. Die Redaktion bekam immer die ersten, noch druckfeuchten Exemplare. Da stand das Wort. Aber wozu die Aufregung?

Die Tür flog auf.

Der Leiter der russischen Abteilung fiel ins Zimmer.

»Wer ist der Verfasser?«

Ich wurde verdrossen.

»Da steht es doch. Unter der Überschrift. Aber was . . .«

Er schrie mich an: »Wissen Sie, was dieses Wort bedeutet?«

»Nee«, sagte ich, »ich kann nicht russisch.«

Der Mann riß sich an seinem grauen Spitzbart. Ich wartete, daß er sich auch auf alttestamentarische Weise die Kleider zerriß.

Jetzt sagte er halblaut und tonlos: »Es bedeutet den ordinärsten, den allerordinärsten Ausdruck für einen weiblichen Körperteil.«

»Das kann nicht sein«, antwortete ich ruhig, »das ist ganz unmöglich. Der Autor ist gebürtiger Russe. Er kann so etwas nicht tun.«

In diesem Augenblick stürzten noch einige Leute von der russischen Abteilung herein. Sie blieben erstarrt stehen und sahen mich an, als ob sie einem zwölffachen Lustmörder gegenüberstünden.

»Halten Sie die Maschinen an!« schrie der Leiter der Abteilung.

Ich überlegte. Wenn es stimmte, was hier gesagt wurde, mußten die Maschinen angehalten und das Wort ausgewechselt werden. Ich rief den Autor an. Er war nicht im Hause.

Ich nahm den unglücklichen Russen am Arm, und wir gingen zu Theodor Wolff. Ich erklärte und der Russe erklärte.

Theodor Wolff sah uns hinter seinem Kneifer an, als ob wir nicht recht bei Trost wären.

Dann wurde sein Gesicht düster. Dann sah er von einem zum anderen. Und dann lachte er.

Er griff zum Telefon. Die Maschinen wurden angehalten. Das Wort wurde ausgewechselt. Die Maschinen liefen wieder. Immerhin war in einem Teil der Abendausgabe das hübsche Wort zu lesen. Es gingen solche Exemplare als eine teuer bezahlte Rarität zu den Antiquaren.
Ich habe den Verfasser dann erreicht. Er war entweder unwissend oder er stellte sich dämlich. Er sagte, er habe keine Ahnung gehabt, denn dieses Wort kenne er nur in der Bedeutung von »Verschwendung«.
Ich konnte es nicht mehr ändern. Der Vorfall ging von Mund zu Mund, und ich hatte von den Kollegen viel auszustehen.
Ich nahm es hin, was sollte ich machen?

Der erste Satz

Theodor Wolff sagte eines Vormittags: »Sie könnten nach Norwegen fahren, wenn Sie gerade nichts anderes zu tun haben. Hamsun hat Geburtstag, und es wäre ganz hübsch, wenn wir wieder einmal ein Feuilleton darüber brächten, wie er lebt und wie es ihm privat geht.«
Ein Geschenk des Himmels! Kein Vorhaben hätte mich zurückgehalten. Ich erlebte nun vielleicht Auge in Auge jene melancholische Ironie, die den so großen Zauber seiner Person ausmachte.
Ich sagte niemandem etwas davon. In der Feuilletonredaktion murmelte ich lediglich vor mich hin: »Macht keinen Blödsinn. Ich bin ein paar Tage nicht da. Und Blödsinn machen ist nur eurem Chef erlaubt, euch nicht.«
Die guten Burschen waren solche plötzlichen Reisen bei mir gewohnt. So bestellte ich telegrafisch eine Kabine auf dem kleinen norwegischen Dampfer »King Rong«, fuhr nach Hamburg und ging an Bord. Ich besah mir mißtrauisch die paar Tonnen. Ich werde leicht seekrank. Ich war zum ersten Male auf einem Dampfer der nordischen Schiffahrtslinien. Deshalb besah ich mir auch am Abend gleich nach der Abfahrt sehr mißtrauisch die

gedeckte Tafel. Nicht weil sie eventuell zu mager gewesen wäre, im Gegenteil, weil sie vielleicht zu fett war. Und sie war fett in jeder Hinsicht. Eine ungeheuere Anzahl kalter Vorspeisen mit unzähligen Würsten, Schinken, Fischen und saueren Delikatessen. Es schmeckte mir vorzüglich. Aber es war mir klar, daß ich unweigerlich seekrank werden mußte. Zwar genehmigte ich mir einige niederträchtige, scharfe Schnäpse, um vorzubeugen, und sie durchflammten meinen Magen wie ein Feuerwerk.

Das Schiffchen durchpflügte die Gewässer im Schutz der Inseln von Jütland noch ganz gemütlich. Dann aber ging es in das Skagerrak hinaus. Das Schiffchen war nur noch ein Korken, der auf und ab hüpfte. Was kommen mußte, kam. Ich legte mich zum Sterben auf mein schmales Bett. Ich besaß eine Kabine für mich allein und so hatte ich nicht einmal jemand, mit dem ich meine letzten Dinge besprechen konnte. Ich starb viele häßliche Tode.

In Berlin hatte ich gebeten, mich bei Knut Hamsun nicht anzumelden. Er mochte Journalisten nicht besonders. Deshalb hätte er absagen können. Ich gedachte ihn einfach zu überfallen und überließ es meiner Geschicklichkeit, ihm die ersten Minuten erträglich zu machen. Ich überlegte den Wortlaut des ersten Satzes, den ich an ihn richten würde. Der erste Satz ist wichtig. Übrigens überall, auch in Aufsätzen, auch in Büchern, auch in Ansprachen, auch beim Flirten. Der erste Satz hat schon so manche Entscheidung gefällt, ohne daß der, der ihn sprach, sich darüber klar war. Jedoch wollte mir in meiner Sterbestunde auf dem »King Rong« kein vernünftiger und brauchbarer erster Satz einfallen. Ich starb also einstweilen weiter.

Nach anderthalb Tagen konnte ich in Oslo an Land gehen. Mit dem ersten Schritt auf festem Boden fühlte ich mich gesund. Ich ging in das nächste beste Hotel, nahm ein Zimmer und zog mich um. Dann ging ich durch die Stadt. Es war jene Stadt, in der Hamsun gehungert hatte. Jene Stadt, in der er sein Elend beschrieb und mit seinem ersten Roman »Hunger« auf die Redaktion gegangen war, in der er einen Redakteur kannte, der ihm zuweilen kleine Skizzen abgenommen hatte. Als der junge Mann die Blätter abgeliefert hatte, wanderte er ziellos durch die Straßen, die ihm wohlvertraut waren, einsam, unglücklich und voller Zweifel.

In seinem abgetragenen, schäbigen Anzug stand er vor den Läden, die so viele Dinge enthielten, die er niemals würde kaufen können. Denn er glaubte nicht daran, daß sein Roman gefallen könnte. Mit zusammengepreßtem Herzen irrte er ruhelos umher, hungernd wie immer. Und doch leuchtete bisweilen tief in seinem Inneren die Gewißheit auf, daß er etwas geschrieben habe, was vor ihm noch keiner in solchem Stil zu schreiben gewagt hatte. Er hatte den Hunger beschrieben, und er hatte sich selber als hungernden jungen Menschen geschildert.
Am Abend saß er still in dem Café, in dem jetzt auch ich saß. In der Phantasie sah ich den bleichen, mageren Burschen in sich versunken. Er ahnte nicht, daß zur selben Zeit der Redakteur mit fliegenden Händen und rasendem Mitgefühl sein Manuskript Blatt für Blatt umlegte und Zeit und Raum vergaß. Und wußte, daß er ein Genie entdeckt hatte. Und dann stand der Redakteur auf, vergaß alles andere und machte sich in der Stadt auf die Suche nach dem Mann, der solches geschrieben hatte. Der Roman wurde veröffentlicht und der Name Knut Hamsun berühmt.
Und von diesem Tage ab floß aus seiner Feder Werk um Werk, eines herrlicher als das andere, aus einer unerschöpflichen Quelle kommend, ein Strom seltsamer Gestalten und seltsamer Schicksale und Begebnisse. Und das Land, das zuerst seine Romane Buch um Buch aufnahm, las und liebte, war Deutschland. (Niemand ahnte damals, daß er einmal, weil er nie aufgehört hatte, dieses Land gern zu haben, in seiner Heimat, in Norwegen, verfemt, geächtet, geschunden und geschändet werden würde, er, der seinem kleinen Heimatland den Nobelpreis eingebracht hatte. Aber das ereignete sich erst nach Jahrzehnten.)
Jedenfalls würde Hamsun vielleicht einen deutschen Journalisten nicht abweisen, wie er es mit so vielen anderen brüsk getan hatte. Aber wie mußte mein erster Satz lauten? –
Ich suchte des anderen Tages die deutsche Gesandtschaft auf. Hier war ich angemeldet. Man wollte mir gerne ein Auto geben, um zum Landsitz des Dichters hinauszukommen. Es war alles in Ordnung. Bis auf den ersten Satz.
Wir fuhren durch die norwegische Landschaft. Ich hatte kein Auge für sie. Auch war ich mit dem Chauffeur allein und so brauchte ich mich nicht zu unterhalten und konnte meinen Ge-

danken nachhängen. Wenn ich jedoch bisweilen einen Blick hinauswarf, so erschienen mir Berge und Gewässer, Wiesen und Hänge, Ortschaften und Kirchen, Bauernhöfe und Pfarrhäuser und auch die Menschen, die ich sah, nagelneu, als ob hier Gott eben erst das letzte Wort der Schöpfung gesprochen habe.
Ich sagte: »Wir sind gleich da.« Als ich das bescheidene weiße Haus erblickte und rechts oben am Hang die kleine Hütte, in der Hamsun zu arbeiten pflegte, erschrak ich.
»Warten Sie bitte hier«, sagte ich zu dem Chauffeur.
»Wollen Sie nicht vorfahren?«
»Nein«, sagte ich beklommen, »warten Sie hier auf mich.«
Ich stieg aus. Ich näherte mich zögernd dem Holzzaun, der das Anwesen umgab. Und je näher ich dem still daliegenden Hause kam, um so langsamer wurden meine Schritte. Und wieder kam es wie ein Albdruck über mich: Wie sollte mein erster Satz lauten? »Mein Name ist Soundso ... Ich bin gekommen, um ... Guten Tag, Herr Hamsun, ich ... Verzeihen Sie die Störung, Herr Hamsun, ich ... Herr Hamsun, ich überbringe Ihnen die herzlichsten Glückwünsche von ..."
Alles erschien mir albern, dumm und Geschwätz. Ich fand den ersten Satz nicht, den entscheidenden ersten Satz. Ich war nicht ungewandt. Ich besaß einen gewissen Reichtum an Worten. Ich war Journalist und mußte schwierigen Lagen Rechnung tragen. Aber jetzt hatte ich einen vollendeten Komplex. Ich konnte unmöglich mit einem schlecht gebauten Satz vor seine Augen treten. Ich würde dann niemals weiter kommen und über mich selbst stolpern. Mich quälte die Vorstellung, sein kühn gebautes, ironisches Gesicht vor mir zu sehen, und ich fühlte seine mitleidigen und zugleich vernichtenden Blicke auf mir ruhen. Er würde mich durch seinen Kneifer verdrossen mustern.
Ich setzte mich verzweifelt an den Wiesenrand und kaute an einem Blumenstengel. Ich saß in einer ganz verdammten Falle. Ich fand den ersten Satz nicht, ich würde ihn niemals finden. Ich fühlte die Musik seiner Sprache in allen Fasern, und alles, was mir einfiel, war atonale Prosa.
Ich war völlig entmutigt.
Dann riß ich mich zusammen. Ich wußte, was ich zu tun hatte. Ich stand auf und ging zum Wagen zurück.

Ich sagte: »Wir fahren zurück.«

Der Chauffeur, der mich während der ganzen schrecklichen Zeit nicht aus den Augen gelassen hatte, betrachtete mich wie einen Geisteskranken. Er öffnete den Mund und wollte etwas sagen, schloß ihn wieder und wendete den Wagen. Wir fuhren nach Oslo zurück.

Ich vermag nicht zu sagen, wie erlöst ich war. An die Gesandtschaft schickte ich meine Karte mit einigen Worten des Dankes. Einer Unterredung mit einem neugierigen Beamten ging ich damit aus dem Wege. Ich setzte mich in dasselbe Café, in dem ich vorher gesessen hatte und in dem einst in grauer Vorzeit Knut Hamsun hoffnungslos vor sich hingebrütet hatte. Am gleichen Abend erwischte ich noch eine zweibettige Kabine an Bord eines Dampfers, der nach Hamburg fuhr. Merkwürdigerweise war ich auf der Rückfahrt nicht seekrank.

Mein Gang am übernächsten Morgen zu Theodor Wolff war ein schwerer Gang. Ich erzählte ihm die ganze Geschichte.

Es war zum ersten Male, daß ich ihn fassungslos sah.

Dann lächelte er mich über seinen Kneifer hinweg freundschaftlich an.

»Ist gut«, sagte er langsam, »ich verstehe Sie. Aber es wird Sie nicht jedermann verstehen. Das macht nichts. Es bleibt unter uns. Sie werden ihm aber einen Brief schreiben.«

Ich schrieb den Brief.

Die Antwort Knut Hamsuns kam nach wenigen Tagen. Er schrieb, die Tragödie meines ersten Satzes habe ihn zu unauslöschlicher Heiterkeit verführt.

Und er schloß, ich sei der beste Journalist, der ihm jemals nicht unter die Augen gekommen sei.

»Gösta Berling«

Im Mozartsaal, dem großen Kino am Nollendorfplatz, fand die Premiere des schwedischen Films »Gösta Berling« statt nach dem weltberühmten Roman von Selma Lagerlöf, die als kleine Lehrerin mit diesem ihrem ersten Werk den Weg zum Nobelpreis beschritten hatte.
Meine Besprechung dieses Films setze ich im Wortlaut hierher:
Auf ihren alten Schlitten waren sie aus der Ewigkeit gekommen. Am Abend standen sie nach der Premiere im Mozartsaal, am Nollendorfplatz.
Hast du sie miteinander fuchteln gesehen und murren gehört? Zähle sie, es ist keiner fortgeblieben, alle zwölf sind gekommen. Der gewaltige Oberst Beerencreutz, der große Bärenjäger Anders Fuchs, der Tambour Ruster, der alte eitle Fähnrich Orneclou, der starke Hauptmann Christian Bergh, der runde Patron Julius, der deutsche Recke Khevenhüller, der tolle Vetter Christopher, der sanfte Onkel Eberhard, der fromme Löwenborg, der große Musiker Liljecrona und Gösta Berling – Gösta Berling, der stärkste und der schwächste aller Menschen.
So standen sie abseits, die Kavaliere von Ekeby und knurrten und wischten sich den Schweiß von den erhitzten Stirnen – vier Stunden in der Fremdenloge, das war selbst für die Kavaliere zuviel.
»Wir dürfen uns das nicht gefallen lassen!« schrie der starke Christian Bergh. »Kavaliere!« rief der Deutsche Khevenhüller, »Kavaliere, ich telegraphiere unserer geliebten Mutter nach Schweden. Vielgeliebte, herrliche Selma Lagerlöf, werde ich telegraphieren, die in Berlin vollzählig versammelten, aus der Ewigkeit zu ihrer Filmpremiere beurlaubten Kavaliere protestieren...« – »Wir dürfen hier nicht lärmen, ihr Herren von Ekeby – «, unterbrach Gösta Berling. Er war bleich, verstimmt und sehr gereizt. Er sagte: »Der Nollendorfplatz liegt nicht in Värmland!« Er zog einen Zettel aus der Tasche und las laut: »Kommt ihr nach Berlin, geht zu Lutter und Wegener. Hoffmann, Kammergerichtsrat.« Nun sitzen die Kavaliere im Kellerlokal von Lutter & Wegener am Gendarmenmarkt. Sie sitzen stumm um den Tisch im Winkel, und dieser Tisch starrt von Flaschen. Sie trinken zunächst ein

Glas um das andere, und jeder schaut verlegen ins Leere. Beerencreutz liegt mit beiden Armen über dem Programmheft des Films und flucht leise vor sich hin. Gösta Berling sieht ihm über die Schultern und sagt: »Greta Garbo heißt sie, Greta Garbo ... Greta Garbo ... « Dann reißt er sich los von diesem Namen, leert sein Glas, schüttelt das Haar aus der Stirn und springt auf. Seht, die Kavaliere heben die Köpfe, schieben die Gläser zurück, und ihre Augen werden wach und glänzend.

»Kavaliere!« beginnt Gösta Berling, der schönste und wortgewaltigste unter allen Männern, »Kavaliere, erinnert euch an die großen Tage von Broby, von Fors, von Sjö, von Berg, von Berga, von Gurlitta, von Björne, an die Zeiten ohnegleichen von Ekeby, erinnert euch der Feste, der Fahrten, der Scherze, der Jagden, der Abenteuer.«

Wie springen da die Kavaliere hoch, wie flammen die Stirnen, wie kerzengerade stehen sie!

Und Gösta Berling fährt leiser fort: »Es war gut und nicht gut, was heute geschehen ist. Wir sind stolz darauf und sind bedrückt davon zu gleicher Zeit. Wir haben eine größere Ehre zu hüten als andere, denn wir gehören nicht mehr Ekeby, nicht mehr Värmland, nicht mehr Schweden, wir gehören der Welt. Wir sind nicht vermodert, verschollen und verwest, Kavaliere! Wir sind unsterblich!«

Wie kerzengerade die Zwölf stehen!

»Als unsere geliebte Mutter die Geschichte unseres Lebens schrieb, haben wir auf den Knien gelegen in der Ewigkeit, denn wir haben unsere Heimat heraufwandern sehen mit ihren Seen, mit ihrer reichen Ebene, mit ihren blauen Bergen, mit den Wäldern, den Landzungen, den kleinen Inseln. Wir haben wieder die Luft geatmet aus den Mooren und Sümpfen, aus den Kohlenmeilern, den Sägewerken, den Mühlen und Eisenhämmern. Wir haben alles wiedergesehen, die Dörfer, die Plätze, die Kirchen und Pfarrhäuser, die Bauernhöfe, die Offizierswohnungen und Herrensitze. Seht, dies alles haben wir wieder geschaut in jener Geschichte unseres Lebens, Kavaliere! Wer unter euch hat in diesem Film heute die Heimat gesehen, so wie sie gewesen ist?«

»Keiner!« brüllten die Elf mit Bärenstimmen und sie sahen sehr bedrohlich dabei aus.

»Doch, Kavaliere!« ruft Gösta Berling, »alle habt ihr die Heimat gesehen, so wie sie gewesen ist. Hat dieser Mauritz Stiller nicht mit einer Ehrfurcht ohnegleichen gebaut und gestellt und gezimmert? Aber was alles in unserer Geschichte geschrieben steht, mit allem Hauch, mit allem Atem, mit allem zartesten Traum, was zwischen den Zeilen steht wie blauer, klarer, ungreifbarer Himmel, das hat er in seinem Film nicht bauen, nicht stellen, nicht zimmern können. Und niemand wird das Geheimnisvolle und Unsagbare, das von einem Genius durch die Zeilen gehaucht ist, zwischen Zelluloidstreifen hauchen können.«
Und nun lächelt Gösta Berling, denn er stellt eine böse Frage: »Wie habt ihr euch gefallen im Film, Kavaliere?«
Da prasselt ein wildes Geschrei durch den Keller, die Kavaliere brüllen durcheinander und werden stockheiser dabei.
»Ich will es euch sagen!« ruft Gösta Berling. Wie ist seine Stimme hell und läutet über den Lärm. »Ich will es euch sagen. Christian Bergh, du starker Held, du kannst zufrieden sein. Aber ihr anderen! Oh, Kavaliere, wo waren eure Gesichter, vor denen in Värmland die Bauern stehenblieben und ihnen nachsahen, wo waren eure Besonderheiten, eure Vorzüge und Unarten, eure Abenteuerlichkeiten und Seltsamkeiten, euer Adel und eure Laster, euer Geist und eure Leidenschaft, wo war das alles aufgeschrieben?«
Die Kavaliere schweigen und sind sehr verdrossen.
»Euer Gnaden«, sagt da in die Stille hinein Patron Julius ironisch zu Gösta: »Wie haben Euer Gnaden sich denn im Film gefallen?«
Gösta Berling, der Kavalier der Kavaliere, lächelt trübe und gibt keine Antwort. Patron Julius holt den Kellner herbei und fragt: »Wie heißt das Literatencafé in Berlin?« Und der Kellner flüstert ihm den Namen ins Ohr.
»Es ist gut«, sagt Patron Julius und ruft den Kavalieren zu: »Ich will es euch sagen, wie er im Film aussah. Er sah aus wie ein Gösta Berling aus dem Romanischen Café.«
Und die Elf brechen in ein berstendes Gelächter aus. Sie wissen nicht, was das Romanische Café ist, aber aus Patron Julius' Gesicht lesen sie, daß es eines Gelächters wert ist, dort ein Held und Kavalier zu sein. »Oh Gösta Berling!« sagte Patron Julius, »wo war dein starkes, wildes, schönes Gesicht, vor dem in Värm-

land die Frauen stehenblieben und ihm nachsahen? Wo waren deine Besonderheiten und Seltsamkeiten, dein Adel und dein Laster, deine Vorzüge und Unarten, deine Abenteuerlichkeiten, dein Geist und deine Leidenschaft? Wo war das alles in diesem Film aufgeschrieben?«
Lars Hansen hieß der Schauspieler, der mich darstellte, dachte Gösta, er war nicht schlecht, gar nicht minderwertig in seiner Kunst, er war nicht unbegabt, nicht Durchschnitt und nicht Alltag, aber er war nicht Gösta Berling. Und wie könnte ein Mensch begreifen, wer Gösta Berling war, der glücklichste und unglücklichste, der stärkste und schwächste aller Menschen?
Die zwölf Kavaliere haben sich in tiefes Schweigen verloren. Aber sie fahren aus ihren Träumen plötzlich hoch, denn Gösta Berling ist auf den Tisch gesprungen, und sein Gesicht ist hell wie der Himmel über Ekeby, wenn Patron Julius auf Reisen ging. So hat Gösta ausgesehen, als er das letzte Mal auf der Kanzel stand und der Bischof zur Revision kam.
»Kavaliere!« ruft er, »steht auf!«
Und Gösta Berling ist wie eine lodernde Fackel.
»Kavaliere!« beginnt Gösta Berling, der schönste und wortgewaltigste unter allen Männern. »Erinnert euch an die großen Namen Margarete Celsing, Marianne Sinclaire, Gräfin Ebba Dohna, Gräfin Elisabeth Dohna!«
Wie springen die Kavaliere hoch, wie flammen ihre Stirnen, wie kerzengerade stehen sie!
Und Gösta fährt leiser fort: »Bei unserer geliebten Mutter, bei unserer Heimat Ekeby, wir werden uns künftig noch an einige andere große Namen erinnern müssen, an die Namen der Schauspielerinnen Gerda Lundquist-Dahlström, Greta Garbo, Hilda Forsland, Karin Swanström, Mona Martenson, Jenny Hasselquist!«
Wie kerzengerade die Zwölf stehen!
Der starke Christian Bergh faßt Gösta um den Leib, stellt ihn wie ein Kind auf den Boden und springt auf den Tisch, daß die Flaschen und Gläser tanzen.
»Kavaliere«, sagt er langsam, »was wir heute nachmittag im Film gesehen haben von unseren eigenen Gesichtern und unserem Tun und Treiben von einst, das waren wir nicht. Bergh war

nicht Bergh, Gösta war nicht Gösta, Beerencreutz war nicht Beerencreutz, Patron Julius war nicht Patron Julius, nein das waren wir alle nicht. Aber eine ist auferstanden, die ohnegleichen war, die Majorin auf Ekeby! Nun gibt es zwei, die ich liebe und beide sind eins. Kavaliere! Es lebe die Herrin auf Ekeby und ihre Darstellerin Gerda Lundquist-Dahlström!«

Als der Lärm verhallt war, hören sie Gösta Berling sagen: »Greta Garbo«, und er sagt es fern in den Keller hinein wie in einen stillen tiefen Wald, »Greta Garbo, auch du bist zwei und eins. Elisabeth Dohna bist du und Greta Garbo. Ach, ich treulosester und schwächster der Kavaliere, du warst nicht nur eine Schauspielerin. Warst du nicht so lieblich, so anmutig, so himmlisch schön, daß ich weinte? Willst du mit mir über den See fahren, Greta? Wie soll ich dich gewinnen, da ich in die Ewigkeit zurückkehren muß?«

Seht, die Kavaliere haben Gösta niemals weinen sehen. Jetzt sehen sie ihn weinen, den schwächsten aller Menschen. Nun wirft er die Haare aus der hohen, schönen Stirn und springt wieder auf den Tisch, und sein Gesicht ist so hell wie der Himmel über Ekeby, wenn Patron Julius auf die Reise ging.

»Verzeiht«, sagt Gösta Berling still, »wir Kavaliere sind keine freien Männer, wir haben einander gelobt, für die Freude zu leben, nur für die Freude. Wehe uns allen, wenn wir meineidig werden.«

Und keiner der Kavaliere hat Lust, meineidig zu werden, sie trinken und singen värmländische Lieder, und Gösta ist der lauteste unter ihnen, aber in seinem wilden Herzen schreit es noch lauter: Greta Garbo! Greta Garbo!

Die Kavaliere sind müde.

Es ist Onkel Eberhard, den man vor sich hinreden hört. Was er sagt, hören zehn nicht mehr an, denn ihre Köpfe sind auf den Tisch gesunken, und sie schlafen. Nur einer hört es, denn wie könnte Gösta schlafen, wenn sein Herz so laut schreit.

»Wenn unsere geliebte Mutter Selma Lagerlöf«, sagt Onkel Eberhard vor sich hin, »wenn sie diesen Film gewollt hat, müssen wir Kavaliere schweigen. Und wenn sie selber die Änderungen gebilligt hat, müssen die Kavaliere schweigen, auch wenn die Änderungen ihnen wehe tun, denn die wahre Geschichte ihres Lebens

ist sinnvoller, als die Geschichte in diesem Film. Und wenn die geliebte Mutter selbst den Abschluß, den herrlichen wahren Abschluß unserer wahren Lebensgeschichte abgeändert hat, müssen wir Kavaliere schweigen. Wir müssen, auch wenn der Abschluß unserer wahren Lebensgeschichte umgeändert wurde zu einem albernen Familienbild. Wir müssen schweigen.«
Und nun schlummert auch Onkel Eberhard ein.
»Von der Landschaft«, knurrt der Deutsche Khevenhüller im Schlaf, »von der Landschaft, von Värmland hat dieser Mauritz Stiller viel zuwenig gezeigt.«
»Jenny Hasselquist«, stöhnt von Orneclou im Traum, »Mona Martenson, Greta Garbo und du Herrin ohnegleichen, Gerda Lundquist-Dahlström, kommt mit, kommt alle mit uns, kommt mit nach Ekeby in die Ewigkeit!«
Gösta Berling aber, der glücklichste und schönste aller Menschen, von dem die Jugend in Deutschland an ihren Lagerfeuern, in Wäldern und auf Wiesen, in ihren Stuben liest, Gösta Berling steht aufrecht im Keller, hat das letzte Glas an den Lippen und sagt zu den Schlafenden: »Ach, ihr guten Herren Kavaliere, ihr, die ihr unsterblich geworden seid und nicht mehr Ekeby, nicht mehr Värmland, nicht mehr Schweden gehört, sondern der ganzen Welt, nicht euch, noch Ekeby, noch Värmland, noch Schweden wird dieser Film Schande machen, obwohl er ein schöner, schwacher Schatten ist von uns allen. –
So lautete meine Besprechung. Es ist mir von vornherein bewußt geblieben, daß eine Verfilmung eines der schönsten Romane der Weltliteratur niemals an das Buch heranreichen konnte. Selma Lagerlöf hat das auch gewußt. Deshalb hat sie jahrelang gezögert, den wunderbaren Stoff für den Film herzugeben. Zwar wirkten die besten Schauspieler Schwedens und Dänemarks mit, aber keiner von ihnen vermochte den unsterblichen Zauber der Romanfiguren zu verwirklichen – mit einer Ausnahme. Diese Ausnahme hieß Greta Garbo, eine völlig Unbekannte.
Der schwedische Regisseur Mauritz Stiller hat sie entdeckt. Es ist eine der großen Genugtuungen meines Lebens, daß ich ihre Begabung unter allen Gestalten des Films heraushob, erkannte und sie in den Mittelpunkt meiner Besprechung stellte, in scharfer Beleuchtung.

Fräulein Garbo

Einige Tage später rief mich Mauritz Stiller an. Ob ich nicht einen Abend mit ihm und Greta Garbo verbringen wolle. Wir trafen uns in Habels Weinstuben Unter den Linden. Der schwedische Regisseur war ein zurückhaltender, großgebauter, schmaler Mann, der seinen Namen zu Recht trug. Er sprach wenig. Er war ein melancholischer Typ mit dunklen, forschenden Augen, die unter buschigen Brauen gelassen in die Welt schauten. Die junge Dame neben ihm, mittelgroß, außerordentlich einfach angezogen, das wunderbare Gesicht unter einem der damals modernen Topfhüte halb verborgen, war sie, Greta Garbo.
Sie sprach kaum ein Wort. Sie verweilte nur mit unergründlichen Blicken auf mir. Ich war tödlich verlegen. Ich wußte nicht, was ich mit ihr sprechen sollte. Das mag daran gelegen haben, daß sie nur gebrochen deutsch sprach. So sah ich sie denn an und sagte auch herzlich wenig, beinahe nichts, gar nichts. Mich bringt vollkommene Schönheit sofort zum Schweigen. Manchmal lächelte sie, und ich wünschte, sie möge wenigstens einmal hell auflachen.
Ihre Stimme war dunkel.
Die Unterredung drehte sich darum, ob es nicht möglich sei, Fräulein Garbo eine Rolle in einem deutschen Film zu verschaffen. Mauritz Stiller hatte es bisher vergeblich versucht. Überall wurde zugegeben, daß Fräulein Greta Garbo in »Gösta Berling« eine außerordentliche Begabung bewiesen habe, daß sie sogar einen Typ darstelle, den es im deutschen Film noch nicht gab ... aber es sei zur Zeit keine Rolle für sie da. Schließlich sagte ich ganz langsam, damit sie meine Worte verstand oder wenigstens erraten konnte: »Sie sehen aus wie ein Schulmädchen. Hier in Berlin müßten Sie verheerend aussehen.«
Jetzt lachte sie hell auf. Es war das schönste Lachen der Welt. Und ich habe sie später nur noch einmal so lachen hören. Das war in »Ninotschka« in der Kneipe.
Nein, auf den ersten Blick wirkte sie nicht betörend. Aber sie verzauberte einen allmählich unwiderstehlich. Ich vermag diesen Zauber nicht zu erklären und ich vermag ihn auch nicht zu be-

schreiben. Er lag außerhalb des Faßbaren. Dieser Zauber erschien mir wie eine göttliche Gnade, und eine göttliche Gnade kann man nicht beschreiben und nicht erklären. Man dankt ihr, wie man in einem stillen, eindringlichen Gebet dankt, schüchtern, nahezu ungläubig, denn das Unbegreifliche hat sich ereignet, und man durfte es erleben.
Ja, was konnte ich für die beiden tun?
Es lag für mich eine gewisse Schwierigkeit darin, daß ich in meiner Stellung am BT es immer vermieden hatte, irgendeine Firma um eine Rolle für irgend jemand anzugehen, weder mittelbar und noch weniger unmittelbar.
Ich sagte das.
Mauritz Stiller nickte: »Ich begreife es vollkommen. Aber Sie waren der einzige Kritiker, der unter allen Figuren Fräulein Greta Garbo herausgriff. Nun sehen wir, Sie können nichts tun.«
Ich beschloß, doch etwas zu tun.
Ich sah sie mir nüchtern an. Sie gab sich nicht die geringste Mühe zu gefallen. Sie war nicht zurechtgemacht und nicht geschminkt. Sie gab sich mehr als lässig. Sie gab sich nachlässig. Es schien ihr ganz unwichtig, was mit ihr geschehen würde. Das graue Hängekleidchen, das sie trug, hätte ebensogut eine alte Frau tragen können.
Aber dieser geheimnisvolle Zauber, der von der schweigsamen jungen Person ausging: Ihn bildete ich mir nicht ein, er war vorhanden. Und keine Stimme erhob sich in mir und sagte mir, daß dieses junge Mädchen eine der größten und berühmtesten Filmschauspielerinnen der Welt werden sollte – keine – nicht einmal der Hauch einer Stimme.
Ich rief den Generaldirektor der Ufa an.
»Ach ja«, sagte er gleichgültig, »ich habe sie gesehen. Sie ist reizend. Ich werde sehen, was ich tun kann.«
Greta Garbo bekam von der Ufa eine Rolle. In dem Film »Die freudlose Gasse« hatte sie zu tun. (Hatte sie zu tun.) Wochen später rief mich Mauritz Stiller wieder an. Es sei zwecklos, in Berlin zu bleiben. Sie führen nach Hollywood. Er bedankte sich bei mir für das wenige, was ich versucht hatte. Und nach ihm hörte ich die dunkle, warme Stimme, die zur schönsten Stimme der Welt wurde.

Sie fuhren also nach Hollywood. Und wie es dem schwedischen Fräulein Greta Garbo dort erging, weiß die ganze Erdkugel.
Mauritz Stiller wurde in Hollywood lungenkrank. Er blieb aber nicht in dem warmen Klima Kaliforniens. Er reiste allein zurück nach Schweden. Es ist kein Geheimnis mehr, daß er die große Liebe seines Lebens zurückließ. Er hatte Himmel und Hölle in Bewegung gesetzt, um dieser jungen Frau zu helfen. Er hatte ihre Begabung erkannt. Er erlebte noch, wie sie auf den Wogen des Weltruhms, unantastbar, alle großen Frauennamen überflügelnd, dahinschritt.
Er blieb nicht, um sich an diesem Ruhm zu sonnen.
Bescheiden faßte er seinen Entschluß.
Er reiste ab, nach Norden, und er wußte, daß dort der Tod auf ihn wartete. Er ist bald gestorben.
Von diesem Tage an war Greta Garbo noch verschlossener, noch unzugänglicher, noch melancholischer. Sie verteidigte die Stille ihres Privatlebens mit allen Mitteln. Das tut sie heute noch.

Das Ende

Im Laufe des ersten Halbjahres 1932 verzerrte sich die Atmosphäre im Mossehaus in beklemmender Weise. In den Redaktionen sah man, sogar bei den jüngeren Menschen, bedrückte Gesichter. Es war, als ob ein unerbittliches Unheil sich nähere, jedem von uns.
Und es war unterwegs.
Der Generalbevollmächtigte des Hauses, Dr. Martin Carbe, ein Finanzgenie, war entlassen worden. Die Gründe blieben uns verborgen. Sein Nachfolger wurde der gutmütige, fleißige, rundliche, tüchtige Karl Vetter, der schon seit Jahren in den Diensten der Firma bei der Volkszeitung gestanden hatte. Er ist mir aufrichtig zugetan gewesen und blieb es auch jetzt. Hans Lachmann-Mosse, der Ehemann der angenommenen Tochter und Erbin Rudolf Mosses, nahm unerwartet die Zügel in die Hand. Seine Herr-

schaft wirkte sich zuerst am Berliner Tageblatt aus, es war bald kein Vollblut mehr unter solchen ungeschickten Zügeln. Theodor Wolff war zusehends müder geworden.
Schlaffheit, Unlust und Unbehaglichkeit waren wie Sand in das bisher so lautlos und reibungslos laufende, mächtige Getriebe geraten. Eine geisterhafte Unruhe breitete sich aus. Es hatte keinen Sinn, etwa die Zähne zusammenzubeißen und es hinzunehmen. Was hinzunehmen? Es war gar nichts mehr vorhanden, das man hätte hinnehmen können. Eine unordentliche geistige Leere begann sich wie kalter Nebel auf uns alle zu legen. In dieser Zeit hatte ich, auf dem Wege zur Redaktion, einen hellsichtigen Augenblick.
Meine Zeit hier war zu Ende.
Ich hätte ruhig bleiben können, aber eine düstere Ahnung quälte mich unaufhörlich. Wieso meine Zeit jetzt zu Ende war, vermochte ich mir selbst nicht einmal zu erklären. Ich kann es heute noch nicht erklären. Dazu überrumpelte mich eine völlig unerwartete Erkenntnis und Überlegung, die mir bisher noch niemals in den Sinn gekommen war.
Ich hatte nun zehn Jahre auf dem Büro verbracht, meistens.
Ich war vierzig Jahre alt.
Ich hatte noch nicht sehr viel von der Welt gesehen. Es war also gerade noch Zeit genug, um mir die Welt anzusehen.
Solche Augenblicke sind ein fürstliches Geschenk des Schicksals, hellsichtige Augenblicke von jener Klarheit, Furchtlosigkeit und Verwegenheit, in denen man ohne Zögern die Schiffe hinter sich verbrennt. Ich verbrannte sie.
Ich ging zu Theodor Wolff und kündigte. Es überraschte ihn nicht. Nur meine Freunde und Bekannten überraschte es grenzenlos.

Am letzten Abend gegen Mitternacht wanderte ich auf dem Trottoir dem Mossehaus gegenüber langsam auf und ab. Genauso war ich vor zehn Jahren hier auf und ab gewandert. Und genau wie vor zehn Jahren hörte ich in dem hocherleuchteten Gebäude die riesigen Rotationsmaschinen arbeiten und sah durch die großen Fenster wie damals ihr blitzendes Gestänge sausen. Damals vor zehn Jahren war mein ganzes Herz bis über den

Rand angefüllt gewesen mit Hoffnung. Heute, nach zehn Jahren, war mein ganzes Herz bis über den Rand ausgefüllt mit Dankbarkeit.
Zehn große, wunderbare Berliner Jahre waren vorüber und es würden wohl die schönsten Jahre meines Lebens bleiben.
Sie blieben es.
Um Mitternacht ging ich hinauf zu Theodor Wolff, wie ich vor zehn Jahren hinaufgegangen war. Sein rot ausgelegtes Zimmer war leer. Es war ein Omen.
Ich ging.

Das wär's.
Wo du gehst und wo du stehst, fällt der feine Staub.
Lösch die Fackel aus, alter Bursche.

Inhalt

Der Anfang	7
Feuilletonchef beim BT	19
Alfred Kerr, König der Kritiker	30
Schall und Rauch	35
Interview mit Jackie Coogan	39
Tee bei der Fürstin Lichnowsky	42
Zu Gast beim Ringverein	48
Feldküchen für die Heilsarmee	61
Mißglückte Reportagen	66
Am Sachsenplatz	74
Henny Portens Tragödie	80
Marlene Dietrich und der Salon von Betty Stern	88
Renate Müllers Aufstieg	96
Heinrich George, das Monstrum	104
Ein Kind für Richard Tauber	109
Der Choral von Leuthen und das Gespenst von Döberitz	116
Eine kleine Tänzerin	124
»Die heilige Johanna« und Rudolf Forster	125
Geschichten von Anton Kuh	128
Die unermüdliche Lilian Harvey	134
Max Reinhardt und Helene Thimig	135
Klabund und Carola Neher	139
Palucca, das einfache Mädchen	143
Guter Schüler, schlechter Lehrer	148
Die Fahrprüfung	150
Tante Sadele	152
Mary Wigman und Pater Muckermann	154
Zwei Generale und ein Revuestar	163
Presseball mit RM 1,30	169
Der Reiter auf dem Araber	172

Mein Freund Kleinschmidt und der hohe Adel	174
Souper mit Nuntius Pacelli	179
Der feuerrote Schal der Isodora Duncan	181
Presseempfang bei Ernst Rowohlt	185
Begegnung mit Thomas Mann	187
Die roten Mauern von Lichterfelde	190
Ein liebenswerter Spekulant	197
Tumult in der »Weißen Maus«	198
Der kleine Kronprinz	203
Die zweiunddreißig Zähne der Josephine Baker	205
Das schönste Schlaflied	210
Wochenend bei Hans Albers	214
Vom Pensionat nach »Metropolis«	224
»Hingabe«	227
Valeska Gert, die skandalöse Tänzerin	231
Die Dollarprinzessin	235
»La Bohème«	241
Das Berufsrisiko	244
Der erste Satz	249
»Gösta Berling«	254
Fräulein Garbo	260
Das Ende	262

Bitte beachten Sie
die folgenden Seiten

Christopher Isherwood

Leb wohl, Berlin

Ein Roman in Episoden

Ullstein Buch 20672

Christopher Isherwood hat in den Episoden seines Romans ein unvergleichliches Panorama Berlins gezeichnet: der Stadt der strahlenden Boulevards und Caféhäuser, der Nachtschwärmer und Phantasten, der Laster und Intrigen, der Millionäre und der notleidenden Massen am Vorabend der Machtergreifung Hitlers. Ein Blick zurück für alle, die Berlin kennen und lieben.

ein Ullstein Buch

Paul Erich
Marcus (PEM)

Heimweh nach dem Kurfürstendamm

Aus Berlins glanzvollsten Tagen und Nächten

Mit 73 Abbildungen

Ullstein Buch 34378

Ullstein Sachbuch

Nostalgisches zum 750. Geburtstag Berlins – aus der Feder des Film- und Theaterkritikers Paul Erich Marcus (PEM), der an Künstler und Ereignisse aus glanzvollen Tagen und Nächten der Metropole erinnert, u. a. an Anita Barber, Trude Hesterberg, Klabund, Fritzi Massary, Henny Porten, Max Reinhardt, Alfred Kerr, Greta Garbo, den Sportpalast und »Das Kabinett des Dr. Caligari«.

Karl Voß

Reiseführer für Literaturfreunde Berlin

Vom Alex bis zum Kudamm

Ullstein Buch 4069

Dieser literarische Reiseführer durch Berlin bietet dem literaturbeflissenen Spaziergänger ein einzigartiges Panorama der geistigen und künstlerischen Vergangenheit der Spreemetropole. Auf ungewöhnlich reizvolle Weise erlebt der Wanderer durch Berlins Bezirke, aber auch der Leser am häuslichen Schreibtisch das literarische Klima der Stadt und erhält eine Fülle unterhaltsamer Informationen über die Kultur- und Geistesgeschichte Berlins.

Ullstein Sachbuch

Horst Biernath
Eine Jugend in Ostpreußen

Abschied und Wiedersehen. Zwei Romane in einem Band.
Sonderausgabe. 500 Seiten. Geb. DM 19,80

Heitere und nachdenkliche, deftige und zarte, unheimliche, selbsterlebte und überlieferte Geschichten, wie sie nur in Ostpreußen zu Hause sein können.

E. G. Stahl
Die Mücke im Bernstein

Ein Ostpreußenroman. 11. Auflage. Sonderausgabe.
408 Seiten. Geb. DM 19,80

„Ein großer Ostpreußenroman, ein wirkliches Epos, in dem alle großen Themen anklingen: Liebe und Mord, Krieg und Kampf gegen die unwirtliche Natur." *Südd. Rundfunk*

Eduard Dietz
Steinlese

Roman. 228 Seiten. Geb. DM 16.80

„Was an dieser Geschichte fasziniert, ist die Genauigkeit im Detail und die Zwangsläufigkeit, mit der das exemplarische, schier unglaubliche Schicksal eines Mannes geschildert wird, der als Tagelöhner, Bauarbeiter, Krippenschnitzer in der Oberpfalz und in Nürnberg ums Überleben kämpfte und in zwei Kriegen von der großen Weltgeschichte eingeholt wurde." *Nürnberger Nachrichten*

Marianne Wintersteiner
Maries Seidenschuhe

Ein Dienstbotenleben. 272 Seiten. Geb. DM 12,80

Diese authentische Geschichte erinnert daran, unter welch schwierigen und oft entwürdigenden Bedingungen sich alleinstehende Mädchen und Frauen in der „heilen Welt" des Fin de siècle durchschlagen mußten. Doch auch der Zauber der alten Donaumonarchie ist in dieser Geschichte der Maria Portisch wirksam und lebendig geblieben.

Ehrenwirth Verlag München